KB269511

한자문화사상총서 03

한자 속의 예법(禮法) 사상

유지기(劉志基) 저

하영삼(河永三) 역

한자문화사상총서 03

제목: 한자 속의 예법(禮法) 사상

The Philosophy of Ritual Propriety (Li 禮) in Chinese Characters

저자: 유지기(劉志基)

역자: 하영삼(河永三)

원서: 漢字中的禮法觀念, 華東師範大學出版社, 2024.

한자문화사상총서 03

한자 속의 예법(禮法) 사상

유지기(劉志基) 저

하영삼(河永三) 역

한자 속의 예법(禮法) 사상

유지기(劉志基) 저

하영삼(河永三) 역

"한자문화사상총서" 한국어판 출판에 부쳐

경성대학교 한국한자연구소는 중국 화동사범대학 중국문자연구와응용센터와의 학술 협약을 통해 "한자문화사상총서" 제1집 3책을 한국어로 번역 출판하게 되었습니다. 이는 한중 양국의 한자학 연구 성과를 공유하고, 한자문화권의 학술적 소통을 심화하는 의미 있는 작업입니다.

이 총서는 한자를 단순한 문자기호가 아닌, 수천 년 동안 축적된 문화와 사상을 담은 인지체계로 접근합니다. 한자의 표층구조(형태적 변화)와 심층구조(사유방식과 문화관념)를 함께 탐구함으로써, 한자를 통해 어떻게 동아시아인들이 시간을 인식하고, 조화를 추구했으며, 예법을 실천했는지, 근본적 사유방식을 형성하고 전승해왔는지를 밝힙니다. 또 이들 관련 한자의 근원 및 의미파생 과정을 상세히 분석하여 관련 연구의 방법을 제공하고 있습니다.

처음 출간되는 제1집은 3권으로 구성됩니다. 『한자 속의 시간관념』은 한자에 내재된 시간인식의 특수성을, 『한자 속의 화도(和道)사상』은 조화와 균형을 추구하는 동아시아 철학의 문자적 구현을, 『한자 속의 예법(禮法)사상』은 예의와 질서관념이 한자 체계에 어떻게 반영되었는지를 다룹니다. 각 권은 갑골문, 금문, 전국문자 등에서 현대 한자에 이르는 문자 변천을 추적하면서, 그 속에 응축된 사유방식의 연속성과 변화를 상세히 규명합니다.

　이 총서는 전통적인 문자학과 훈고학을 넘어 인지언어학, 문화인류학, 철학을 융합한 학제적 연구로서, 한자학 연구의 새로운 지평을 열었다는 평가를 받고 있습니다. 특히 한자를 "사상의 살아 있는 화석"으로 보고, 문자 형태 속에서 문화원형과 사유구조를 읽어내는 방법론은 세계 문자학 연구에서도 독창적이라 할 수 있습니다. 이는 단순히 중국 고대문명을 이해하는 것을 넘어, 한자문화권 전체가 공유해온 정신적 토대를 재발견하고 천석(闡釋)하는 작업입니다.

　이번 출간에 이어 제2집 번역도 순차적으로 진행하여 한국 독자들에게 소개할 예정입니다. 나아가 한국한자연구소는 한국적 관점에서 독자적인 "한자문화사상총서"도 기획하고 있습니다. 한국인 관점의 한자문화연구는 물론 한국에서의 한자 수용과 변용, 한글과의 상호작용 속에서 형성된 고유한 한자문화를 조명하여, 동아시아 한자학 연구에 한국의 목소리를 더할 것입니다. 이를 통해 한중일 삼국의 한자연구가 대등하게 교류하고 발전하는 학술 생태계 구축에 기여하고자 합니다.

　이 자리를 빌려 제2권의 저자이자 중국 화동사범대학 중국문자연구와응용센터의 장극화(臧克和) 주임께 특별한 감사의 말씀도 전하고 싶습니다. 개인적으로 1994년 이후 학문적 인연을 맺어왔고, 2001년 "중국문자연구와응용센터"가 중국국가중점연구기지로 선정되면서 한자 배후에 녹아 있는 동아시아 문화와 사유특징을 연구하고자 한중일 삼국의 한자자료를 발굴하고 이들 자료의 문화적 속성을 천석(闡釋)해 왔습니다. 특히 2008년 한국한자연구소의 설립과 함께 두 기관은 매우 모범적인 협력연구를 진행해왔습니다. 이제 그 심화된 구체적 성과를 한국 독자들에게 선보입니다. 제3권과 제1권의 저자인 유지기(劉

志基), 서려군(徐麗群) 교수님께도 감사드립니다. 또 번역에 흔쾌히 참여해 올해 10월 일본 오사카교육대학에서 열리는 제11회 세계한자학회(WACCS)에 이 책을 선보이기 위해 초인적인 노력과 책임을 다해준 김화영(金和英) 교수께도 감사의 말씀을 전합니다.

역자를 대표하여
한국한자연구소 소장 하영삼 씁니다.
2025년 10월

"한자문화사상총서" 출판설명

1. 한자 인지구조: 심층과 표층

한자의 인지는 표층구조와 심층구조로 나뉩니다. 먼저 '재(齋)'자의 구조 변화의 연쇄 과정을 예로 들어 살펴보겠습니다.

금문(金文)

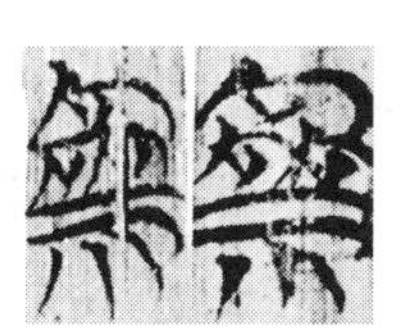

전국초간(戰國楚簡)

진저초문(秦詛楚文)

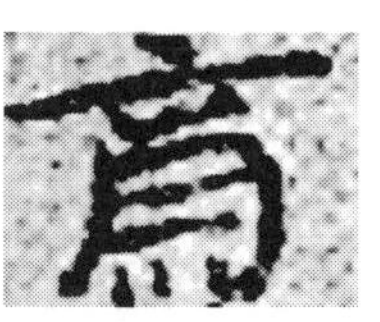

서한연거신간
(西漢居延新簡)

동한비치비
(東漢肥致碑)

동한회원묘비
(東漢淮源廟碑)

북위원각빈묘지
(北魏元恪嬪墓志)

당이전묘지
(唐李瑱墓志)

　주(周)나라 금문으로부터 한대(漢代) 간독석각 문자까지 상당 기간 동안 제사나 의식을 거행하는 과정에서 몸과 마음의 경건함을 중시하고, 제물은 정결해야 한다는 관념이 존재했습니다. 이를 형식적으로 나타낸 것이 '재(齋)'자인데, 이는 형성(形聲)구조로 '시(示)'가 의미부이고 '제(齊)'의 생략된 부분이 소리부이지만, '제(齊)'는 의미도 함께 표시합니다. '재(齋)'는 곧 정제(整齊: 가지런하게 하다)를 말하는데, 고대인들이 제사나 의식을 거행하기 전에 몸과 마음을 정결하게 하여 경건함을 내보이던 것에 비유됩니다. 동시에 이러한 관념은 제사에 바칠 제수(祭需)에 관한 규정도 포함되었는데, 전국시대 초간(楚簡)의 관련 기록을 참고할 수 있습니다.[1]

　고대인들은 제사나 어떤 의식을 거행하기 전에 마음을 비우고 욕망을 줄이며 몸을 깨끗이 하고 먹는 것을 정결하게 함으로써, 이 일에 대해 경건함을 표시했습니다. 이러한 관념이 문자에 표현되어 나온 것이 형식적 즉 표층구조에 속하며, 이에 상응하는 관념의 형태 단위는 심층구조에 속합니다. 심층구조로의 발전 변화는 또 종종 표층구조에 대해서도 조정을 일으키기도 합니다. '재(齋)'자

---

1) 상해박물관 소장 『전국초죽서(戰國楚竹書)』 제1책에 수록된 「공자시론(孔子詩論)」 제9간(簡)에는 "손과덕고(巽寡惪古)"라는 말이 수록되었는데, 이는 "음식이 정결하고 고례(古禮)에 합당하다(具食精洁·合乎古禮.)"로 해석될 수 있다. (장극화(臧克和) 저, 『간독과학술(簡帛與學術)』, 정주(鄭州): 대상출판사(大象出版社), 2010년, 81-82쪽 참조). 『설문해자(說文解字)』에서는 "재(齋)는 계(戒)이며, 정결하다(洁)는 뜻이다. 시(示)가 의미부이고, 제(齊)의 생략된 모습이 소리부이다.(齋, 戒. 洁也. 從示, 齊省聲.)"고 설명한다. 또 『옥편(玉篇)』에서는 "재(齋)에 대해, 『주역(周易)』에서는 '성인은 이것으로 재계(齋戒)한다.'라고 했는데, 한강백(韓康伯)은 '마음을 씻음을 재(齋)라 하고, 근심을 방지하는 것을 계(戒)라 한다.'라고 하였다. 또 공경(敬)의 의미이기도 하다."라고 했다.

의 예처럼, 일정 단계에 이르러 '심재(心齋)' 즉 잡념을 제거하여 마음을 순수하게 하는 관념이 나오게 되었습니다. 평소에 술을 마시지 않고 육식을 금하는 등의 경건한 절제를 강조하거나, 심지어 특정 시간에는 아예 먹지 않는, 즉 '재를 먹다(吃齋, chī zhāi)', '채식을 하다(吃素, chī sù)' 등과 같은 규정이 생겼습니다. 인도의 불교가 동방으로 전파되면서 불교 계율에 따라 비구들은 정오 이후에는 식사를 하지 않게 되었는데, 아침과 점심때의 식사를 '재(齋)'라 하였습니다. 소승불교의 계율에 따르면 단지 정오 이후 식사를 금했을 뿐 정결한 고기를 먹는 것까지는 금하지는 않았으나, 후인들은 대승 불교의 별의(別意)에 따라 채식하는 것을 '재(齋)'로 여겼습니다. 그래서 위의 자료에서처럼 당나라 때의 석각문자에서는 (재(齋)를 구성하는 시(示)가) '미(米)'로 변화한 구조가 나타나게 되었습니다. 문자 코드표에는 또 '재(粂: 재계하다)'나 '재(齎: 재계하다)'와 같은 구조도 보존되어 있는데, 이 역시 특정 시간의 음식에 대한 제약이나 금식을 반영합니다. 이처럼 관념 형태의 심층구조가 변화하면, 문자의 표층구조도 종종 그에 맞게 조정됩니다.

한자의 창조와 사용 역사는 수천 년 동안 단절되지 않았는데, 이는 세계의 다양한 문자 체계 중에서 유일무이한 예입니다. 이는 상당 부분 한자 인지구조의 심층과 표층 관계에 기인합니다. 문화 사상의 자원이라는 속성으로서 한자 체계는 그 역사가 유구하고, 층위가 풍부하며, 영역이 광범위하여 모든 것과 관련되어 있습니다. 각종 문화 가치 체계의 다른 핵심 범주들의 경우, 이처럼 깊고 순수하며 선명한 것은 드뭅니다.

전문가들의 조사 연구에 따르면, 한자의 구조 방식은 중국 고대인들의 유비(類比) 인지모델을 축적 반영하고 있다고 합니다. 유비 인지관념은 바로 한자를 구성하는 심층구조입니다. 이를 바탕으로 한자 구조의 변화와 발전이라는 연쇄사슬을 통해 한자 인지의 심층구조에 도달할 수 있습니다. 한자 심층구조의 발굴을 통해 한자 관념발전사의 실마리를 찾아 복원함으로써 중국문화의 정신적 특징과 관련된 가치 관념을 계승할 수 있습니다. 고전문헌 정리라는 기초 작업과 비교해 본다면, 이러한 한자 심층구조와 관련된 자료의 구축은 한자문화에 내재된 정신 계승의 새로운 매체를 육성하는 것에 해당합니다.

2. 한자의 학술적 전통: 의리와 고증

중국의 학술은 의리(義理), 사장(辭章), 고증(考據)의 세 계층으로 나뉘는데, 한자문화 사상을 핵심으로 하여 빛나는 학술적 전통, 즉 의리와 고증의 융관회통(融貫會通)을 형성했습니다. 이 회통은 문자(文字)와 음운(音韻)과 훈고(訓詁)의 고증을 통해 실현되었습니다. 한학(漢學)이 발전하여 청나라 때의 박학(樸學)에 이르렀을 때, 대동원(戴東原), 단옥재(段玉裁), 왕념손(王念孫), 왕인지(王引之), 전대흔(錢大昕) 등과 같이 한 시대를 풍미했던 대가들은 "의리(義理)는 훈고(訓詁) 속에 존재한다"라고 분명하게 선포했습니다. 훈고의 방식은 실제로 고증이며, 훈고의 주체는 바로 문자와 음운입니다.[2]

---

2) 소리는 다양한 형체들을 통섭(統攝)하며 연계를 이루고, 구조적인 형체는 동일한 음절(音節)의 변별을 생성한다. 그 자(字)→어휘(詞)→도(道), 의미(意)→어휘(詞)→글자(字)라는 이 상호 관계는 청대 고증학자이자 철학자인 대진(戴震)이 문자고증(文字考據)과 의리(義理) 관념의 관계에 대해 내린 결론이다. 즉, 전체로서의 도(道)에 대한 원초적 인식과 부분으로서의 훈고학적 해석(訓詁解釋)은 고증의 경로 상에서 상호 보완적이며 순환적인 관계에 있다.(장극화(臧克和) 저, 『중국문자와 유학사상(中國文字與儒學思想)』, 남녕(南寧): 광서교육출판사(廣西敎育出版社), 1996년, 221쪽 참조; [한국어 번역본]

전통적으로 한자는 예(禮), 악(樂), 사(射), 어(馭), 서(書), 수(數) 즉 '육예(六藝)'의 하나로, 다섯 번째에 배열되어 있습니다. 고대에는 "예(藝)에서 노닌다(遊於藝)"는 학문적 경험이 있어, 문자의 서사와 운용을 '제오유(第五游)'라고도 불렸습니다.3) 중국 학술사에는 '문자로 역사를 증명하는(以字證史)' 관습이 있습니다. 한자를 사용을 해온 '한자문화권'의 여러 학문도 종종 한자체계를 중국 상고 삼대(三代) 이래의 인지구조와 관념 체계 구축의 기초로 삼고 있습니다.4) 이렇듯 한자의 구조 체계는 바로 인지관념의 자취입니다.

『한자와 유학사상』, 김화영(역), 학고방, 2024). 한 가지 지적해야 할 점은, 전종서(錢鍾書)(『관추편(管錐編)』 제1책, 북경: 중화서국(中華書局), 1979년, 172쪽)가 박학(樸學)의 해고(解詁) 기술 경로를 대상으로 이를 '해석학적 순환원리(闡釋循環原理)'로 규정하고 다음과 같이 설명했다는 점이다: "작은 것을 쌓아 큰 것을 밝히고(積小以明大), 다시 큰 것을 들어 작은 것을 관통하며(擧大以貫小); 말단을 미루어 근본에 이르고(推末以至本), 다시 근본을 탐구하여 말단을 궁구한다(探本以窮末). 상호교차하고 왕복함으로써(交互往復), 비로소 의미해석이 원만하고 충분해지며(義解圓足), 편협하고 메마름을 면할 수 있다(免於偏枯)."(장극화(臧克和), 「『관추편(管錐編)』 훈고학 사상 초탐(訓詁思想初探)」, 『화동사범대학학보(철학사회과학판)』(華東師範大學學報(哲學社會科學版)) 1989년 제3호 참조).

3) 한국한자연구소(韓國漢字研究所)에 수집된 한국 고대자전 중에 『제오류(第五游)』라는 이름의 자서가 포함되어 있다. [역주] 하영삼(河永三), 『제오유 정리와 연구(第五游 整理與研究)』, 상해: 상해인민출판사, 2012) 참조.

4) 전종서(錢鍾書)는 『관추편(管錐編)』에서 학문 연구에서 가장 핵심으로 느꼈던 부분에 대해 다음과 같이 논하였다. "심성(心性)에 대해 가진 한 시대의 고정관념과 선입견이 당대의 풍조로 퍼져나감)에 따라, 그 시대의 의리(義理)를 다룬 책들은 [속 내용이] 너무나 익숙해져 서로 잊히고, 소홀히 여겨지며 드러나지 않게 된 것들이 흔히 문장(文詞)과 언어(語言) 속에 드러나게 마련이다.("一代於心性之結習成見, 風氣扇被, 當時義理之書熟而相忘·忽而不著者, 往往流露於文詞語言.)" 이는 거장의 식견과, 사장(辭章)·의리(義理)·고증(考據)의 학문적 방법론이 하나로 통하는 지점을 잘 드러내는 말이다.

3. 한자문화 사상: 매체와 자원

　한자의 구조와 서사체계는 문화를 전승하고 짊어지는 속성을 가지고 있습니다. 한자문화는 앞서 언급한 관념 형태의 '심층구조'를 함축하고 있습니다. 중국 학술사에는 '문자로 경전을 해석하고(假字解經)', '문자로 역사를 증명하는(以字證史)' 오랜 전통이 있습니다. 이처럼 문자학은 예로부터 중국 전통 인문학의 근간이었습니다.

　한(漢)나라 허신(許慎)의 『설문해자(說文解字)』는 1만여 자의 고대 한자에 대한 구조를 저장하고 있으며, 고대 중국인들의 자연과 인본에 대한 '심성의 고정된 견해'를 백과사전식으로 직접 보여주고 있습니다. 관찰과 인식을 통해 유형과 계층으로 분류하고, 풍부한 한자 인지모델을 가장 체계적으로 연역했습니다.

　한자의 고증과 해석 과정은 고대 한자 구조의 내재적 연계를 통해 민족 고유의 순수하고 선명한 관념과 사상을 발굴하여 추출할 수 있고, 지식을 채집하고 발전과 형성과정을 분석할 수 있음을 보여줍니다. 예를 들어, '화(和)'자류 인지구조에 체현된 '화해(和諧)'의 관념사, '인(仁)'자류 인지구조에 저장된 인애(仁愛)와 인본(人本) 의식, '덕(德)'자류 인지구조에 전달된 원초적 도덕 율령, '예의(禮儀)'자류 인지구조에 축적된 인생 예의 태도, '시령(時令)'자류 인지구조에 침전된 시간관념의 발전사 등이 그렇습니다. 바로 이런 의미에서, 체계적인 한자문화 지식의 발굴은 중국 인지구조와 문화 사상 자원의 저장고를 구성한다고 해도 전혀 과장이 아닐 것입니다.

4. 한자 지혜의 전승: 지식과 지능

한자의 문화적 속성은 인지구조적 측면에서 구현됩니다. 한자의 인지구조는 고대 중국 사회의 풍부한 유비적(類比的) 인지 모델로 나타납니다. 한자가 구현하는 중국적 인지구조는 '형태로 의미를 나타내고(以形表意)' '유사성에 의해 체계를 이루며(以類相成)', 무엇보다도 한자 체계의 분류 즉 문자가 나타내는 사물의 외연 범위에 따라 일련의 의식 관념 구조 범주로 구분되는 것에서 먼저 드러납니다. 그리고 각 범주는 바로 '부류의 채택(取類)' – 취하는 바는 유(類)와 속(屬)이지 더 이상 구체적인 형태 단위가 아닙니다 – 에 해당합니다.

한자 고증과 해석의 역사적 과정이 보여주듯, 고대 한자 구조의 내재적 연계를 통해 민족 고유의 순수하고 선명한 의식 관념의 범주를 발굴하여 추출할 수 있습니다. 또 그 근원을 명확히 하고 흐름을 관찰하며, 한자 체계 발전 과정에서 지식을 채집할 수도 있습니다 – 이는 중국민족 인지구조의 문화 자원의 저장고를 구성합니다.

언어(인류의 인지 방식과 인지 결과)가 세계를 건설했다기보다는 문자가 세계(천인관계, 사물관계, 인간관계)를 고정시켰다고 볼 수 있습니다. 문자 표기는 세계 만물에 형태를 부여하여 만물이 저장하고, 분류하고, 추출될 수 있도록 했으며, 나아가 상호 연결되어 격물(格物)과 치지(致知)가 가능하게 했습니다. 이를 통해 세계는 '장면화(場景化)'되어 확정되고 파악 가능하게 됩니다. 21세기 이래, 인류사회는 제2차 체계적 코딩, 즉 문자 체계 자체의 디지털화 처리를 완성하여 이 세계를 디지털 지능시대에 진입하게 했습니다.

　회의(會意)와 의회(意會)는 지식을 생산합니다.5) 한자 구조의 인지는 독체(獨體)건 합체(合體)건 모두 전문 작업자의 대뇌를 통한 의회(意會: 의미 파악)라는 가공 과정이 필요합니다. 합체로 된 복합 구조의 한자도 옛 사람들이 말하는 '형성(形聲)'과 '회의(會意)'입니다. '회의(會意)'는 말할 필요도 없이 본질적으로는 '의회(意會)'이며, 회합에 참여하는 몇 개의 문자 부호를 정리하여 하나의 글자구성 의미를 도출해내는 것입니다. 간단히 말해 해독하는 사람의 '의회(意會)' 과정이라 하겠습니다. 구조 주체의 인지 과정으로서의 '형성(形聲)'류도 실제로는 '의회(意會)'의 참여 가공에서 벗어날 수 없습니다. 인류 인식의 발생과 발전사에서 의회(意會) 지식은 모든 지식의 기초이자 원천이었습니다. 폴라니(Michael Polanyi)는 "의회 지식이 말로 전하는(言傳) 지식보다 더 기본적이다. 우리는 말할 수 있는 것보다 알 수 있는 것이 많으며, 말로 전할 수 없는 이해에 의존하지 않으면 아무것도 말할 수 없다."라고 했습니다.6) 이는 의회 지식이

---

5) [역주] 회의(會意)는 한자구성의 원리(육서 중 하나)를 지칭하는 용어로, 두 개 이상의 한자(문자부호)가 결합하여 새로운 의미를 생성하는 방식을 가리키며, 이는 문자 자체의 속성에 해당한다(예컨대 인(人)과 목(木)이 합쳐져 '나무에 기대어 쉬는 모습'에서 '쉬다'는 뜻을 그려낸다). 이에 반해 의회(意會)는 인간의 인지과정(Cognitive Process)을 설명하는 말로, 명시적으로 설명되지 않은 내용이나 관계를 직관적으로 이해하거나 함축적인 의미를 스스로 파악하는 심리적 작용을 말하는데, 이는 사람의 마음속에서 일어나는 활동에 속한다. 한국어로는 '의미를 헤아리다', '함축적 의미를 파악하다' 등으로 해석 가능하다.

6) [역주] 마이클 폴라니(Michael Polanyi, 1891-1976)는 헝가리 출신의 영국 철학자이다. 그는 원래 뛰어난 물리 화학자였으나, 후에 철학과 사회과학 연구로 전향하여 물리화학, 경제학, 철학 등 여러 분야에서 중요한 이론적 공헌을 했다. 그의 사상은 광범위하고 심오하며, 평생 동안 많은 저술을 남겼는데, 주요 저서로는 개인적 지식, 과학, 신념과 사회, 인지와 존재, 사회, 경제와 철학─폴라니 문선 등이 있으며, 과학철학, 인식론, 경제이론에 깊은 영향을 미쳤다. 특히 그가 제시한 암묵적 인지론(意會認知論)은 그의 사상 체계의 핵심 이론이다. 그는 암묵적 인지의 구조, 작동 메커니즘, 위치와 역

시간적으로 논리적이고, 말로 전해지는 지식보다 선행하며, 의회(意會) 없이는 말로 전해지는 지식을 생성하거나 이해할 수 없다는 뜻입니다. 글자의 창제(造字)는 의회(意會)를 떠날 수 없고, 자형과 자의를 해독하는 것도 반드시 의회(意會) 능력의 간여가 필요합니다. 이에 근거하면, 인공지능(AI)은 표지된 프로그램을 따라 '내용'만 생산할 수 있을 뿐, '지식'을 생산할 수 없습니다. 지식은 발굴을 기다려야 하며, 기계학습은 논리를 따르고 표지를 기다립니다. 이런 의미에서 기계 학습은 한자지식의 발굴과 채집 및 전승을 대체할 수 없습니다.[7]

5. 한자 지식의 발굴과 학문 전승

인문학은 보편적으로 학제간의 성격을 갖습니다. 1980~90년대 화동사범대학에는 '문화문자학'이라 불리는 한자학파가 있었습니다.[8] 세월이 흐르면서 이 학

할을 체계적으로 탐구했을 뿐만 아니라, 이러한 분석을 과학, 사회, 그리고 많은 전통적 철학 문제에 대한 사고에 적용했다.

7) 이경원(李景源), 『원시 인지연구(史前認識研究)』, 장사(長沙): 호남교육출판사(湖南教育出版社), 1989년, 78-80쪽.

8) 이령박(李玲璞)·장극화(臧克和)·유지기(劉志基), 『고대한자와 중국문화의 근원(古漢字與中國文化源)』, 귀양(貴陽): 귀주인민출판사(貴州人民出版社), 1997년. 장극화(臧克和), 『한어 문자와 심미심리(漢語文字與審美心理)』, 상해(上海): 학림출판사(學林出版社), 1990년. 장극화(臧克和), 『설문해자의 문화적 설해(說文解字的文化説解)』, 무한(武漢): 호북인민출판사(湖北人民出版社), 1994년. 장극화(臧克和), 『중국문자와 유학사상(中國文字與儒學思想)』, 남녕(南寧): 광서교육출판사(廣西教育出版社), 1996년. 장극화(臧克和), 『한자 단위 관념사 고찰(漢字單位觀念史考述)』, 상해(上海): 학림출판사(學林出版社), 1998년. 장극화(臧克和), 『상서 문자 교고(尙書文字校詁)』, 상해(上海): 상해교육출판사(上海教育出版社), 1999년. 장극화(臧克和) 주편(主編), 『한자연구 신시야 총서(漢字研究新視野叢書)』(11종), 남녕(南寧): 광서교육출판사(廣西教育出版社), 1996－2000년. 유지기(劉志基), 『

파가 남긴 중국 문자가 함축하고 있는 예속사(禮俗史), 예술사, 관념사상사에 관한 일련의 연구 성과는 국내외 관련 전문 영역에서 여전히 광범위하고 깊은 영향을 미치고 있습니다. 작금의 "설문학" 연구 총목과 같은 문헌 목록 및 인터넷 검색 엔진에서도 여전히 이와 관련된 대량의 관련 정보를 발견할 수 있습니다.

지난 20여 년간 우리 화동사범대학교의 '한어문자학'은 줄곧 상해시 정부의 중점 학과로 건설되어 왔습니다. 세계를 향한 한자학과 플랫폼 체계로서 '화동사범대학 중국문자연구와응용센터'는 중국교육부 인문사회과학 중점 연구기지로 기능해왔습니다. 연구기지는 전 세계를 대상으로 『중국문자연구』, 『중국문자』(*Journal of Chinese Writing Systems*) 등을 편집 발행했습니다. 국제적으로는 한국 경성(慶星)대학의 한국한자연구소, 이스라엘 히브리대학의 고고연구소, 일본 교토 리츠메이칸(立命館)대학의 동양문자문화연구소, 독일 본(Bonn)대학의 한학과 등과 전문 프로젝트의 장기적 심층적 협력을 전개해 왔습니다. 이들 학과와 연구소들은 자체 연구 개발을 통해 통용 가능한 완전한 '고문자 자형집'을 구축하여, '신문방송학과' 영역의 중국문자 지능화 데이터베이스 등을 최초로 구축하기도 했습니다. 이러한 과제가 포괄하는 일련의 프로젝트의 전개와 한자 지식의 심층적 채집은 향후 인공지능 기계학습에 동양 문화와 관련된 데이터의 추진력을 제공하고, 인간과 기계가 융합된 최적의 발전을 실현할 것입니다.

한자와 고대 인생 풍속(漢字與古代人生風俗)』, 상해(上海): 화동사범대학출판사(華東師範大學出版社), 1995년. 유지기(劉志基), 『한자문화 종론(漢字文化綜論)』, 남녕(南寧): 광서교육출판사(廣西敎育出版社), 1996년. 유지기(劉志基), 『한자 체태론(漢字體態論)』, 남녕(南寧): 광서교육출판사(廣西敎育出版社), 1999년. 유지기(劉志基) 주편(主編), 『문자중국총서(文字中國叢書)』(5종), 정주(鄭州): 대상출판사(大象出版社), 2006년.

6. '근본을 다지고 영혼을 함양하는' 일반교양 성격의 한자

　화동사범대학(華東師範大學)은 학과 건설의 실제 상황에 기반하여 위와 같은 학과 자원을 통합하고, 일반교양 과정을 문자학 기초 위에 현실적으로 정착시키려 시도해왔습니다. 이를 통해 다양한 학과 전공 배경을 가진 독자들이 새로운 시대의 국가 거버넌스라는 위대한 실천 속에서 추출된 문화 사상과 핵심 가치관을 충분히 이해할 수 있도록 하였습니다. 이는 뿌리 깊은 우수한 전통 문화의 토양에 기반을 두고 탄탄한 학문적 이론 기초를 갖추어, 고유한 인지 연결 채널을 회복하거나 구축하고 '근본을 다지고 영혼을 함양한다(培根鑄魂)'는 목표를 실현하기 위함입니다.

　이를 위해 화동사범대학교 당위원회는 관련 팀을 구성하여 학제 간 연구를 기반으로 조사 연구를 수행하고 지식을 발굴하여 "한자문화사상전승총서(漢字文化思想傳承叢書)"를 집필하게 되었습니다. 이는 다양한 전공 배경을 가진 독자들에게 상대적으로 보편적인 교양적 성격의 독본을 제공하고, 동시에 '한자문화권'은 물론 전 세계의 광범위한 독자들이 중국의 우수한 문화 전통을 인식하고 한자의 '인지원형(認知原型)'의 기억을 활성화할 수 있는 새로운 시각, 새로운 방법, 새로운 자료를 제공하기를 바라는 마음에서였습니다.

　개방적 성격을 지니는 본 총서는 앞으로 독자들의 필요에 따라 지속적으로 발전을 거듭하며 다양한 주제별 시리즈를 선보일 계획입니다. 사회 각계각층의 관심과 지원을 부탁드리며, 이 시리즈가 함께 발전해 나가길 기대합니다. 이를 통해 '근본을 다지고 정신을 함양하며(培根鑄魂)', 진정한 문화와 사상적 자신감을 확립하는 한자 속의 '화합의 길(和道)'이라는 이 거대한 과업이 훌륭히 완수되길 바랍니다.

7. 체제와 설명

(1) 설계 이념

새로운 출토 자료가 끊임없이 발굴되고 다양한 유형의 정보가 점점 더 풍부해지는 '빅데이터' 환경 아래, 본 총서의 기획 의도는 문자해독(文字釋讀)을 통해 객관적이고 신뢰할 수 있는 지식을 발굴하는 데 있습니다. '의미는 구조 속에 존재한다'는 원칙에 따라, 본 총서에서 조사분석한 자형(字形) 구조의 경우 '부수별로 유형을 모아(成部類聚)' 배열하고 비교하며, 동일 문자의 서로 다른 형체의 역사적인 '동태적 변화' 과정을 주의 깊게 관찰하고, 특정 단위의 관념 발전사를 발굴하려 노력했습니다. 또 다양한 문자 데이터 플랫폼을 통합하여 추상적인 관념과 의식을 가능한 한 직관적인 구체적 형상(具象)으로 전환하고자 했습니다. 본문을 집필하는 과정에서 다양한 전공 배경을 가진 독자와 사용자의 요구를 충분히 고려하였습니다.

(2) 이중 구조 및 그 기원과 흐름

각 글자의 유형은 분석과 입증의 필요에 따라, 갑골문(甲骨文), 금문(金文), 전국시대 죽간문자(戰國簡文)와 백서(帛書), 고대 새인문자(古璽印文), 고대 도기문자(古陶文), 고대 화폐문자(古幣文), 진한 시대 죽간문자(秦漢簡文)와 백서(帛書), 석각 전서(石刻篆文), 『설문해자(說文解字)』('신부(新附)' 부분 포함), 한

(漢)나라부터 수당·오대 시대의 석각문자(漢至隋唐五代石刻文字), 『간록자서(干祿字書)』, 『오경문자(五經文字)』, 『구경자양(九經字樣)』 등의 다양한 자양학(字樣學) 문헌을 참고했습니다. 이를 통해 각 시대별로 실제 사용된 대표적인 원형문자를 순차적으로 배열하고 비교하여, 한자 구조의 기원과 발전 역사를 객관적이고 사실적으로 드러내고자 하였습니다. 이는 글자꼴(字體)의 발전과 그 속에 체현된 인지구조 및 개념의 진화 과정을 중점적으로 보여주며, 이를 통해 다양한 학문 분야 간의 유기적인 연결을 실현하는 데 목적이 있습니다.

(3) 이중 구조 및 그 분석

본문에서는 이중적인 복합 구조를 실현하고자 했습니다. 각 시대의 문자 기록에 대한 실제적 고증을 바탕으로, 다양한 유형의 자형(字形) 구조 간의 변화와 그 원인을 정확하게 분석하여, 전승 고전문헌의 기록과 상호 검증을 이루고자 했습니다. 이를 통해 이미 숨어있거나, 단절되거나, 사라진 일련의 형태−의미 간의 연결 단서를 새로이 재구했습니다. 다만, 예서(隸書)와 해서(楷書)로만 전해지는 자형에 대한 구조 분석은 단지 이해를 위한 참고용으로 제공하는 것임을 밝혀둡니다.

구조 분석과정에서는 한자의 시대적 요소, 즉 구조의 변이 유형, 변화 과정의 과도기 유형, 새로 증가된 자형의 유형, 서체 변환의 유형, 그리고 자형의 정형화 등 자형 구조 간의 기본적인 시간적 층위를 부각시켜 강조하였습니다. 나아가 이는 인지구조의 발전사의 기술과 문자사용의 시대 구분을 위한 참조 좌표를 제공할 것입니다.

한자의 의미와 연관성은 특정 구조 및 그 구조의 사용 과정 속에 존재합니다. 자형(字形)으로 의미를 연계하고 의미를 구별하는 것, 즉 자형 사용으로 인해 생성된 기본 의미 항목과 그들 간의 논리적 발전의 단서는 모두 구조 및 구조 사용 과정 속에서 고찰되어야 합니다. 자의(字義)의 설명은 구조의 전체성 원칙, 즉 인지구조적 의미가 구조 관계에 기반한 전체적 규정임을 강조했습니다. 동시에 연구는 실제 사용 '맥락(語境)'의 규정을 벗어나지 않는 원칙을 일관되게 유지하였으며, 이미 단절된 어떤 특수 의미 항목(義項)의 맥락적 연관을 회복하려 노력했습니다. 이를 통해 자의(字義) 체계의 기술이 더욱 명확하게 규정되고 대조 통일된 해석 구조 속에 놓이도록 하였으며, 데이터 사슬(근본을 다짐)과 의식 사슬(정신의 정련)이라는 이중 텍스트 복합 구조의 관계를 잘 처리하고자 하였습니다.

(4) 참고 문헌 및 그 표기

문헌의 정확성과 신뢰성을 보장하기 위해, 자형(字形) 이미지는 모두 출토 문자와 전래 자서(字書) 데이터셋, 즉 '중국문자 지능화 데이터베이스(中國文字智能化數據庫)'에서 채택하였습니다. 본문 중 자형의 기원과 흐름을 반영하는 다양한 고문자 자료의 출처는 본문에 따라 간칭(簡稱)의 형식으로 표기하여, 문헌 기록의 연대와 매체의 성질을 밝히는 역할을 하도록 했습니다. 이 책의 본문 뒤에는 '참고문헌'을 별도로 수록했습니다.

(5) 각주 내용

이는 두 부분을 포함합니다. 첫째는 본문에 확실히 보충이 필요한 사항, 둘째는 문헌 출처 등과 관련된 정보를 제공하는 것입니다.

　　본 총서에서 언급한 다양한 출토 고문자 데이터는 일반적으로 화동사범대학 (華東師範大學) 중국문자연구와응용센터에서 개발한 '중국문자 지능화 데이터 베이스(中國文字智能化數據庫)'에서 가져왔습니다. 편폭의 제한과 다양한 전공 배경 및 다양한 수준의 사용자 요구를 충족시키기 위해, 본문의 서술 과정에서 문자 데이터는 모두 간략하게 처리하였습니다. 향후 독자들은 생성형 인공지능 (AI) 도구를 통해 가시화된 문화 환경에 접근할 수 있을 것이며, 이러한 유형 의 기능에 대해서는 총서가 지속적으로 발전해 가며 끊임없이 보완해 나갈 것 을 약속드립니다.

'한자문화사상전승총서' 편집위원회를 대표하여

장극화(臧克和) 씁니다

2023년 7월 14일

목차

제1장

한자 속의
사례(射禮) 연원

제1장

한자 속의 '사례(射禮)' 연원

'후예가 태양을 쏘았다'는 '후예사일(后羿射日)'의 신화 전설은 중국인들에게 대대로 걸쳐 전승되어 왔다. 먼 옛날, 하늘에는 열 개의 태양이 떠올라 대지를 뜨겁게 달구었고, 숲을 불태웠으며, 대지를 가물게 하여, 곡식과 초목을 모두 말려 죽였다. 이때 활쏘기에 뛰어난 영웅 '후예(后羿)'가 나타나서 인류를 구하기 위해 활시위를 당겨 9개의 태양을 쏘았다. 하늘에서는 불덩어리가 폭렬했고, 세 발 달린 까마귀 삼족오(三足烏)가 하나씩 떨어졌다(삼족오는 태양에 산다는 신성한 새로 태양을 상징한다). 결국 하늘에는 하나의 태양만 남게 되었고 인간은 이로 인해 이상적인 생존 환경을 갖게 되었다. 중국의 고대 시인 굴원(屈原)은 『초사(楚辭)·천문(天問)』에서 다음과 같은 여덟 글자로 이 전설을 개괄했다. "후예는 어찌해서 태양을 쏘았던 것일까? 까마귀는 어찌해서 날개를 잃었던 것일까(羿焉射日? 烏焉解羽?)" 물론 이 전설에서 말하는 여러 가지 구체적인 세부사항이 모두 원래의 실제 역사일 수는 없지만, 이 전설은 '활을 쏘아(射)' '태양을 떨어트리는(射日)' 특이한 기능을 부여했는데, 이는 의심할 여지없이 당시 사람들 마음속에서 '활쏘기(射)'가 행복한 생활을 창조할 비범한 능력을 갖고 있었다고 믿고 있음을 보여준다.

고고학적 발견에 따르면 인류의 활쏘기 활동은 이미 2만8천여 년 전에 출현했다. 화살촉이 돌에서 금속으로 발전함에 따라 활쏘기의 형식도 많은 변화를 겪었다. 인류의 생존 발전에서 활쏘기는 그 의미가 매우 컸다. 이 활동 덕분에 사람들은 먼 거리에서 사냥을 하고 적을 살상할 수 있었으며, 살상 효율을 높이고 자신의 위험은 낮출 수 있었다. 따라서 '냉병기(冷兵器) 시대(Cold Weapon Era)'[1]에 활과 화살의 출현은 화기(火器) 시대의 핵무기 발명에 비견되는 것이었다.

특수한 실용적 가치를 지녔기 때문에 '활쏘기'는 사람들에 의해 의례화 되었다. 고대 중국의 예의 중에서 '사례(射禮: 활쏘기 예절)'는 매우 중요한 항목이었다. 『삼례(三禮)』의 하나인 『예기(禮記)』에는 이러한 예절을 전문적으로 설명한 「사의(射儀)」가 포함되어 있다. 이에 상응하여 '활쏘기(射)'는 고대 교육 체계에서도 매우 중요한 위치를 차지했으며, 상고시대의 교육 체계인 '육예(六藝)'의 하나가 되었다.[2] '사례'에 관한 문헌 기록이 풍부하다고 할 수 있지만, 한자

---

1) [역주] 냉병기(冷兵器)는 화약이나 폭발물을 사용하지 않는 전통적인 무기들을 가리키는 용어로, 주로 칼, 창, 검, 도끼, 활, 화살 등 기계적인 힘이나 인력에 의해 작동하는 무기들을 의미한다. 이는 화약을 사용하는 현대적 화기(火器, 열병기)와 대비되는 개념이다. 그래서 냉병기 시대는 인류가 화약을 발명하고 화기(화포, 총 등)를 본격적으로 사용하기 이전의 긴 시기를 가리키며, 전통적인 전투와 전쟁 방식이 주로 이러한 냉병기에 의존했던 시대였다.

2) [역주] 육예(六藝)는 고대 중국 주나라에서 귀족 교육의 핵심으로 정립된 여섯 가지 기본 교양 및 기술 체계로, 유교에서 경전 교육의 기초로 발전했다. 이는 예(禮)·악(樂)·사(射)·어(御)·서(書)·수(數)로 구성되며, 문(文)과 무(武)의 조화를 추구했다. 예(禮)는 사회적 계층에 따른 의식과 예절을, 악(樂)은 아악(雅樂)을 통한 정서 교화를 중시했다. 사(射)는 궁술로 전투력과 심신 수양을, 어(御)는 전차 조종 등 군사 기술을 다뤘다. 서(書)는 한자 해독·서예·문장력을, 수(數)는 계산·역법·점술 등 실용 수학을 포함했다. 초기에는 귀족의 실용적 능력(소육예)을 강조했으나, 공자를 거쳐 유교화 되면서 예·악

를 창구로 삼아 관찰한다면 더 독특한 발견이 없지 않을 것이다. 한자는 특별히 기나긴 역사를 가지고 있는데다 표의적 특성도 지니고 있기 때문에, 한자로부터 '사례'의 연원을 탐구한다면 다른데서 볼 수 있는 어떤 다른 수확을 기대해도 좋을 것이다.

　　이 도덕 교육의 핵심으로 재편되었으며, 한대 이후에는 육경(六經) 교육과 결합되며 철학적 성격이 강화되었다. 이후 육예는 동아시아 전통 교육의 모델로, 문무겸비(文武兼備)와 덕행(德行)을 갖춘 인재 양성의 토대가 되었다.

제1절 갑골문에 보이는 '사(射)'의 규칙

'사례(射禮)'에 관한 내용은 전국(戰國)시대의 문헌에 이르러서야 상세히 기록되었다. 하지만 이후 큰 영향과 오랜 전승을 가진 예법의 하나로서의 '사례'는 이보다 더 이른 연원이 있었을 것임이 분명하다. 갑골 복사(卜辭)는 한자의 가장 이른 체계적 문자 자료이기에, 여기서부터 관련 정보를 찾아볼 수 있을 것이다. 갑골 문자와 복사 사례의 정리를 통해 쉽게 발견할 수 있듯이, 갑골문 시대의 '사(射)'라는 인류 활동에는 확실히 어떤 규칙이 존재했었다. 이에 대해 간단히 설명하고자 한다.

1. 수렵 대상의 선택

현재 공개된 갑골문 자료에서 '사(射)'는 자주 사용되는 상용자로, '문자네크워크(文字網)'의 '갑골문 네트워크 데이터베이스'에서 이를 검색하면 총 450회 출현한다.3) 이들의 의미와 용법을 보면 '활을 쏘다'는 뜻의 동사로 주로 사용

---

3) 본 데이터베이스는 중국교육부 인문사회과학 중점연구기지인 '화동사범대학 중국문자 연구와응용센터'의 "지능형 검색 중국문자 데이터베이스"의 구성 부분 중 하나이다. (웹사이트 주소: http://www.wenzi.cn/object/NewWeb/ExpertsLogin.aspx) 수집된 자료에 는 다음의 것들이 포함된다. 『갑골문합집(甲骨文合集)』, 『갑골문합집보편(甲骨文合集補編)』, 『소둔남지갑골(小屯南地甲骨)』, 『화원장동지갑골(花園莊東地甲骨)』, 『은허소둔촌중촌남갑골(殷墟小屯村中村南甲骨)』, 『영국소장갑골집(英國所藏甲骨集)』, 『화이트씨 등 소장 갑골문집(懷特氏等所藏甲骨文集)』, 『소련·독일·미국·일본 소견 갑골집(蘇德美日所見甲骨集)』, 『천리대학 부속 천리참고관 소장 갑골문자(天理大學附屬天理參考館藏甲骨文字)』, 『동경대학동양문화연구소 소장 갑골문자(東京大學東洋文化研究所藏甲骨文字)』,

되었다. 갑골문에서 '사(射)'의 동사 용법은 대체로 수렵이라는 환경에서 나타나며, '사(射)'가 관여한 대상은 주로 야생 동물이었다. 그러나 '활로 쏜(射)' 야생 동물은 선택적으로 이루어졌음이 분명하다. 복사에서 활로 사냥된 동물은 갑골문에 나타난 동물 중 일부에 한정되며, 사냥된 빈도에 따라 높은 빈도부터 낮은 빈도까지 대략 다음의 순서를 가진다.

　　사록(射鹿: 사슴): 31회(鹿은 424회 출현)
　　사시(射兕: 무소): 27회(兕는 325회 출현)
　　사미(射麋: 큰사슴): 21회(麋는 250회 출현)
　　사균(射麇: 노루): 21회(麇은 56회 출현)
　　사시(射豕: 멧돼지): 9회(豕는 722회 출현)
　　사호(射𤝈: 여우)4): 3회(𤝈는 102회 출현)

　　위의 사냥 대상을 보면 주로 '록(鹿: 사슴)'을 중심으로 이루어졌음을 알 수 있다. 미(麋: 큰사슴)와 균(麇: 노루)'은 오늘날의 분류로 보면 모두 사슴과에 속

『여순박물관 소장 은허갑골(旅順博物館藏殷墟甲骨)』이다. 이들 자료에 새겨진 글자의 총 수는 110만자 이상이다.(후반부에 언급된 자료 중 『갑골문합집』과 『갑골문합집보편』에 이미 수록된 것은 데이터베이스에 중복 수록하지 않았다) 본문에 나타난 갑골문 빈도 데이터는 모두 해당 데이터베이스를 통해 검색하여 검증할 수 있다.

4) [역주] 𤝈는 견(犭=犬)이 의미부이고 망(亡)도 의미부이다. 나진옥(羅振玉)은 일찍이 이를 랑(狼: 이리)으로 해석한 바 있고(『은석(殷釋)』31쪽), 왕양(王襄)도 랑(狼)으로 추정했다(『보실은계유찬』 '존의(存擬)' 10, 49쪽). 그러나 곽말약(郭沫若)은 호(狐: 여우)가 되어 야할 것이라 했고(『복통(卜通)』 128쪽), 진몽가(陳夢家)는 은허 유적에서 이리의 뼈가 발견되지 않은 것으로 보아 호(狐)가 옳을 것이라 했으며, 요효수(姚孝遂)도 호(狐)가 되어야 한다고 주장했다(우성오(于省吾), 『고림(詁林)』 1582쪽). 여기서는 후기 학자들의 견해를 따라 '호(狐)'로 보고서 '여우'로 해석했다.

하고, 한자의 구조로 보면 모두 '록(鹿)'에서 그 의미를 취했다. 따라서 '사미(射麋)'나 '사균(射麇)'은 넓은 의미에서 보면 사슴 류를 사냥한 것이다. 가장 흔한 '사록(射鹿)'의 사례에 상응하여 갑골문에는 '사록(射鹿)'이라는 두 글자를 하나로 합친 합자(合字)의 형태로도 나타나고 있다. '사(麝)'가 바로 그것인데, 그 원형은 바로 아래처럼 활을 당겨 사슴을 쏘는 형상을 생동감 있게 묘사했다.

이 글자는 『소둔남지갑골(小屯南地甲骨)』 제2539편에 출현하는데, 해당 복사에서는 다음과 같이 말했다.

> "정미일에 점을 쳐 물어봅니다. 코끼리가 물을 건너 왔습니다. 왕께서 '사슴을 활로 쏘라'고 명령할까요? 쏘았다. 길하였다."(丁未卜, 象來涉, 其乎麝(射鹿), 射, 吉.)

이 복사에서 '사록(麝)' 뒤에 바로 붙어서 나타난 '사(射)'자는 소위 '험사(驗辭: 점복의 결과에 대한 기록)'로, 점복 후 실제로 발생한 점복 대상과 관련한 내용이다.5) 이로써 '사록(麝)'이 표현한 것이 분명 '사슴을 쏜(射鹿)' 것임을 알 수

---

5) [역주] 내용적으로 완전한 상태의 갑골문(甲骨文)은 다음의 네 가지로 구성된다. 즉 (1) 전사(前辭)는 점복의 날짜(간지)와 점술가(貞人)를 기록한 서문 부분이며(예컨대 "언제 누가 점복을 거행했다"), (2)정사(貞辭)는 점을 묻는 구체적인 질문(예컨대 "농작물 수확에 풍년을 이룰까요?")을 기술하며, (3)점사(占辭)는 점괘를 해석한 내용으로, 귀갑의 균열 모양을 바탕으로 한 예측이다(예컨대, "길할 것이다", "대길할 것이다" 등). (4) 험사(驗辭)는 점복 결과의 실제 검증(예컨대 "과연 10일 후 비가 내렸다")을 기록한 후기 추가 내용이다. 이를 다 갖춘 기록은 그리 많지 않으며, 상황에 따라 일부가 생략

있다. 복사 전체의 의미는 "정미일에 점을 쳤는데, 코끼리가 물을 건너 왔고, 왕이 사슴을 사냥하라 명령했으며, 사슴 사냥의 결과는 매우 길하였다."이다.[6]

'사록(麤)'과 같은 이러한 글자를 일반적으로 합문(合文)'이라 하는데, 필사 과정에서 어떤 특정 요소 때문에 두 자 이상의 한자를 하나의 한자로 압축한 경우를 가리킨다. 합문이 발생하는 중요한 전제는 합문에 포함된 두 글자의 연속 쓰기가 상당히 빈번한 일상적 쓰기여야 한다는 것이다. 그것은 이러한 두 글자는 고빈도로 서로 연결되어야만 비로소 합문의 형식으로 출현할 수 있기 때문이다. 예컨대, 갑골문에서 자주 등장하는 제사 대상이 '상갑(上甲)'이기에 '상갑(上甲)'이라는 두 글자는 '상(上)'과 '갑(甲)'자를 중첩시킨 합문 형식인 '상갑(囲)'이나 '상갑(囲)' 등의 형태로 표현될 수 있었다. 또 갑골문에서 제물로 '삼우(三牛: 소 세 마리)'를 자주 사용했으므로 '삼(三)'과 '우(牛)'의 합문인 '삼우(半)'(소의 뿔 부위에 숫자 '삼(三)'을 표시하여 '소 세 마리'의 의미를 나타냈다)가 출현했다. 이로 보아 '사록(麤)'의 출현도 이들과 마찬가지로 갑골문에서 '사록(射鹿)'이 연속 쓰기로 빈번히 나타난 결과일 것이다. 앞에서 제시한 통계 데이터에서 볼 수 있듯, 갑골문에서 '사(射)'자의 경우, 약 14번 출현할 때마다 한 번은 사슴에 대한 사냥이었다.

은상 시대 때는 왜 이렇게 사슴 사냥을 선호했던 것일까? 물론 사슴이 빨리 달리는 야생 동물이라 포획하기 어려워, 멀리서 고속 발사가 가능한 활과 화살

되며, 특히 험사(驗辭)가 가장 적게 남아 있다.

6) 어떤 학자들은 이 갑골 복사의 '사(麤)'를 인명이라고 보아, 이 문장의 의미를 은나라 왕이 '사'에게 코끼리를 쏘도록 명령한 것이라고 보기도 한다. 그러나 갑골문에는 코끼리를 쏘는 내용의 기록이 없으므로, 이러한 설은 신빙성이 없다.

이라는 도구를 사용해 대처하기 적합하기에 그랬다고 쉽게 생각할 수 있을 것이다. 그러나 사냥에 관한 갑골 복사를 전체적으로 관찰해 보면, 은나라 사람들이 사냥할 야생 동물을 선택할 때 단지 빨리 달린다는 이유만으로 사슴을 선택하지는 않았음을 알 수 있다. 달리기 실력으로 따지자면 토끼가 아마도 사슴보다 앞설 것이다(적어도 중국인의 관념에서는 그렇다). 갑골문에는 '토(兔)'자도 자주 보이며(81회 출현), 자형 또한 아래처럼 다양하다.

그러나 복사에서는 '사토(射兔: 화살로 토끼를 사냥함)'라는 사례는 전혀 찾아볼 수 없다. 토끼의 달리기 실력을 은나라 사람들이 모를 리 없었음은 갑골문 '축(逐)'자를 통해 증명할 수 있다. 갑골문에서 '축(逐)'는 대략 세 가지 자형이 보인다. 첫째는 다음처럼 '지(止: 발)'와 '록(鹿: 사슴)'으로 구성되거나 '지(止)'와 '록(鹿)'과 '행(行: 가다)'으로 구성된 구조이다.

이 글자는 사슴이 빨리 달리기에 '추적해야 한다'는 의 창제 의도를 담았다. 둘째는 다음처럼 '지(止)'와 '시(豕: 멧돼지)'로 구성되거나 '지(止)'와 '시(豕)'와 '척(彳: 가다)'으로 구성된 구조이다.

이들 글자는 멧돼지의 빠른 움직임을 보여주며, 따라서 '추적해야 한다'는 창제 의도를 담았다. 셋째는 다음에서와 같이 '지(止)'와 '토(兔)'로 구성되거나 '견(犬: 개)'과 '토(兔: 토끼)'로 구성된 경우이다.

이는 글자를 만든 사람의 마음속에서 토끼와 사슴, 그리고 멧돼지는 모두 빨리 달리는, 그래서 따라잡아야 할 짐승임을 보여준다. 그러나 갑골문에 보이는 토끼 사냥의 기록은 모두 그물을 사용했었다. '저(冤)'(일반적으로 '저(罝)'자로 해독함)는 복사에서 주로 '포획하다'는 뜻을 표현하는데, 자형을 보면 큰 그물로 토끼를 잡는 모습을 보여준다.

그렇다면 왜 갑골 복사에 '활로 토끼를 쏘다'는 뜻의 '사토(射兔)'라는 사례는 없는 것일까? 이는 빠르게 달린다는 공통점을 넘어, 토끼와 사슴이 사냥감으로서 갖는 차이점을 분석해야만 가능할 것 같다. 사냥꾼에게 사냥감에 대해 가졌던 가장 중요한 관심사는 그것의 유용성이었을 것이다. 분명히 토끼보다 사슴의 가치가 훨씬 컸다. 사슴은 식용, 의류용, 약용 등 인류의 다양한 필요에 뛰어난 기여를 한다. 그리고 복사에서도 갑골문 시대의 사냥터에서 사슴은 매우 흔한 사냥감이었음을 보여준다. 그래서 중국 고대인들이 '록(鹿)'을 '복록(福祿)'의 '록(祿: 봉록)'의 상징으로 삼았던 것은 우연이 아니다. 또 한편으로 토끼 같은 동물은 너무 작아서 '활을 쏘아(射)' 잡기에는 난이도가 높고 명중률도 낮아, 토끼를 잡으려 활을 쏜다는 것은 상대적으로 비용이 많이 드는 사냥 방법이다. 활과 화살의 제작은 세심한 작업이 필요하고, 화살이 발사되면 쉽게 회수할 수 없어 활로 토끼를 사냥한다는 것(射兔)은 본전 찾기도 힘든 것이 사실이다.

'사록(射鹿)'이 갑골문에서 하나의 문자 현상으로 강조된 것은 '축록중원(逐鹿中原: 중국의 중심부 중원에서 패권을 다투다)'이라는 성어를 연상시킨다. 이 성어에서 '사슴(鹿)'은 제왕의 자리(帝位)를 상징한다. 그래서 문장의 실제 의미는 천하의 패권을 다투다는 뜻이다. 그러나 글자 그대로의 의미는 단지 '사냥을 표현했을 뿐이다. 글자 그대로의 의미를 실제 의미로 연결시키는 것은 전쟁을 사냥으로 완곡하게 표현하던 전통적 언어 습관이다. 예를 들어, 조조(曹操)는 「손권에게 보내는 글(與孫權書)」에서 이렇게 말했다. "지금 수군 80만을 이끌고, 드디어 장군과 오(吳)에서 함께 사냥이나 하고자 하오.(今治水軍八十萬眾, 方與將軍會獵於吳.)" 조조는 실제로는 손권과 전쟁을 벌이려 했지만, 말로는 '함께 사냥을 벌이자(會獵)'고 표현했다. 사냥 대상이라면 수도 없이 많은 야생 동물이 있을 것이고, '추적(逐)'할 수 있는 사냥감도 다양했을 텐데, '회렵(會獵: 함께 만나 하는 사냥)'이 왜 '축록(逐鹿: 사슴을 쫓는 것)'으로만 표현되었을까? 이는 사냥터에서 '록(鹿)'이 가장 주목받는 사냥감이었음을 보여준다. 따라서 사냥을 언급할 때 은나라 사람들이 가장 먼저 떠올렸던 것은 '사슴의 사냥(射鹿)'이었고, 후대의 '축록(逐鹿)'이라는 표현은 이러한 사고 습관을 계승한 것이다.

또 '외뿔소(兕)'와 '멧돼지(豕)'를 사냥했던 이유는 무엇이었던가? 쉽게 생각할 수 있는 것은 그들이 맹수이므로 원거리에서 사살하면 사수의 안전을 보장할 수 있다는 점이었을 것이다. 그러나 이러한 추측은 다음과 같은 갑골문이 기록으로 부정된다. 즉 갑골 복사에는 '시(兕)'나 '시(豕)'보다 더 사나운 야생 동물들도 등장한다. 호랑이가 그렇다. 하지만 호랑이를 활로 사냥한 사례는 발견되지 않는다. '호(虎)'자는 총 187회 출현하지만, 수렵 복사에서 은나라 사람들이 사냥을 행한 방법은 주로 '척(隻＝獲: 포획하다)'으로 표현되었다. 이 경우는 총 26회 나타나는데, 간단히 다음과 같은 세 가지 예만 들어보자.

① "을미일 점을 쳐 물어 보았다. 왕께서 수렵을 나가셨다. 과연 호랑이 2마리, 무소(兕) 1마리, 사슴 12마리, 멧돼지 2마리, 토끼 127마리, □ 2마리, 토끼 23마리, 꿩 7마리를 잡았다. □월이었다."(乙未卜, 王狩🯄🯄, 允隻虎二, 兕一, 鹿十二, 豕二, 兔百二十七, □二, 兔二十三, 雉七, □月.)(『합집』 10197)

② "을사일 왕 점을 쳐 [물었다]. 도(梌) 땅에 수렵을 나가는데 가고 [올] 때 재앙이 없을까요? 왕께서 [점괘를 보고 말씀하셨다]. 길할 것이다. 이 점괘를 사용하라. 호랑이를 잡았다."(乙巳王卜, [貞]田梌往[來]亡災, 王[固曰]: 吉, 玆卟, 隻虎.)(『합집』 37393)

③ "임오일에 점을 쳤다. '빈'이 물었다. 호랑이를 잡을 수 있을까요?"(壬午卜, 宾, 貞隻虎.)(『합집』 10199 정면)

앞서 언급했듯이, '척(隻)'은 추상적 포획을 표시하는 동사이므로 '호랑이를 잡는(隻虎)' 구체적인 방식은 명확히 표현되지 않는다. 그러나 갑골문에는 호랑이를 포획하는 방법을 구체적으로 표현한 글자도 있다.

> "갑□일에 [점을 쳐 물었다.]……'료'제사를 '만 🐾'에서 지내면 호랑이를
> 잡을 수 있을까요? 호랑이를 잡았다."(甲□[卜]…尞, 于溝 🐾 🐾?虎.)(『합집』
> 20710)

'만 🐾'는 지명이고, '🐾'는 현대글자로 옮기면 '羆'로 적는데, 위는 '망(网: 그물)'이고 아래는 '호(虎: 호랑이)'로, 바로 그물로 호랑이를 잡는 모습이다. 이 글자는 갑골문에 자주 보이는데, 다음처럼 때로는 호랑이 몸체를 생략하여 일부만 그린 경우도 있다.

갑골문에는 또 곰을 잡는 모습을 그린 '파(羆)'자도 보이는데, 이 글자의 창제 의도는 '🐾'와 유사하여, 위에는 '망(网: 그물)'이고 아래는 '웅(熊: 곰)'이 든 모습이다.

곰의 사나움은 호랑이에 견줄 만하니, 이런 맹수들은 그물로 대처하던 것이 은나라 사람들의 기본 전략이었음을 알 수 있다.

갑골문에서 호랑이를 구체적으로 포획을 표현한 또 다른 글자는 '포(虣)'이다.

 ① "임진일에 점을 칩니다. '쟁'이 물어봅니다. 호랑이를 맨손으로 때려잡
  을 수 있을까요? 구월이었다.(壬辰卜, 爭, 貞其虢(虣), 隻, 九月.)"
 ② "임진일에 점을 칩니다. '쟁'이 물어봅니다. 맨손으로 때려잡을 수 없을
  까요?(壬辰卜, 爭, 貞其虢(虣), 弗其隻.)"(『합집』 5516)

이 복사는 '포(虢=虣)'라는 방식으로 호랑이를 잡을 수 있을지를 점쳐 물어
본 것이다. '포(虢)'자의 원형은 다음과 같다.

자형을 보면 위는 '과(戈: 낫 창)'이고 아래는 '호(虎: 호랑이)'이다. 구석규(裘
錫圭)는 이것이 바로 전승 문헌에서 '호랑이를 때려잡는 것(搏虎)'을 뜻하는 '폭
(暴)'의 고자(古字)로, 보통 '포(虣)'로도 썼다고 보았다.7) 갑골문에서 이 글자는
과(戈: 낫 창)로 호랑이를 타격하다는 의미이며, 갑골 복사에서도 본래 뜻대로
사용되었다.8)

---

7) [역주] 『시・숙우전(叔于田)』의 "단석포호(襢裼暴虎: 웃통 벗고 맨손으로 호랑이 잡아)"
 에 대해 『모전(毛傳)』에서는 "맨손으로 때려잡았다는 뜻이다(空手以搏也)"라고 했다.
 또 『이아・석훈(釋訓)』에서도 "포호(暴虎)는 맨손으로 잡다는 뜻이다(徒搏也)"라고 했
 다. 또 『논어・술이(述而)』의 "포호빙하(暴虎馮河)"에 대한 『소』에서도 "맨손으로 호랑
 이를 때려잡는 것을 '포호'라고 한다(空手搏虎爲暴虎)"라고 했다.
8) 구석규(裘錫圭), 「'현의'와 '주포금'에 대하여─갑골문의 '포(虣)'자도 함께 논의함(說玄
 衣朱襮裧─兼釋甲骨文虣字)」, 『文物』 1976년 12기.

그렇다면 은나라 사람들은 왜 같은 맹수임에도 외뿔소(兕)와 멧돼지(豕)만 '화살을 쏘는(射)' 방식을 사용했던 것일까? 갑골문의 정리를 통해 '시(兕)'와 '시(豕)'도 모두 은나라 사람들에게 중요한 가치를 지녔음을 알 수 있다.

시(豕), 즉 야생 멧돼지는 복사에서 주로 제물로 등장한다. '시(豕)'는 복사에서 723회 출현하지만, 소수만 사냥감으로 나타나고 대부분은 제사 때 선조와 선왕 등 신령께 바치는 제물로 사용되었다. "오로지 제사와 전쟁만이 국가의 큰일이다.(國之大事, 惟祀與戎.)"라고 했으니, 제물을 얻기 위해 활을 사용했던 것은 타당하다.

시(兕)가 은나라 사람들에게 특별한 의미를 가졌던 이유는 그것이 갑옷 제작의 기본 원료였기 때문이다. 갑골문의 '개(介)'자는 다음과 같다.

나진옥(羅振玉)은 이에 대해 "사람이 갑옷을 입은 모습이다. 갑옷(介)은 가죽을 연결해 만든다. 때로 公로 구성되기도 하는데, 이는 연결된 가죽 모양을 표현한 것이다."라고 했다.9) 왕국유(王國維)도 유사한 견해를 가졌다. 은상시대는 냉병기(冷兵器) 시대라 갑옷은 기본 필수품이었고, 선진(先秦)시대 갑옷 제작의 주재료는 바로 무소(兕, 犀牛) 가죽이었다.

『좌전·선공(宣公)』(2년)에는 송(宋)나라 장수 화원(華元)이 자신의 군사를 이끌고 정(鄭)나라와 초(楚)나라 연합군과 싸우다 패하여 포로가 된 일을 기록하

---

9) 나진옥(羅振玉), 『증정은허서계고석(增訂殷墟書契考釋)』, 『갑골문자고림(甲骨文字詁林)』 (북경: 중화서국, 1996), 14쪽에서 재인용.

고 있다. 송나라는 "병거 백승과 문마 백사(兵車百乘, 文馬百駟)"10)로 몸값을 지불하고 그를 데려오려 했다. 그는 이러한 일도 모른 채 여전히 인부들의 성벽 건설 현장을 순시했고, 이에 인부들은 투구와 갑옷을 잃은 그를 노래로 조롱했다. 이에 화원은 그의 부관에게 대답하게 했다. "소가 있으면 가죽이 있고, 외뿔소(兕)와 무소(犀)가 아직 많으니, 갑옷을 잃은들 어떠리오." 이는 무소의 가죽이 여전히 많으니 갑옷 몇 개 잃어버린 것이 뭔 대수로운 일이겠는가라는 의미다.

굴원(屈原)의 『구가(九歌)·국상(國殤)』에 "손에는 오나라의 창을 쥐고 몸에는 무소 가죽으로 만든 갑옷을 걸쳤네. 전차는 바퀴끼리 뒤섞이고 짧은 무기로 백병전을 벌이네.(操吳戈兮被犀甲, 車錯轂兮短兵接.)"라는 구절이 있는데, 전후 문맥을 보면 굴원은 무소 가죽으로 만든 갑옷을 꽤나 고급 장비로 여긴 듯 보인다.

또 『오월춘추(吳越春秋)』의 기록에 따르면, 오왕 부차(夫差)와 월왕 구천(勾踐)의 결전에서 오나라는 "지금 부차에게는 무소 가죽으로 만든 갑옷을 입은 자가 3천 명이나 있다."라고 했다. 반면 월나라 군대도 마찬가지로 무소 가죽 갑옷에 의존했으며, "월왕은 군대를 좌우 군으로 나누었는데, 모두 외뿔소(兕) 가죽으로 만든 갑옷을 입었다."

이로 보아 외뿔소(兕)와 멧돼지(豕)는 사슴(鹿)과 같이 가치가 있다는 점에서 공통점이 있다.

---

10) [역주] 병거(兵車)는 전쟁용 전차를 말하며 백승(百乘)은 100대를 말한다. 1승(乘)은 1대의 전차와 3~4명의 병사(전차병, 궁수 등)로 구성되니, 100대의 전차와 300~400명의 병력을 가리킨다. 문마(文馬)는 화려한 장식(文)이 된 명마(馬)를, 백사(百駟)는 100사(駟)를 말한다. 1사(駟)는 4필의 말을 말하니, 총 400필(100×4)의 장식된 군마를 의미한다.

　　그러나 일부 사냥 가치가 없지 않은 대형 야생동물에 대해서도 은나라 사람들은 활을 쏘지 않았다. 예를 들어, 앞서 인용한 『소둔남지갑골』 제2539편의 복사는 분명히 '상래섭(象來涉: 코끼리가 건너왔다)'이라고 했는데, 은 왕은 왜 코끼리를 쏘게 하지 않고 사슴을 쏘게 했을까? 물론 코끼리가 물을 건넌 것이 물가에 있던 사슴들을 놀라게 해 사냥하기 쉬워졌기 때문이라고 이해할 수도 있다. 그러나 갑골문에는 이 복사 외에(만약 은나라 왕이 코끼리를 쏘게 했다고 꼭 그렇게 해석해야 한다면) 실제로 '사상(射象)'에 관한 복사는 존재하지 않는다. 복사에는 종종 '획상(獲象)'이라는 기록이 있지만, 이런 맥락에서는 '활을 쏘는(射)' 사냥 방법은 전혀 등장하지 않고, 모두 '척(隻＝獲)'이라는 단어를 사용했다. 다음을 보자.

> ① "을해일에 왕께서 점을 쳐 물어봅니다. '상(喪)' 땅으로 수렵을 가면 오가는데 재앙이 없을까요? 왕께서 점괘를 해석해 말씀하셨다. 길할 것이다. 코끼리 10마리, 꿩 30마리를 잡았다.(乙亥王卜, 貞田喪往來亡災, 王固曰: 吉, 隻象十, 雉三十.)"(『합집』 37365)
> ② "신미일에 왕께서 점을 쳐 물었다. '혜' 땅으로 수렵을 가면 오가는데 재앙이 없을까요? 왕께서 점괘를 보고 말씀하셨다. 길할 것이다. 코끼리 10마리, 꿩 11마리를 잡았다.(乙亥王卜, 貞田轡往來亡災, 王固曰: 吉, 隻象十, 雉十又一.)"(『갑골문합집보편』 11295_8)

　　위의 두 복사 중 앞의 것은 다음과 같은 내용이다. 즉 은나라 왕이 상(喪)이라는 땅으로 오가는 데 재앙이 없을지를 물었다. 은나라 왕이 점괘를 본 후 판단하기를, 이번 행차는 매우 길할 것이라고 했으며, 코끼리 10마리, 새 30마리를 잡았다는 말이다. 후자도 대체로 비슷한 의미이다. 다만 사냥 장소가 '혜

(曹)'로 바뀌었고, 코끼리의 수도 그대로 10마리지만 새의 수는 11마리가 되었
다. 유사한 복사가 7개 더 있지만, 일일이 열거하지 않겠다. 코끼리를 잡는 데
표현된 동사 '척(隻)'은 '획(獲)'의 고자로, 그 원형은 다음과 같다.

　　이들은 형태가 다양하지만 모두 '손으로 새를 쥔 모습'이다. 이 글자가 코끼리
를 잡는데 사용되었던 맥락을 고려한다면, 이 글자의 동사적 의미는 분명히 본래
의 '새를 잡다'가 아니라 이미 일반화된 의미였을 것이다. 따라서 갑골문 시대의
사람들이 정확하게 어떤 방식으로 코끼리를 잡았는지는 추가적인 연구가 필요하
지만, 활을 쏘지 않았다는 점만은 확실하다. 왜 '코끼리(象)'를 활로 쏘지 않았던
것일까? '상(象)'과 밀접한 관계가 있는 '위(爲)'자가 약간의 해답을 제공해 줄 수
있을 것이다. 갑골문에서 '위(爲)'자는 '우(又)'와 '상(象)'으로 구성되었다.

　　이 자형에 대한 학자들의 설명은 대체로 일치한다. 나진옥은 이렇게 말했다.
"복사에서는 코끼리(象)를 손(又)으로 이끄는 형상을 했다. 고대인이 코끼리를
부려 일을 도왔는데, 그것은 아마도 소를 부리고 말을 타기 이전의 일이었을

것이다."11) 서중서(徐中舒)도 "손(又)으로 코끼리(象)를 이끄는 모습을 형상했다. 은나라 사람들이 코끼리를 부려 일을 했으니, 이는 코끼리가 그들이 일상적으로 이용하던 동물이었음을 증명해 준다."라고 했다.12) 강량부(姜亮夫)는 "위(爲)는 사람의 모든 행위를 가리킨다. '위(爲)'자는 갑골문, 금문, 「석고문(石鼓文)」 등에서 손으로 코끼리를 이끄는 형상을 했다.……고대 초기사회에서는 코끼리를 길들여 일을 했는데, 이는 '코끼리'를 이용해 밭을 갈던 모습을 그렸다.……코끼리 길들인 것은 땅을 갈기 위한 것이었고, 땅을 가는 일은 농경시대에 그 어떤 것보다 가장 어려운 일이자 가장 중요한 일이었을 것이다. 그래서 이 글자를 사용하여 모든 '행위'를 총칭하게 됐다."라고 했다.13)

이미 '노동력을 보조하는' 용도로 쓰이고 있었다면 위해를 가할 수 없었음은 당연했을 것이며, '활로 쏘지(射)' 않았던 것도 당연한 일이다. '코끼리를 잡던(獲象)' 당시의 방법은 아마도 후대에 남방 지역에서 구덩이를 파거나 발을 묶어 걸려 넘어지게 하는 덫 줄을 사용했던 방법과 유사했을 것이다.

이상의 내용에 따르면, 은나라 사람들이 사냥할 때 '활쏘기(射)'를 적용한 데는 아무 데나 하는 것이 아니라 일정한 기준이 있었다. 그 대략적인 원칙은 다음의 세 가지이다. 첫째, 사냥하기 쉽지 않은 것은 활로 쏘지 않는다. 둘째, 충분한 사용 가치가 없는 것은 활로 쏘지 않는다. 셋째, 쏘아서 사냥 목적 달성

---

11) 나진옥(羅振玉), 『증정 은허서계고석(增訂殷墟書契考釋)』, 『갑골문자고림(甲骨文字詁林)』(북경, 중화서국, 1996년, 1607쪽)에서 재인용.
12) 서중서(徐中舒), 「은나라의 코끼리 길들이기와 코끼리의 남천(殷人服象及象之南遷)」, 『중앙연구원역사언어연구소집간(中央硏究院歷史語言硏究所集刊)』 1930년 제1기.
13) 강량부(姜亮夫), 「한자구조의 기본정신(漢字結構的基本精神)」, 『절강학간(浙江學刊)』 1963년 제1기.

에 도움이 되지 않는 것은 활로 쏘지 않는다.

2. 사구(射具)의 다양성

갑골문의 '활쏘기(射)'에 관한 연구는 사냥 대상뿐만 아니라 사용 도구와도 관련이 된다. 현대인이 말하는 '화살(箭)'이 갑골문에서는 주로 '시(矢)'로 표현되었다는 것이 하나의 상식이라 해야 할 것이다. 그러나 갑골문에서 '비(畀)'자도 '화살'을 표시했는데, 이는 잘 알려져 있지 않은 사실이다. 갑골문 '비(畀)'자의 원형은 다음과 같다.

자형이 형상한 이미지를 보면, 이 화살의 주된 특징은 화살촉 부분에 있으며, 그것이 '시(矢)'와 구별되는 점임을 알 수 있다. 이는 '시(矢)'의 갑골문 원형과 비교해보면 직관적으로 확인이 가능하다.

구석규(裘錫圭)는 갑골문의 '비(畀)'자가 "고대문헌에서 '비(匕)'라고 부르는 그런 종류의 화살촉을 그린 상형자이다.……자형으로 볼 때, '비(畀)'가 상징하는 화살촉은 편평하고 길며 넓은 종류이다.……한대 이후에는 편평하고 길고

넓은 화살촉을 일반적으로 '비(鏢)'라고 불렀다."라고 했다.[14]

'시(矢)'와 '비(畀)'가 모두 화살의 종류에 속한다는 것은 갑골문의 편방 분석을 통해서도 알 수 있다. 갑골문에는 '疾'자가 있는데, 재앙이라는 의미를 표현한다.[15] 복사에는 다음과 같이 나타난다.

> "물어봅니다. 상제께서 이 성읍에 재앙을 내리지 않을까요?(貞帝弗疾茲邑)?
> (『합집』 14211)

'疾자읍(疾茲邑)'은 이 성읍에 재앙을 내린다는 의미이다. 이 자형은 두 가지 구조가 있는데, 하나는 다음처럼 '자(子)'와 '시(矢)'로 구성된 구조이다.

학자들은 이를 두고 "화살이 사람에게 더해진 형상"이라고 설명하는데[16], '자(子)'가 측면의 위쪽에 있고 '시(矢)'가 측면의 아래쪽에 놓인 자형 관계로 볼 때 이 설명은 믿을 만하다. 이 글자의 또 다른 구조는 다음처럼 '시(矢)'를 '비

---

14) 구석규(裘錫圭), 「'비(畀)'자의 보충 해석('畀'字補釋)」, 『구석규학술논문집(裘錫圭學術論文集)』 제1권, 상해: 복단대학출판사, 2012년, 27-35쪽.

15) [역주] 疾는 『설문』에서의 사(躰)자에 해당하여, "화살이 몸에서 발사되어 멀리 가 적중하다는 뜻이다(弓弩發於身而中於遠也)"라고 했는데, 화살이 몸에 맞다는 뜻으로부터 '재앙이 있음'을 표현했다. 갑골문에는 위에서처럼 '帝疾'라는 표현이 자주 나오는데, '상제께서 재앙을 내리다'는 뜻이다. 곽욱동(郭旭東)(주편), 『은허갑골학대사전(殷墟甲骨學大辭典)』, 북경: 중국사회과학출판사, 2020, 523쪽.

16) 노실선(魯實先), 「복사성씨통석(1)(卜辭姓氏通釋之一)」, 『동해학간(東海學刊)』 1959년 제1기.

'(畀)'로 바꾼 것이다.

　갑골문에서 '시(矢)'와 '비(畀)'가 공존한다는 것은 은나라 때의 화살이 종류별로 구분되었음을 보여준다. 다양한 종류의 화살은 각각의 용도가 있었음을 말해준다. 아쉽게도 갑골 복사에서 '비(畀)'자는 고대문헌에서의 '비(畀)'자와 용법이 비슷해 거의 모두 '부여하다', '넘겨주다(付與)'는 의미로 사용되고 있으며, 아직 본래의미로 사용된 예를 발견하지 못했다. 그러나 '사(射)'자의 형태에서 이 결함을 보완할 수 있을 것이다.

　갑골문 '사(射)'자의 구조는 다음처럼 매우 다양하다.

　이들은 모두 활에 화살이 더해진 형상이며, 일부 자형에는 활을 쏘는 두 손이 그려지기도 했다. 그래서 '사(射)'자는 '시(矢)'와 '궁(弓)'으로 구성되었다고 할 수 있고, 두 손이 더해진 자형은 '시(矢)'와 '궁(弓)'과 '공(廾)'으로 구성되었다고 분석할 수 있다. 주목할 점은 '시(矢)'의 형태를 보면 두 종류로 나눌 수 있다는 것인데, 위쪽 줄은 머리가 뾰족하고, 아래쪽 줄은 머리가 평평하게 그려진 화살이다. 이러한 평평한 머리로 된 '화살(矢)'은 갑골문 외에도 다음과 같이 서주 금문(「계작(啓爵)」)이나 「석고문」의 '사(射)'자에서도 발견된다.

갑골문은 고도의 상형성을 가지고 있어, 편방(偏旁)만 하더라도 종종 '형부 (形符: 의미부)'의 속성을 가진다. 소위 '형부'란 "본래 형상에 근거해 표의 기능 을 하는 것"으로, "기존 문자로 충당한" 용자(用字) 의미로써 편방(偏旁)의 의미 를 표시하던 '의부(義符)'와는 다른 개념이다.[17] 그래서 평평한 이런 화살촉의 '시(矢)'는 일종의 '형부'로 볼 수 있다. '사(射)'자의 글자 창제는 당시의 객관적 현실에 근거한 것이다. 은나라 사람들은 왜 평평한 화살촉을 만들었던 것일까? 이는 오늘날의 고무탄을 떠올리게 하는데, 고무탄은 목표물의 표면에 상처만 입힐 뿐 목표물 자체를 관통하지는 않아 살상력이 상대적으로 약하다. 학자들 이 은상 때의 '고무탄'의 용도를 조사한 결과, 그것이 출현하는 복사에서 상당 수가 포획하다는 의미의 '금(擒)'자를 포함하고 있음을 발견했다.

① '화' 땅에 있는 사슴을 활쏘기로 하면, 다 잡을 수 있을까요?(射(🏹)麦鹿, 뢰(擒).)(『합집』 28348)

② '부(敿)' 땅에 있는 사슴을 활쏘기로 하지 않으면, 다 잡을 수 없을까 요?(弜射(🏹)敿鹿, 弗뢰(擒))(『합집』 28343)

③ 멧돼지를 오른쪽으로 활로 쏘지 않으면, 다 잡을 수 없을까요?(弜射(🏹))

---

17) 구석규(裘錫圭), 『문자학개요(文字學概要)』(修訂本), 북경: 상무인서관, 2013년, 40쪽.

又豕, 弗其(擒)(『합집』 28366)

④ 왕께서 멧돼지를 오른쪽으로 활로 쏘면, 하루 종일 재앙이 없을까요?
　다 잡을 수 없을까요? 대길할 것이다.(王其射(勾)又豕, 湄日亡弋. 弜(擒). 大
　吉.)(『합집』 28305)

위의 ①복사는 "화(黄) 땅에 있는 사슴을 활쏘기로 하면 포획할 수 있을까
요?"라는 의미이고, ②복사는 "부(戫) 땅에 있는 사슴을 활쏘기로 하지 않으면
포획하지 못할까요?"라는 의미이며, ③복사는 "야생 돼지를 활쏘기로 하지 않
으면 포획하지 못할까요?"라는 것이고, ④복사는 "왕께서 돼지를 활쏘기로 하
면, 하루 종일 재앙이 없으며, 멧돼지를 잡을 수 있을까요? 매우 길하였다."는
의미이다. 이런 복사들을 보면, 평평한 화살촉을 사용한 사냥의 목적은 주로
생포하기 위한 것이었음을 알 수 있다. 따라서 살상력이 더 큰 긴 화살촉을 가
진 '시(矢)'와 달리, 평평한 화살인 '비(畀)'는 은나라 사람들이 상처를 최소화하
기 위해 만든 화살이라 할 것이다. 다만 은나라 사람들이 이런 평평한 화살을
위해 따로 특별히 글자를 만들었다는 증거는 아직 발견하지 못했을 뿐이다.

3. 사법(射法)의 정교함

활쏘기는 기술적인 활동으로, 특히 방법과 효율성이 중요하다. 이에 관한 정
보의 흔적을 갑골 복사에서도 일부 찾을 수 있다. 수렵 복사에서 사냥 대상인
짐승 앞에는 종종 '우(又)'자가 붙어있다.[18] 이러한 수렵 복사에는 모두 '사(射)'

---

18) 예를 들어, 다음과 같은 것들이 그렇다.
　　"계미일에 점을 칩니다. 왕께서 물어봅니다. 외뿔소가 오른쪽에서 가고 있는데, 왼쪽
　　에서 쏘면 [잡을 수 있을까요?](癸未卜, 王曰貞又兕才行, 其左射[隻].)"(『合集』 24391)

자와 '우(又)'자가 함께 쓰인다는 특징이 있다. 즉, 사냥 대상인 짐승 이름 앞에는 모두 '우(又)'자가 출현한다는 것이다. 갑골문 '우(又)'자의 의미는 다양하지만, 그 중 하나는 방위를 나타내는 '우(右)'이다. 이런 수렵 복사에서의 '우(又)'는 바로 방위를 나타내는 용법이다. 왜 '오른쪽으로 쏘아야(射右)' 했을까? 우선 다음과 같은 문헌 기록을 살펴보자.

『시경·소아 거공(車攻)』에서 이렇게 노래했다. "임금님 푸줏간은 가득 차네." 이에 대해 『모전(毛傳)』에서는 다음과 같이 설명했다. "(사냥고기의 세 가지 용도를 보면) 첫째는 건두(乾豆: 제사용 말린 고기)로 쓰며, 둘째는 빈객(賓客)을 대접하는데 쓰며, 셋째는 군주의 주방을 채우는데 쓴다. 그러므로 (사냥할 때) 왼쪽 옆구리를 쏴 오른쪽 어깨(腢)까지 관통하면 이것이 상

"왕께서 오른쪽의 멧돼지를 쏘면, 다음날 재앙이 없을까요? 다 잡을 것이다. 크게 길할 것이다.(王其射又豕, 湄日亡哉. [□]. 大吉.)"(『合集』 28305)
"오른쪽에서 여우를 쏘면 다 잡을 수 있을까요?(叀又狀射, [□].)"(『合集』 28317)
"오른쪽에서 사슴을 쏠까요?(其射又鹿.)"(『合集』 28327)
"'상' 강을 건너오는데, 왕께서 오른쪽에서 사슴을 쏘면 다 잡을 수 있을까요?(王其涉滴, 射又鹿[□].)"(『合集』 28339)
"오른쪽에서 큰 사슴을 쏘지 말까요?(弜射又麤.)"(『合集』 28364)
"오른쪽에서 큰 사슴을 [쏠까요]?([射]又麤.)"(『合集』 28365)
"오른쪽에서 멧돼지를 쏘지 말까요? 다 집지 못할까요?(弜射又豕. 弗[□].)"(『合集』 28366)
"계미일에 점을 칩니다. 왕께서 물어봅니다. 외뿔소가 오른쪽에서 가고 있는데, 왼쪽에서 쏘면 [잡을 수 있을까요?]癸未卜, 王曰貞又兕才行, 其左射[隻].)"(『合集』 24391)
"…임일에 외뿔소를 오른쪽에서 쏠까요?(叀…壬射又兕.)"(『合集』28392)
"[獸]가 오른쪽에서 [큰사슴을] 쏠까요?(…[獸]射又[麤]…)"(『合集』 28377)
"'유'에서 사냥을 하는데, 큰사슴을 오른쪽에서 쏠까요?(叀…斿田射又麤.)"(『合集』10279)
"사슴을 오른쪽에서 쏘면, 후회하지 않을까요?(…射又鹿, 弗每.)"(『屯南』495_2)
"사슴을 오른쪽에서 쏘면, 후회할까요?(…射又麤, 其每.)"(『屯南』641_2)

살(上殺: 가장 좋은 사냥법)이다. 오른쪽 귀 밑을 쏘아 잡으면 그 다음이며, 왼쪽 허벅다리(髀)를 쏴 오른쪽 겨드랑이(䠋)까지 관통하면 하살(下殺: 가장 낮은 등급)이다. 머리를 다친 것은 바치지 않으며, 털이 밟힌 것은 바치지 않으며, 완전한 짐승이 아니면 바치지 않는다.”(『詩·小雅·車攻』: “大庖不盈.” 『毛傳』: “一曰乾豆, 二曰賓客, 三曰充君之庖. 故自左膘而射之, 達於右腢, 爲上殺;射右耳本, 次之; 射左髀, 達於右䠋爲下殺. 面傷不獻, 踐毛不獻, 不成禽不獻.”)

　　이 구절은 상고시대 사냥의 좌우 활쏘기 법을 말해주고 있다. “왼쪽 옆구리를 쏴 오른쪽 어깨(腢)까지 관통하면, 이것이 상살(최상의 사살방법)이다.(自左膘而射之, 達於右腢, 爲上殺.)”라는 말은 화살이 사냥감의 왼쪽 피부와 살이 분리될 수 없는 작은 배 부위에서 들어가, 사냥감의 오른쪽 어깨 앞에서 관통해 나오는 것이 최상의 사살 방법이라는 의미다. “오른쪽 귀 밑을 쏘면 그 다음이다.(射右耳本, 次之.)”란 사냥감을 사살할 때 화살이 사냥감의 오른쪽 귀뿌리에서 들어가는 것이 차선의 사살 방법이라는 의미다. 그리고 “오른쪽 귀 밑을 쏘면 그 다음이며, 왼쪽 허벅다리(髀)를 쏴 오른쪽 겨드랑이(䠋)까지 관통하면 하살(최하의 사살방법)이다.(射左髀, 達於右䠋, 爲下殺.)”란 사냥감을 사살할 때 화살이 사냥감의 왼쪽 위의 대퇴에서 들어가서 사냥감의 갈비뼈를 관통하는 것은 하등의 사살 방법이라는 의미이다.

　　이 기록에 따르면, 『시경』 시대의 사냥에는 ‘좌사(左射)’와 ‘우사(右射)’ 두 가지 방식이 있었다. 주목할 점은 여기서 말하는 ‘자좌……이사지, 달어우……(自左……而射之, 達於右……: 왼쪽으로부터 쏘아……오른쪽에 도달하면)’가 갑골문의 ‘사우……(射右……: 오른쪽을 쏜다)’와 같은 것이란 점이다. 왜냐하면 사냥감이 오른쪽에 있어야만 화살이 왼쪽에서 오른쪽으로 관통할 수 있기 때문이다.

반대의 경우도 마찬가지다. 주목할 만한 것은 여기서 말하는 소위 '상살(上殺)'의 방법이 갑골문에서도 주된 활쏘기 법이었다는 점이다. 갑골문에서도 '좌사(左射)'에 관한 복사가 보인다.

> '상' 강을 건너 '부' 땅에 이르러, 왼쪽 편으로 돼지를 쏘았다. 포획했다.(涉滴至勊, 射ナ豕, 隻.)(『합집』 28882)

복사의 '좌(ナ)'는 바로 '좌(左)'자의 초기문자이다. 이 복사의 의미는, "'상' 강을 건너 '부' 땅에 이르러, 왼쪽 편의 야생 돼지를 활로 쏘아, 포획했다."는 의미이다. 그러나 '사좌(射左)'에 관한 기록은 단 한 번의 예에 불과해, 갑골문 시대에 '사우(射右)'가 이미 기본 원칙으로 정착했음을 알 수 있다.

4. 사자(射者)의 신분과 수양

갑골문에서 '사(射)'에는 또 다른 명사적 용법도 있는데, 오늘날의 '장군(將軍)'이나 '사령(司令)'과 비슷한 의미이다. '장군(將軍)'은 '군대(軍)를 이끌다(將)'는 의미이고, '사령(司令)'은 '명령(令)을 관장하고 공표하다(司)'는 의미로, 그 구성 의미는 모두 순조롭고 논리에도 부합한다. 그렇다면 갑골문 '사(射)'자의 명사적 용법은 어떻게 생겨났을까? 그 답은 당시의 복사에서부터 찾아야 한다. 갑골문에서 '사(射)'자 뒤에 붙은 '사명(私名: 개인 이름)'은 당시 화살부대의 책임자였던 것으로 보인다.

> ① 물어 봅니다. 사령관 '⑧'가 방국을 정벌할 수 있을까요?(貞射⑧伐方.)

② 물어 봅니다. 사령관 '$\S$'가 방국을 정말로 정벌했다.(貞射$\S$允伐方.)(『합집』
24156)

앞의 복사에서 점을 쳐 물었던 것은 '$\S$'라는 사령관이 적국을 섬멸할 수 있
을 것인 지를 물었고, 뒤의 복사에서는 '$\S$'라는 사령관이 과연 적국을 섬멸했다
는 것이다. '$\S$'과 '$\S$'은 같은 사람의 다른 필사법임이 분명한데, 이는 갑골문에
서 흔하게 보이는 현상이다. 화살부대의 책임 장군이 이끌었던 부대도 다음에
서처럼 '사(射)'라고 불렀다.

"화살부대(射) 삼백을 징발하지 말까요?(勿俶射三百.)"(『합집』698)

여기서의 '俶'는 '징발하다'는 의미이다. 이 복사에서는 삼백 명의 사수로 구
성된 화살부대를 징발하지 말 것인지를 물었다.
은나라 왕이 외부로 나갈 때도 '사(射)'의 호위가 필요했었다.

① "갑오일 점을 칩니다. '원'이 물어 봅니다. 왕이 밖으로 출행해도 될까
　요?(甲午卜, 亘, 貞王往出.)
② 계축일에 점을 칩니다. '쟁'이 물어 봅니다. '射'가 사(射)를 보내올까요?
　(癸丑卜, 爭, 貞射以射.)"(『합집』5761)

앞의 복사는 은나라 왕의 외출에 관한 일을 점친 것이고, 뒤의 복사는 점을
친 며칠 뒤 '射'라는 귀족이 화살부대를 보내올지를 점친 것이다. '사(射)'는 은나

라 왕이 이끄는 어떤 군대의 군관으로, 이는 하나의 집합 개념임이 분명하다. 그래서 갑골문에서는 '다사(多射)'라고도 불렀는데, 다사(多射)는 은나라 왕의 호위부대였다.

① "□미일에 점을 칩니다. '원'이 [물어봅니다]. '다사'로 하여금 방어하게 할까요? 1월이었다.(□未卜, 亘, [貞]令多射衛. 一月.)"(『합집』 5747)

② "계해일 점을 칩니다. 물어봅니다. '다사'로 하여금 방어하게 할까요?(癸亥卜, 貞乎多射衛.)"(『합집』 5748)

③ "辇를 시켜 다사로 하여금 '악'에서 방어하게 할까요? 6월이었다.(令辇以多射衛示乎弋. 六月.)"(『합집』 5746)

④ "계유일에 점을 칩니다. '쟁'이 물어봅니다. 다사로 하여금 [방어하게] 할까요?(癸酉卜, 爭, 貞令多射[衛].)"(『합집』 9575)

⑤ "……다사로 하여금 방어……陒……8월이었다.(…多射衛…陒…八月.)"(『합집』 14855)

⑥ "물어봅니다. 다사로 하여금 방어하게 할까요?(貞令多射衛.)"(『합집』 33001)

지금의 학계에서는 '방(衛)'을 일반적으로 '방(防)'자로 해석하는데, '방어하다'는 의미이다. 위의 복사는 모두 '다사'에게 '명령하거나(令)' '다사'로 '하여금(以: 이끌다는 의미)' 은나라 왕을 방위하게 하였다는 내용이다. '사(射)'라는 직책의 중요한 점은 은나라 왕을 보호하는 것이었음을 알 수 있다. 은나라 왕의 안위에 관련된 일이었기에 '사(射)'의 지위도 예사롭지 않았고, 또 전문적인 훈련이 필요했다. 갑골문에는 사수를 훈련시킨 기록도 있다.

① "계사일 점을 칩니다. '각'이 물어봅니다. 마땅히 기(羕)에게 명하여 활

쏘기를 가르치게 할까요?(癸巳卜, 殼, 貞更…羑令盖射.)[19]

② 물어봅니다. ['필'에게] 3백 명의 화살부대에게 활쏘기를 가르치게 할까
요?"(貞令[羑]盖三百射.)(『합집』 5770)

진몽가(陳夢家)는 '盖'을 '상(庠)'자로 해석했는데, 이는 학교의 이름이다. 『맹자등문공』(상)에 "하(夏)나라에서는 교(校)라 하고, 은(殷)나라에서는 서(序)라 하고, 주(周)나라에서는 상(庠)이라 했다."라고 했다. 이에 따라 진몽가는 이 글자에 대해 "이는 동사로 쓰였다. 『설문』에 양(蓁)자가 있는데, 이는 양(養)이나 상(庠)으로 가차되어 쓰였다."라고 했다. 또 "령필상삼백사(令[羑]庠三百射)"는 바로 "령필교삼백사이사(令[羑]教三百射以射)"와 같아 "'필'에게 3백 명의 화살부대에게 활쏘기훈련을 시키게 할까요?"라는 뜻이라고 했다.[20] 위의 복사는 '필'과 '기(羑)'의 두 귀족 중 누구에게 활쏘기 부대를 훈련시킬 것인지를 물은 것이다.

이렇게 훈련을 마친 사수들을 '신사(新射)'라고 불렀는데, 복사에는 '신사'를 은나라 왕에게 보내서 활용하게 했다는 기록이 있다.

"물어 봅니다. '자화'로 하여금 '오' 땅의 새로운 화살부대를 보내게 할까
요?(貞乎子奜以敖新射.)"(『합집』 5785)

'자화'는 사람 이름으로, 은 왕의 신하였다. '오(敖)'는 지명이다. 이 복사는 '자화'로 하여금 새로 훈련된 '오' 땅의 사수를 보내게 할지를 점쳐 물어 본 것

---

19) [역주] '羑'는 사람이 아이를 두 손으로 든 모습으로, 기(棄)로 해석한다. 갑골문에서
는 인명으로 쓰였는데, 무정(武丁) 시기의 장군으로, 공방(工方)의 정벌에 참여했으며,
위에서처럼 다수의 부대를 훈련시키기도 하였다.

20) 진몽가(陳夢家), 『은허복사종술(殷墟卜辭綜述)』, 북경: 과학출판사, 1956년, 512쪽.

이다. 이외에도 '신사'를 은나라 왕이 어떤 특정 지역으로 파견하여 임무를 수행하게 한 복사도 있다.

> ① "을해일에 물어봅니다. '진'으로 하여금 새로운 화살부대를 '기(斸)' 땅에 보내게 할까요?(乙亥, 貞令辰以新射于斸)"(『합집』 32996)[21]
> ② "신미일에 물어봅니다. '구'로 하여금 새로운 화살부대를 '기(斸)' 땅에 보내게 할까요?(辛未, 貞冓以新射于斸)"(『합집』 32996)

이상의 예문에서 볼 수 있듯, 갑골문 시대에 '사(射)'는 이미 고급 직업의 하나가 되었고, 그 종사자들은 엄격한 교육과 훈련을 거쳐야만 직업적 요구에 맞는 중책을 맡을 수 있었다.

이상의 갑골 복사의 정리를 통해, 은상시대에 활쏘기라는 일이 여러 방면에서 중요한 의미를 가졌음을 증명할 수 있다. 따라서 은나라 사람들은 '활쏘기(射)'에 이미 여러 측면의 규칙들을 만들었다. 이런 규칙이 '예(禮)'의 단계에 이르렀는지는 복사가 너무 간단해 아직 단언할 수는 없다. 그러나 어떤 학자들은 『갑골문합집』 제39460편에 기록된 "집 밖에 화살을 맞은 두 짐승의 그림이 있는" 것을 두고 이것이 '사궁(射宮)'이나 '사려(射廬)'를 말한 것이라고 보기도 한다.[22] 또 다른 학자들은 갑골문에 이미 '사궁'을 직접 표시하는 '사(宭)'자가 존재한다고 지적한다.[23] 정말 그렇다면, 갑골문 당시 활쏘기 활동을 위한 전문

---

21) [역주] '斸'는 기(祈: 빌다, 기도하다)'로 해독되는데, 갑골 복사에서는 (1)나라이름으로 쓰여, 기후(斸侯)라는 용례가 등장한다. 또 (2) 여기에서처럼 지명으로도 쓰였으며, (3)제사 대상의 신 이름으로도 쓰였다.

22) 송진호(宋鎮豪), 「새로 출토된 갑골문 금문으로부터 후기 상나라의 사례를 논함(從新出甲骨文金文考述晚商射禮)」, 「중국역사문물(中國歷史文物)』 2006년 제1기.

장소가 이미 존재했고, 활소기는 아마 의례성 활동이 되었을 가능성이 크다.

『합집』 39460편

　　그러나 『갑골문합집』 제39460편에서 기록된 '그림'이 반드시 '사궁'이었을
것이라고 단언하기는 어렵고, '사(宁)'자가 등장한다고 여겨지는 『합집』 제
27124편과 제27218편을 검토해보면 그 자형이 '사(宁)'인지도 의심스럽다. 일
반적으로는 이를 '㾓'으로 해독하는데, 바로 '청(廳)'자이다. 물론 그렇더라도,
앞서 서술한 갑골문의 활쏘기에 관한 일이 후대의 '사례(射禮)'의 원시적 근원
이라는 점에는 의심의 여지가 없다. 여기서 우리는 활과 화살의 실용적 가치를

---

23) 종백생(鍾柏生), 「'사'자의 해석(釋宁')」, 『중국문자(中國文字)』 1993년 제17기.

중심으로 형성한 갑골문 시대 사람들의 생존과 관련된 여러 가지 지혜를 분명하게 볼 수 있다. 즉, 자연과의 관계에서 어떻게 획득하고 회피할 것인가의 사이에서 조화로운 균형을 이루었는가에 관한 것이다. 갑골문에 기록된 사냥 관련 내용들은 당시 사람들이 이미 '한 발에 명중시키는' 정확한 사격 능력을 갖추고 있었음을 보여준다.

제2절 '촌신(寸身)'의 유래-서주 금문 속의 '사(射)'

1. '촌신(寸身)' 문제의 제기

'사(射)'자에 관해 사람들은 자주 이런 일화를 소개하곤 한다. 왕안석(王安石)(혹은 측천무후라고도 한다)이 한번은 이런 고견을 언급했다고 한다. '사(射)'자와 '왜(矮)'자는 서로 바뀌어야 한다. 왜냐하면 '사(射)'자는 '촌(寸)'과 '신(身)'으로 구성되었으니, 신체(身)가 1치(寸)이라면 '왜(矮)'가 되어야 한다. 반면 '왜(矮)'자는 '위(委)'와 '시(矢)'로 구성되었는데, '위(委)'는 '던지다'나 '버리다'(위기(委棄)의 '위(委)')는 의미가 있고, 또 '시(矢)'는 바로 '화살'이다. 그래서 '왜(矮)'자가 '화살을 쏘다'는 뜻의 '사(射)'자가 되어야 한다는 것이다.

이 이야기는 그럴듯하지만 실제로는 식사 후에 하는 잡담거리 정도로 보고 웃고 넘길 수밖에 없는 이야기라고 해야 할 것이다. 그렇다면 이 우스갯소리의 오류는 어디에 있을까?

갑골문의 사(🏹)와 비교하면, 오늘날의 '사(射)'자는 분명히 변했다. 즉 '궁(弓)'과 '시(矢)'의 조합이던 것이 '신(身)'과 '촌(寸)'의 조합으로 바뀌었던 것이다. 이렇게 변한 '사(射)'자는 『설문』의 전서체인 '사(𨥉)'에서 처음으로 보인다. '사(射=𨥉)'자에 든 '신(身)'에 대해 『설문』은 "활이나 쇠뇌가 몸에서 발사되어 멀리 적중하다는 뜻이다(弓弩發於身而中於遠)."라고 해석하고, '촌(寸)'에 대해서는 "법도를 말한다. 또 손을 뜻하기도 한다.(法度也, 亦手也.)"라고 풀이했다.

그러나 '촌(寸)'에 관한 이 해석은 언뜻 보기에 다소 어색해 보인다. 도대체 '법도'일까? 아니면 '손'일까? 하지만 자세히 따져보면 이 해설은 사실 매우 종합적임을 알 수 있다. 자형의 변화 관계로 보면, '사(射)'는 분명히 '사(射)'의 서주 금문 자형인 '사(射)'에서 왔다. 갑골문에서 '사(射)'의 대표 자형은 '사(射)'이며, 간혹 두 손으로 활과 화살을 쥐고 있는 모습인 '사(射)'(『화원장동지 복사』)의 형식으로도 나타난다. 그러나 금문의 (한 손이 들어간) '사(射)'와 같은 이런 자형은 보이지 않는다. 은상 금문에는 (손이 들어가지 않은) '사(射)'와 같은 유형만 있다. 그러나 서주 금문에서는 명확한 '사(射)'자만 해도 37회나 출현하는데, 그 중에서 31회가 '사(射)'와 같은 유형이다. 따라서 우리는 '촌(寸)과 신(身)으로 구성된' 서주 금문의 '사(射)'가 직접적으로 근거했던 자형이라고 할 수 있다.

분명한 것은, '사(射)'자의 '신(身)'은 '사(射)'자의 왼쪽의 '사(射)'에서 변화한 것이고, '사(射)'의 '촌(寸)'은 '사(射)'의 오른쪽의 '우(又)(又)'에서 변화한 것이다. 그리고 '우(又)(又)'가 묘사한 것은 바로 사람의 손이므로, "또한 손을 말한다(亦手也)"라고 한 『설문』의 해석은 자형의 역사적 변화에 근거한 것이다. 그렇다면 이를 왜 또 '법도(法度)'라고 했던 것일까? 이 해석은 당시 '활쏘기(射)'에 관한 문화적 개념의 변화에서 비롯된 것이다.

단옥재(段玉裁)는 『설문해자주』에서 '사(射)'자에 대해 이렇게 설명했다. "촌(寸)이 의미부라는 것은 활쏘기가 반드시 법도에 의거해야 했기 때문이고, 그래서 촌(寸)으로 구성되었다.(說從寸之意: 射必依法度, 故從寸.)” 이 ‘촌(寸)’의 의미를 설명하기 위해서는 먼저 ‘촌(寸)’이 글자를 구성하는 표의 편방으로서 ‘법도(法度)’의 의미를 나타낼 수 있다는 점을 명확히 해야 할 것이다.

　이를 위해 ‘촌(寸)’자가 들어간『설문』의 몇몇 글자에 대한 해설을 보자. “사(寺)는 조정을 말한다(廷也). 법도가 존재하는 곳이다(有法度者也), 촌(寸)이 의미부이고 지(之)가 소리부이다.” ‘사(寺)’는 ‘관청’이므로 법도가 있는 곳이라는 말이다. 또 “장(將)은 통솔하다는 뜻이다(帥也). 촌(寸)이 의미부이고 장(醬)의 생략된 모습이 소리부이다.(從寸, 醬省聲).”라고 했는데,『설문해자주』에서는 이렇게 풀이했다. “반드시 법도를 갖춘 후에야 주도할 수 있고, 이끌 수 있기에 촌(寸)으로 구성되었다.(必有法度而後可以主之, 先之, 故從寸.)” 그렇다면 ‘촌(寸)’이 왜 ‘법도’를 대변할 수 있었던 것일까? 이 문제에 대해서는 뒤에서 상세히 고찰하게 될 것이다.(이 책의 제2장 제3절「‘촌’의 법도 유래」참조) 그러나 이상의 내용만으로도 ‘사(𦥑)’ 오른쪽의 ‘𠬛(又)’가 왜 ‘촌(寸)’으로 바뀌게 되었는지 대략적으로 설명할 수 있다. 그런데 ‘사(𦥑)’ 왼쪽의 ‘𠬛’는 어떻게 해서 ‘신(身)’으로 바뀌었을까? 이 질문에 답하기 위해서는 서주 금문인 ‘사(𦥑)’의 의미를 더 심층적으로 분석할 필요가 있다.

2. 서주 금문 속의 ‘사(射)’

　앞서 말했듯, ‘사(𦥑)’는 ‘촌(寸)’과 ‘신(身)’으로 구성된 ‘사(射)’자의 직접적인 자형 출처인데, 그것은 서주 금문에서 ‘사(射)’의 주된 자형이다. 따라서 ‘사(射)’자가 ‘촌(寸)’과 ‘신(身)’의 구조로 변화한 이유를 해석하려면 반드시 서주 금문의 '사(射)'자를 분석해야만 한다.

① 사(射)의 시공간적 규정

서주 금문에는 '사(廝)'자가 출현하는데, 그 자형은 다음과 같다.

이 글자에 대해 오대징(吳大澂)은 "엄(广)이 의미부인데, 바로 집의 모습을
형상했다(從广, 正象有屋之形). 아랫부분은 사(射)로 구성되었는데(下從射), 이곳
이 활쏘기를 연습하던 곳임을 알 수 있다(知曁爲習射之地)."라고 해석했다.[24]
당란(唐蘭)은 이를 '사(榭: 활쏘기를 익히는 곳)'로 해석했다. "사(榭)'는 기둥만
있고 벽이 없다는 특징을 갖는다. 이는 '사(射)'라고도 쓰고, '사(廝)'라고도 쓰
는데, 모두 옥우(屋宇)라는 의미를 표현한다. 사(廝)자는 고서에서는 달리 서
(序)라고도 썼는데, 활을 쏘는 장소임을 알 수 있다."[25] 이 글자는 서주 때의
「괵계자백반(虢季子白盤)」 명문에도 출현하는데, "정해일, 왕께서 선사(宣廝)에
도착하셨다(丁亥, 王各於宣廝)."라고 했다. 여기서 '각(各)'은 '도착하다'는 뜻이
다. 설상공(薛尚功)은 이렇게 풀이했다. "선사(宣廝)는 선사(宣榭)인데, 선왕의
사당을 말한다(蓋宣王之廟也). 사(榭)는 활쏘기를 하던 집의 제도를 반영했다

---

24) 오대징(吳大澂), 「각재집고록(愙齋集古錄)」, 상해함분루(上海涵芬樓) 1986년, 『금문고
　　림(金文詁林)』 홍콩: 홍콩중문대학, 1975년, 5747쪽에서 재인용.
25) 당란(唐蘭), 「서주 청동기 시기구분에서의 '강궁'의 문제(西周青銅器斷代中的'康宮'問題)
　　」, 『고고학보(考古學報)』 1962년 제1기.

(榭, 射堂之制也). 옛날의 사(射)자는 활과 화살을 집어 들고 쏘는 모습을 그렸다(古射字, 執弓矢以射之象). 그래서 그 장소를 사(射)라고 불렀으며(因名其室曰射), 이후 목(木)이 더해지게 되었다(後從木). 그 장소는 벽이 있는 집이 아니었는데(其堂無室), 이는 활을 쏘기 편하게 하기 위해서였다(以便射事). 그래서 벽이 없는 집을 모두 사(榭)라고 불렀다(故凡無室者謂之榭)."26)

　이러한 해석을 통해 다음의 몇 가지 정황을 알 수 있다. 첫째, 서주 시대에 사람들은 이미 활쏘기 활동을 위한 전문 건축물을 지었다는 점이다. 활쏘기는 본래 사냥터나 전쟁터에서만 원초적 기능을 발휘하는데, 이런 활동을 실내에다 배치했다는 것은 활쏘기의 원초적 기능이 여기서는 더 이상 중요하지 않았음을 보여준다. 둘째, 이런 건축물이 주(周)나라 왕의 종묘에 설치될 수 있다는 점이다. 주나라 왕의 종묘는 선왕을 제사하는 장소이고, "국가의 대사는 오로지 제사와 전쟁이다(國之大事在祀與戎)"라는 말처럼 주나라 왕의 제사 장소는 최고 규격의 예를 행하는 곳이었다. 활쏘기 건물이 그 안에 배치될 수 있었다는 것은 활쏘기가 이미 최고 규격의 예식의 단계로 승격되었음을 보여준다.

　서주 금문에는 또 '사려(射盧)'라는 단어가 등장하는데27), 이는 '사(廚)'자가

---

26) 설상공(薛尙功), 『역대종정이기관지법첩(歷代鐘鼎彝器款識法帖)·변돈(邠敦)』 권14. 『고문자고림(古文字詁林)』, 상해: 상해교육출판사, 1999년 766쪽 재인용.

27) 「師湯父鼎」: "隹(唯)十又二月初吉丙午, 王才(在)周新宮, 才(在)射盧. 王乎(呼)宰雁易(賜)□弓象弢矢䇂彤玖(干)." 「十五年趞曹鼎」: "隹(唯)十又五年五月既生霸壬午. 龏(恭)王才(在)周新宮. 王射于射盧(盧). 史趞觷(曹)易(賜)弓矢虎盧(櫓)九(厷…)旟(靑)田玟."
[역주] 대략적인 번역은 다음과 같다. 「사탕보정(師湯父鼎)」: "12월 초길(初吉) 병오일(丙午日)에, 왕께서 주(周) 땅의 신궁(新宮)에 계셨다. (그 곳은) 사루(射盧: 활쏘기를 행하는 전용건물)였다. 왕께서 재안(宰雁)이라는 관리에게 명하여 (사탕보부에게) □,) 활, 상아로 장식한 활고자(象弢), 화살, 그리고 방패(干)를 하사하게 하셨다."
「십오년작조정(十五年趞曹鼎)」: "왕의 재위 15년 5월 기생패(既生霸) 임오일(壬午日)에,

지칭하는 것과 같은 성질의 건물을 지칭하는 것으로 보인다. 두 건물의 구체적 형태가 같은지는 더 연구가 필요하겠지만 그 기능이 모두 그 안에서 진행된 활쏘기 의례 활동이었음은 금문 사례가 증명해주고 있다. 「15년작조정(十五年趙曹鼎)」의 명문에서는, 주나라 공왕(恭王)이 주나라 새로운 궁전의 사려(射廬)에서 활을 쏘고 나서 사관이었던 '작조'에게 활과 화살 등 무기를 상으로 내렸다고 했다. 금문의 내용은 간략하여, "왕께서 사려에서 활을 쏘셨다(王射於射廬(廬))"와 "사관인 '작조'에게 상을 내리셨다(史趙欝(曹)易(賜))"인데, 그 사이에 들어갈 서술 내용은 생략되는 것이 일반적이다. 그러나 여기에 들어가야 할 내용은 분명히 언어 환경으로 보건대, '사려'에서 진행됐던 일, 그리고 상으로 내린 물품의 성질과 관련된 활동이어야 한다. 물론, 이런 활동은 의례적 성격의 활쏘기일 수밖에 없다.

이로 보아 서주 시대의 활쏘기(射)는 이미 구체적인 건물이 규정되어 있었다고 해야 할 것이다. 그리고 장소를 제한했던 이유는 활쏘기 활동의 의례성 때문이었다. 이는 마치 오늘날 사람들이 예배드리는 것을 종교적 의식으로 여기고, 이런 의식은 예배당에서 해야만 옳다고 여기는 것과 같다. 물론, 서주 금문에서 활쏘기 의식이 규정하는 장소가 '사려'에 국한되지만은 않았다. 「맥방준(麥方尊)」이나 「정궤(靜簋)」에 기록된 사례는 '호경벽옹(蒡京辟雍: 주나라 천자가 설치한 태학으로, 학교 터는 원형이고 연못으로 둘러싸여 있음)'의 큰 못(大池)에서 행해졌음을 보여준다. 따라서 사례를 행하는 사람들은 배를 탄 채 진행했을

공왕께서 주(周) 땅의 신궁(新宮)에 계셨다. 왕께서 사루(射廬)에서 활쏘기를 행하셨다. 사관(史官) 작조(趙曹)가 활, 화살, 호랑이 가죽 방패(虎櫓), 9개의 투구(冑), 그리고 팔각 창(殳)을 하사받았다."

것이고, 이 때문에 '사어(射魚: 활로 물고기 잡기)'라는 내용도 더해졌다. 『예기·사의』에서 이렇게 말했다. "천자께서 제사를 드릴 때는, 먼저 연못에서 활 쏘는 연습을 하셨다.(天子將祭, 必先習射於澤)." "연못에서 활쏘기를 이미 하였다면 그 다음에 사궁에서 활을 쏘셨다(已射於澤, 而後射於射宮)." 다만 금문에서의 기술이 너무 간략하여, 주나라 천자와 제후국의 제후들이 '벽옹대지'에서 물고기와 기러기를 쏜 후에 '사궁에서 활을 쏘았는지(射於射宮)'는 확정할 수 없다.

② 사(射)의 의례 규범

서주 금문 내용은 간략하여, 사례 의식의 세부사항을 쉽게 정리하기는 어렵다. 그러나 이런 상황에서도 일부 명문의 행간에서 그 복잡한 절차를 엿볼 수 있다. 「광유(匡卣)」에는 이런 기록이 있다. "의왕께서 사려에 계셨는데, 상무를 행했다(懿王在射廬, 作象舞)."28) 왕이 사려에 있을 때는 당연히 활쏘기를 하는 것이니, '상악'을 행했다(作象樂)'는 것은 '활쏘기(射)'와 결합된 것일 수밖에 없다.

---

28) [역주] 상무(象舞)는 주나라 시대에 삭(箾: 무용봉)을 도구로 사용하며 군사적 공격 동작을 모방함으로써 무공을 상징화한 무무(武舞)의 한 형식이다. 그 기원은 주공(周公)의 동정(東征) 이후 공적을 기리기 위해 창작된 데에서 비롯되었으며, 귀족 교육에서 성동(成童: 15세 이상)의 필수 교과과정으로 지정되어 문무(文舞)인 「하약(夏籥)」과 함께 예악 체계의 핵심을 구성하였다. 『좌전(左傳)』과 『예기(禮記)』 등 문헌에 따르면, 이 춤은 무기를 다루는 동작을 통해 전쟁 장면을 표현했으며 상나라 사람들이 코끼리를 몰아 전쟁을 했다는 전설과 문화적 연관성이 있다. 당나라 이후로 '무상(舞象)'은 점차 성동년(成童年)을 지칭하는 대명사로 변화되었다.(바이두 백과) 『시경·주송(周頌)·유청(維淸)』의 정현(鄭玄) 주석에서도 "「유청」은 「상무(象舞)」를 출 때의 노래가사(樂歌)이다."라고 했다. 즉 『시경』의 「위청(維淸)」은 주나라 왕실의 종묘에서 연주되던 찬송시로, 문왕(文王)의 무공과 덕을 기리는 내용인데, 정현은 이 노래가 바로 '상무'를 반주할 때 부르는 악가(樂歌)라고 명시했다. 이는 '상무'가 문왕의 군사적 공적을 기리는 매우 장엄하고 의식적인 춤이었음을 증명한다.

『주례』에는 대사례에서 사용했던 음악에 대한 내용이 기록되어 있다. 예컨대, 『춘관(春官)·대사(大師)』에서 이렇게 말했다. "큰 활쏘기에서는 음악을 연주하고 활쏘기의 리듬에 맞추어 노래를 불렀다(大射, 帥瞽而歌射節)." 즉 대사(大射)를 진행할 때에는 악기를 연주하고 시를 노래하던 관직인 고몽(瞽矇)의 시와 음악을 활쏘기의 박자로 삼았다는 말이다. 『춘관·대사악(大司樂)』에는 이런 기록도 있다. "큰 활쏘기의 경우, 왕께서 출입하실 때에는 「왕하」를 연주하게 하셨고, 활을 쏠 때에는 「추우」를 연주하게 하셨다.(大射, 王出入令奏「王夏」, 及射, 令奏「騶虞」.)" 또 『하관(夏官)·사인(射人)』에도 이런 기록이 있다. "음악은 「추우」로 하였는데, 구절 오정으로 되었다.(樂以「騶虞」, 九節五正.)"이라고 한다.29) 활쏘기는 반드시 음악의 박자와 리듬에 맞아야 했고, 활쏘기와 예악은 완벽하게 통일되어야 했다. 「광유」에 기록된 '사려'에서 '상무를 행했다'라는

---

29) [역주] 『주례·하관·사인(射人)』에 등장하는 "구절오정(九節五正)"에 관한 역대 해석 중 정현(鄭玄)의 주석이 가장 대표적이다. 정현은 이 구절이 사례(射禮: 활쏘기 예법)의 절차를 구분한 것이라고 설명했다. 그에 따르면 '구절(九節)'은 사례의 전체 과정이 아홉 개의 단계로 나뉜다는 의미로, 영빈(迎賓: 손님맞이)과 헌주(獻酒: 술 올리기) 같은 전주 의식, 초사(初射)·재사(再射)·삼사(三射)로 구성된 삼번사(三番射), 그리고 계주(計籌: 점수 계산)와 음벌주(飮罰酒: 벌주 마시기) 등의 후속 절차를 포함한다. '오정(五正)'은 활쏘기 때 지켜야 할 다섯 가지 표준 동작을 가리키는데, 족정(足正: 발의 자세), 체정(體正: 몸의 자세), 궁정(弓正: 활 잡기), 시정(矢正: 화살 겨누기), 심고(審固: 집중)가 이에 해당한다.
　　당나라 가공언(賈公彦)은 정현의 해석을 보충하여 '구절'이 「추우(騶虞)」 악장의 리듬 변화와 연관될 수 있으며, '오정'은 유가(儒家)의 "정기이후발(正己而後發: 자신을 바로한 후에 쏜다)"이라는 이념을 담고 있다고 보았다. 또 근대의 손이양(孫詒讓)은 '오정'이 과녁의 다섯 개 동심원인 '정곡(正鵠)'을 의미할 수도 있다고 제안했다. 이러한 해석들은 주대(周代)의 활쏘기가 단순한 무예가 아닌 예악(禮樂)이 결합된 도덕적 교화의 수단이었음을 보여준다. 또 '구(九)'와 '오(五)'라는 숫자는 각각 양수(陽數)의 극치와 오행(五行)을 상징하여 우주 질서를 체현한다고 볼 수 있다.

것은 분명 이런 상황을 말했을 것이다.

활쏘기 경기는 '사례' 중의 또 다른 의식 내용인데, 금문 명문에도 나타난다. 「작백궤(柞伯簋)」의 기록처럼[30], 주나라 왕이 주나라 땅에서 팔월에 대사례를 거행하고, 남궁(南宮)으로 하여금 왕의 다사(多士)와 소자(小子)를 이끌고, 또 사로보(師魯父)로 하여금 소신들을 이끌고 활쏘기 경기를 하게 하였으며, 승자에게 적금(赤金: 붉은 청동) 10판(版)을 상으로 내렸으며, 다사와 소자의 일원이었던 작백이 10발의 화살이 모두 과녁에 적중하여 적금 10판을 상으로 받았다는 내용이다.

③ '사(射)'로 시험한 인품과 덕행

앞서 말했듯, 활쏘기를 행했던 장소는 주나라 왕의 종묘일 수도 있었다. 이와 상응하여 '활쏘기(射)'는 또한 주왕의 제사인 대례(大禮)와도 연관되었다. 서주 초기 때의 「맥방준(麥方尊)」 명문의 대체적인 내용은 다음과 같다. "형후(邢侯)

---

30) "隹(唯)八月辰才(在)庚申. 王大射. 才(在)周. 王令(命)南宮逨(率)王多士. 師魯父逨(率)小臣. 王徲赤金十反(鋝). 王曰. 小子. 小臣. 笅(敬)又(友)又. 隻(獲)鄦(則)取. 柞白(伯)十再弓無灊(廢)矢. 王鄦(則)昊(畀)柞白(伯)赤金十反(鋝). 徦(誕)易(賜)稅(柷)見. 柞白(伯)用乍(作)周公齹(寶)尊(尊)彝."
[역주] 대략적인 번역은 다음과 같다. "8월 경신일(庚申日)에, 왕께서 주(周) 땅에서 대사례(大射礼)를 거행하셨다. 왕께서 남궁(南宮)에게는 왕실의 많은 사자(士子)들을 거느리게 하시고, 사부(師父)에게는 소신(小臣)들을 거느리게 하셨다. 왕께서는 붉은 청동으로 된 10개의 반(反)을 하사품으로 내걸었다. 왕께서 말씀하셨다: '소자(小子)와 소신(小臣)들이여, 서로 공경하고 우애하라. 과녁을 많이 맞히는 자가 이 상품을 가져가라.' 작백(柞伯)이 10번 활을 당겨 한 번도 빗나가는 화살이 없이 모두 명중시켰다. 왕께서는 이에 작백에게 붉은 청동으로 된 10개의 반(反)을 하사하셨다. 또한 특별히 악기 '축(柷)'과 '견(見)'을 추가로 하사하셨다. 작백은 이로써 주공(周公)께 제사하기 위한 이 보귀한 예기를 만들었다."

가 새로 형(邢) 땅에 제후로 봉해졌다. 그해 2월에 주왕을 알현했는데, 마침 주왕께서는 '분경'에서 '주'제사를 거행하고 계셨다. 다음 날, 주왕은 벽옹(辟雍)의 큰 못(大池)에서 배를 타고 '대풍(大豊)(즉 '대례')을 거행하였고, 대공(大龏: 큰 기러기)이라는 새를 활로 쏘셨다. 형후는 붉은 깃발이 달린 배를 타고 주왕을 호위하며 따랐고, 형후는 이로 인해 주나라 천자의 상을 받았다." '주왕이 대공이라는 새를 쏘았다(周王射大龏禽)'라는 구절은 사례의 내용을 말한 것인데, 일부 학자들은 '대공금(大龏禽)'을 '큰 기러기'라고 본다. 『예기·사의』에는 "천자께서 제사를 지낼 때, 반드시 먼저 선택된 장소에서 활쏘기를 연습하셨다.(天子將祭, 必先習射於澤.)"라고 했는데, 여기서 말하는 '택(澤: 연못)'은 '택(擇: 선택하다)'의 의미이다. 『예기·사의』에서 "옛날 천자의 제도에 따르면, 제후들은 매년 천자에게 공사(貢士)를 추천하여 바쳤다. 천자는 그들을 궁궐의 사궁(射宮)에서 시험하였는데, 그 용모와 몸가짐이 예법에 맞고, 그 절도가 음악에 부합하는 자 중에 많이 맞힌 자는 제사에 참여할 자격을 얻었다.(古者天子之制, 諸侯歲獻貢士於天子, 天子試之於射宮, 其容體比於禮, 其節比於樂, 而中多者, 得與於祭.)"라고 했다. 이 구절의 대체적인 의미는, 사례 활동이 군주가 신하의 자격을 시험하여 제사에 참여할 수 있는지를 결정하는 방식의 하나라는 것이다.

서주 초기 때의 「영정(令鼎)」 명문에는 주왕이 적례(藉禮: 매년 춘경 시작 전에 황제가 직접 땅을 갈던 의식)를 거행한 후의 사례 하나를 기록하고 있다.31) 그

---

31) 鼎銘曰: "王大耤農(農)于諆(諆)田. 餳, 王射, 有嗣(司)眔師氏小子卿(會)射. 王歸(歸)自諆(諆)田, 王駁(馭)溓中(仲)賸(僕). 令眔奮先馬徙(走). 王曰: 令眔奮, 乃克至, 余圵(其)舍女(汝)臣十家. 王至于溓宮, 歔(饗). 令捧(拜)頴首曰. 小[子]迺學(效). 令對叽(揚)王休."
[역주] 대략적인 번역은 다음과 같다. "왕께서 기전(諆田)에서 대규모 친경례(親耕礼)를 거행하셨다. 향연(饗宴) 후에 왕께서 사례(射禮)를 거행하시니, 관리들과 사씨(師

중 "령답분선마주(令眔奮先馬走)"와 "령답분내극지(令眔奮乃克至)" 두 구절은 주왕이 '영(令)'과 '분(奮)'의 활솜씨에 대한 칭찬을 기록한 말인데, 두 사람의 활솜씨가 '진선진미(盡善盡美)'한 경지에 도달했음을 극찬한 것이다.[32] 두 사람이 활솜씨가 뛰어나 '신하 10명(臣十家)'의 하사품으로 받았던 것이다. 사례의 이런 기능은 『예기·사의』의 기록과도 연결될 수 있다.[33]

　주목할 것은, 사례로 인품을 시험하던 이런 방법은 종종 정치나 외교 의례에도 활용되었다는 점이다.

　氏)와 귀족 자제들까지 함께 활쏘기에 참여하였다. 왕께서 기전에서 돌아오실 때, 염중(濂仲)이 왕의 수레를 몰았다. 령(令)과 분(奮) 두 사람이 왕의 말 앞에서 달려 앞길을 안내하였다. 왕께서 말씀하셨다: '령과 분아, 너희가 (목적지까지) 도달할 수 있다면, 내가 너희에게 남복(奴僕) 10가(家)를 하사하리라.' 왕께서 염궁(濂宮)에 도착하여 연회를 베푸셨다. 령이 머리를 조아려 절하며 말했다: '이 소자(小子)가 반드시 왕의 가르침을 본받아 힘쓰겠습니다.' 령은 이로써 왕의 은덕을 칭송합니다."

32) 사례(射禮)나 투호(投壺)를 할 때의 승산(勝算)을 '말[馬]'이라 일컫는다. 『예기·투호』에 이르기를, "청컨대 승자(勝者)를 위해 말[馬]을 세우되, 한 말[一馬]이 두 말[二馬]을 따르고, 세 말[三馬]이 이미 서면, 다수의 말[多馬]을 축하하라."라고 하였으며, 『주(注)』에서는 다음과 같이 설명한다. "'말[馬]'은 승산(勝算)을 이르는 말이다. 이를 '말'이라 부르는 까닭은, 마치 '기예가 이와 같으니 장수(將帥)가 되어 말을 탈 만하다'는 뜻과 같다. 활쏘기[射]와 투호[投壺]는 모두 무예(武藝)를 익히는 방법이다." 정명(鼎銘)에서 말한 '마주(馬走)는 아마도 '입마(立馬)'를 가리키는 것으로, 즉 한 말[一馬], 두 말[二馬], 세 말[三馬]이 서로 따르며 세워지는 과정을 의미한다. '선마주(先馬走)는 "먼저 말을 세운다[先立馬]"는 뜻이다.

33) 『예기·사의(禮記·射義)』에 이르길, "옛날 천자의 제도에 따르면, 제후(諸侯)는 매년 천자에게 공사(貢士: 추천한 인재)를 바쳤다. 천자는 그들을 사궁(射宮)에서 시험하였는데, 그 용모와 몸가짐이 예(禮)에 맞고, 그 절도가 음악(樂)에 부합하며, 또한 많이 명중시킨 자는 제사(祭)에 참여할 자격을 얻었다.……자주 제사에 참여하면 군주(천자)가 포상을 내렸고,……포상을 여러 번 받으면 땅을 더 늘려주었다."(『禮記·射義』: "古者天子之制, 諸侯歲獻貢士於天子, 天子試之於射宮, 其容體比於禮, 其節比於樂, 而中多者, 得與於祭……數與于祭, 而君有慶……數有慶而益地.")

　서주 중기 「의화개(義盉蓋)」 명문은 '대사(大射)'의 예를 기록하였는데[34], 이 사례는 규모가 비교적 커, 방군(方君: 이웃나라의 임금), 제후(諸侯), 정(正), 유사(有司) 등 네 등급의 신분이 모두 참가했다. 서주 때는 분봉 정치가 시행됐는데, 주왕이 토지와 인민을 제후에게 봉하여 관리하게 하고, 무력으로 주변의 크고 작은 방국들을 견제했다. 그래서 국왕의 영지 이외의 광대한 영토에는 상대적으로 독립적인 방군(方君)과 제후국이 많은 분포하고 있었는데, 주왕은 이런 작은 나라들을 계속 통치하기 위해 무력 외에도 예식을 하나의 수단으로 사용했었는데, 사례가 그의 하나였다.

　「악후어방정(鄂侯御方鼎)」 명문은 악후(鄂侯)와 주왕(周王)이 함께 활쏘기를 한 일을 기록하였는데, 외교 의례의 성질을 더욱 분명하게 띠고 있다. 악후는 주나라 남방의 한 강한 부족의 수령이었다. 이번 사례에서 '악후어방'은 주왕에게 아첨하고자 일부러 화살을 '후(侯)'의 과녁에다 쏘았는데―명문의 '휴란(休闌)'은 바로 화살을 후(侯)의 과녁에 쏜다는 의미이다―그 의도는 주왕이 이기도록 하여 주왕의 환심을 사려는 데 있었다. 그러나 주왕도 너무 높게 쏘아 적중시키지 못하고 말았고 ― 명문의 '왕상(王寫)'은 화살이 후(侯)의 과녁보다 높게 날아갔다는 뜻이다 ― 이렇게 해서 둘 다 적중시키지 못했다. 그들은 예에 따라 모두 벌주를 마셔야 했고, 그래서 이어지는 명문에 '함음(咸飮: 함께 마시다)'이라는 구절이 들어갔다. 서주 금문의 또 다른 명문에 따르면, 이후 악후는 주나라를 배신했음을 알 수 있는데, 「우정(禹鼎)」에서 이렇게 기록했다. "남회이(南淮

---

34) 명문(銘文)에서 이렇게 말했다. "11월 기생패(旣生霸) 갑신일(甲申日)에 왕께서 노(魯) 땅에 계셨다. 경(卿)이 방군(邦君)과 제후(諸侯), 그리고 관리(有司)들을 모아 대사(大射)를 행하였다."(銘文曰: "隹(唯)十又一月旣生霸甲申. 王才(在)魯. 卿卽邦君者(諸)厌(侯)正有嗣(司)大射.)"

夷)와 동이(東夷)를 거느리고 남국(南國)과 동국(東國)을 널리 치고서는, 역내(歷內)35)까지 이르렀다.(率南淮夷·東夷廣伐南國·東國, 至於歷內.)”라고 했다. 동남 지역 반란군의 총 두목이 되어, 동쪽과 남쪽 두 방향에서 주나라를 협공하여, 중심 지역까지 공격해 들어와 주 왕실에 극대한 위협을 가했던 것이다. 이에 주왕은 ‘서육사(西六師: 서쪽 수도였던 주원의 6개 사단)’와 ‘은팔사(殷八師: 새로 만든 수도인 낙양의 8개 사단)’ 등 주력 부대를 동원하고서야 이 반란을 진압할 수 있었다. 악후라는 제후국의 이 불온한 임금을 주왕도 사전에 전혀 몰랐을 리 없었을 것이다. 그래서 「악후어방정」에 기록된 이번 사례(射禮)에서 주왕과 악후가 보여주었던 행동은 모두 일종의 외교적 쟁투의 수단이었다 할 것이다.

④ 사(射)로 교육하다

서주 중기 때의 「정궤(靜簋)」 명문36)에서는 대체로 다음의 내용을 기록하고

---

35) [역주] 역내(歷內)는 지명으로 추정되는데, 학계에서는 ‘역(歷)’을 ‘역수(歷水)’ 또는 ‘역(櫟: 현재 하남성 우현 일대)’으로 비정한다.

36) 銘曰: “隹(唯)六月初吉. 王才(在)莽(鎬)京. 丁卯. 王令靜𤔲(司)射學宮. 小子衆服衆小臣衆尸僕學射. 雩八月初吉庚寅. 王曰(與)吳𣌅呂剬(剛)卿(會)嬠𦉜𦣞邦君射于大池. 靜學(敎)無肀(斁). 王易(賜)靜𩌠(鞞)剝. 靜敢𦫵(拜)頴首. 敦(對)𥨊(揚)天子不(丕)顯休. 用乍(作)文母外啟(姑)隣(尊)𣪊(簋). 子子孫孫肨(其)萬年用.”
[역주] 대략적인 번역은 다음과 같다. “6월의 초길(初吉)에 왕께서 호경(鎬京)에 계셨다. 정묘일(丁卯日)에 왕께서 정(靜)에게 명령하여 학궁(學宮)에서 사격(射箭)을 관장하게 하셨다. 귀족 자제들(小子), 수행 관리들(服), 내정 신하들(小臣), 그리고 이족(夷族) 종복들(尸僕)까지 모두 활쏘기를 배웠다. 또 8월 초길(初吉) 경인일(庚寅日)에 왕께서 오훼(吳𣌅)와 여강(呂剛) 등과 더불어 제후국 군주들과 대지(大池)에서 활쏘기 모임을 가지셨다. 정(靜)은 (그들을) 가르치는데 게을리 하지 않았다. 왕께서 정에게 장식된 칼집(鞞)을 하사하셨다. 정이 감히 머리를 조아려 절하고, 천자의 드높고 빛나는 은혜를 칭송하며 받들었다. 이에 돌아가신 어머니(文母) 외길(外姑)을 위해 신성한 준(尊)과 궤(簋)를 만들었으니, 자자손손 만년 동안 이를 보배롭게 쓰리라.”

있다. 유월 초길 정묘일에, 주나라 왕께서 '정(靜)'에게 학궁의 사사(司射)가 되어 소자(小子)와 복(服)과 소신과 이복(夷僕)들에게 활쏘기를 가르치게 했다. '정'은 왕의 임명에 부응하여 '정이 가르치는 일에 지치지 않았기'에 왕이 상을 내렸다. 이는 소신 '정(靜)'의 시대에 사례가 이미 꽤 복잡한 의례의 하나로 변화했으며, 사례에 참가하는 일반 구성원들은 모두 전문적인 훈련을 거쳐야 했음을 말해준다. 단순히 활을 쏠 줄 아는 사람이라 해서 감당할 수 있는 일이 아니었기에, 학궁에 전문적인 교관을 세워서 활쏘기를 가르쳐야 했던 것이다. 『의례』의 「향사례(鄕射禮)」와 「대사의(大射儀)」의 기록에 따르면, 사사(司射)는 전체 사례를 주관한 자로, 사례가 진행되는 동안 허리에는 회초리를 꽂고 있었으며, 부하 인원이 예의에 따라 행동하지 않거나 규칙을 심하게 위반하는 자에게는 '박형(撲刑)'을 집행했다. 또한 활쏘기의 시범 동작을 말하는 '유사(誘射)'를 보여주는 것도 해야 했었다. 이런 일들은 '사사(司射)'였던 '정(靜)'이 맡아야 할 임무였을 것이다.

3. '촌(寸)'과 '신(身)'의 분석

이상의 논술을 통해 '촌(寸)'과 '신(身)'으로 구성된 '사(射)'자의 구조를 분석할 수 있는 더 많은 근거를 얻게 되었다. '촌(寸)'은 비교적 간단한 문제이다. 앞서 서술한 바와 같이, 서주 금문 시대에 활쏘기는 사냥터나 전장에서 짐승을 사냥하고 적을 죽이는 구체적인 수단 외에도, 규정된 장소에서 진행되는 의례적 성질을 가득 띤 인류 활동이 되었다. 사냥이 이미 의례로 변했다면, 일정한 형식과 규칙이라는 제약이 있게 된다. 이것이 '법도'라는 의미의 '촌(寸)'이 '사(射)'자 속에 출현하게 된 원인이며, '사(射)'자 자형에 대한 '이치근거 재구성(理

據重構)'의 구체적인 문화적 배경의 하나이다. '촌(寸)'이 왜 '법도'를 표현하는지는 뒤에서 자세히 기술할 것이므로, 여기서는 더 논하지 않겠다. 따라서 여기서 주로 논의할 것은 이 구조에서 '신(身)'이 의미하는 바이다.

우리는 '촌(寸)'과 '신(身)'으로 구성된 구조에서의 '신(身)'이 사람의 수양, 즉 사람의 재덕과 품행을 나타낸다고 본다. 그 이유는 다음과 같다.

① '사(射)'자에서 '㣚'를 '신(身)'으로 바꾼 것은 문자 발전 과정의 자연스런 논리로 해석할 수 있기 때문이다.

'사(射)'자에 '신(身)'이 들어간 것에 대해, 일부 학자들은 "사(射)자에서 활과 화살을 그린 부분이 이후 형체가 비슷한 신(身)으로 바뀜으로써, 글자의 의미에서 연관성을 완전히 잃게 되었다."라고 한다. 이는 또 "편방을 만들기 위해, 심지어 자형의 표의 기능까지 완전히 파괴하는 것도 마다하지 않았던" 이유이기도 하며, 이 때문에 『설문』에서 '사(射)'자에 대해 말한 "신(身)이 의미부이다."라고 한 것은 억지스런 해석이라고 보았다.[37] 논자들은 이러한 판단에 대한 이유를 구체적으로 밝히지는 않았으나, 이는 분명히 '사(射)'자의 초기 창조 의도를 근거로 제시된 주장일 것이다.

그러나 여기서 이런 의문이 생긴다. 한자의 글자창제 본래의미(또는 '글자창제 의도')에 대해, 오직 초기의 것만이 정확하다 할 것인가? 이후 발생한 '이치근거의 재구성'은 모두 오류인가? 하는 문제이다. 다시 말해, 문자의 구조의 이치근거는 불변하는 것인가? 일단 변화하면 이치근거가 사라지는가? 이 질문에

---

37) 구석규(裘錫圭), 『문자학개요(文字學槪要)』(修訂版), 북경: 상무인서관, 2013년, 42쪽.

대한 우리의 답은 부정적이다.

독일의 언어학자 훔볼트(Wilhelm von Humboldt, 1767~1835)는 이렇게 말했다. "언어란 그 진정한 본질에서 보자면, 연속적이며, 매 순간 앞으로 발전하는 것이다. 즉, 설사 언어를 문자로 기록하더라도, 얻어지는 것은 불완전한, 미라와 같이 박제되어 보존되는 것에 불과하며, 이러한 문자라는 작품은 이후에도 여전히 필요한 사람들에 의해 다시 구체화하여 생동적인 언어로 구현되는 것이 필요하다. 언어는 결코 상품이 아니라 창조적 활동이며, 그래서 언어의 진정한 정의는 발생학적 정의일 수밖에 없다."38) 우리는 "사(射)자의 활과 화살의 부분이 이후에 형체가 비슷한 신(身)으로 바뀐" 현상을 훔볼트의 이런 관점으로 보는 것이 더 합리적이라고 생각하며, 이는 이미 이론적 해석을 한 바 있기에39) 여기서는 더 언급하지 않겠다.

그래서 '身'를 '신(身)'으로 대체한 현상은 문자 발전의 정상적 논리로 볼 수 있으며, 이는 '촌신(寸身)'에 대한 해석에 이론적 전제를 제공한다.

② '身'를 '신(身)'으로 대체한 문자변화는 사례(射禮)라는 문화 환경의 영향과 분명히 관련되었기 때문이다.

정확히 말하자면, '신(身)'과 '身'의 형체구조의 유사성은 전서체 자형 '사(射)'에서 출현한 '신(身)'이 기본적인 원인의 하나다. 그러나 이외에도, 이런 변화는 앞서 말한 '사(射)'자의 각종 의미 변화와도 무관하지 않다. 쉽게 알 수 있

---

38) 훔볼트(洪堡特), 『인류 언어구조의 차이와 그것이 인류정신 발전에 미치는 영향을 논함(論人類語言結構的差異及其對人類精神發展的影響)』, 북경: 상무인서관(商務印書館), 1999년, 56쪽.
39) 유지기(劉志基), 『한자문화종론(漢字文化綜論)』, 남녕(南寧): 광서교육출판사, 1996년, 92쪽.

듯이, 앞서 말한 사의(射儀) 예법에 관한 중요한 기저 의미는 실제 사람의 소양과 덕행을 높이는 것이고, 다른 한편으로는 이러한 소양과 덕행 또는 수양 수준에 대한 평가에 있었다. 『예기』 등 후대의 전승 문헌에서 언급된 사례에 관한 법도는 모두 서주 금문 중 사례 기록과 접목될 수 있다. 예를 들어 『한서·예문지·제자략』에서는 "선비를 뽑기 위해 대사(大射)를 행하니, 이로써 현능한 자를 높였다.(選士大射, 是以上賢)."라고 했는데, 이는 '대사(大射)'의 예를 통해 현능한 자를 선발했다는 말이다. 『예기·사의(射儀)』에는 더 풍부한 기록이 있다. "그러므로 옛날 천자는 활쏘기로써 제후(諸侯)·경(卿)·대부(大夫)·사(士)를 선발하였다. 활쏘기는 남자의 일이니, 이에 예악(禮樂)으로써 꾸미게 하였다.(是故古者天子以射選諸侯·卿·大夫·士, 射者, 男子之事也, 因而飾之以禮樂也.)" "덕행을 세우고자 할 때 활쏘기만한 것이 없다. 그래서 옛날 성왕들은 이에 힘썼다.(以立德行者, 莫若射, 故聖王務焉.)" "그러므로 활쏘기는 제후가 되는 길이다. 이 때문에 제후와 신하들이 다 함께 뜻을 모아 활쏘기에 힘써 예악(禮樂)을 익혔다. 예악을 익히고서도 잘못된 일을 하는 군신은 일찍이 없었다.(故曰射者, 射爲諸侯也, 是以諸侯君臣盡志於射以習禮樂, 夫君臣習禮樂而以流亡者, 未之有也.)" 이러한 기록은 주나라 왕이 활쏘기를 통해 신하의 덕행을 시험 평가하고, 제사에 참여할 자격이 있는지를 판단하였으며, 심지어 부속 제후국의 충성도도 시험했다는 기록과도 완전히 일치한다. 『주례』에서 '사(射)'는 고대의 교육 내용 즉 '육예(六藝)'의 하나로 열거되었는데, 이 또한 서주 금문의 사로 사람을 가르치는 기록과 완벽하게 접목된다. 이를 통해 볼 때, '사(射)'에서 '법도'가 관련되는 것은 주로 사람의 덕조와 품행 및 인격수양이며, 『설문』의 전서체 자형(射)에서 이런 의미를 '신(身)'이라는 글자로 표현한 것은 매우 정상적인 일이었다.

물론, 여기에는 이런 의문이 생길 수 있다. 사람들이 '사(射)'를 언급할 때, 생각나는 것은 소박한 활쏘기 행위일까? 아니면 '사례'의 예법일까? 만약 후자라면, '촌(寸)'과 '신(身)'이 이치근거의 재구성에 속한다는 판단은 분명히 논리적이다. 그러나 전자라면 상황은 정반대다. 물론 여기서 언급되는 사람은 일정한 제한이 있어야 한다. 즉 문자를 사용할 자격이 있는 사람들만 해당된다. 앞서 말한 이러한 사람들의 사고활동이 위의 두 가지 상황 중 어디에 속하는지, 우리는 그들이 남긴 문자자료에 근거해서만 판단할 수 있다. 앞서 말했듯이, 갑골문에서 '사(射)'는 동사로 사용될 때 대부분 수렵이라는 언어 환경에서였고, 게다가 사냥 대상으로 야생 동물이 출현하였는데, 이는 당시 사람들이 '사(射)'자와 접촉할 때 느끼는 '사(射)'자의 의미 내포가 소박한 활쏘기 행위였다는 것을 보여준다. 반면 서주 금문에서 '사(射)'는 동사로 사용될 때 전부 '사례'라는 언어 환경에서 출현한다. 명사로 사용되더라도, 족명(族名)이나 인명 외에는 모두 사례와 관련된 '사려(射廬)'나 '선사(宣射)' 등이었다. 이는 당시 사람들이 '사(射)'자와 접촉할 때 느끼는 '사(射)'자의 의미내포가 (갑골문과는 달리) 모두 '사례(射禮)'였음 보여준다.

이상을 종합해 볼 때, 늦어도 서주 시대에는 '사(射)'자에 대한 인식에 이미 사례(射禮)라는 내용이 충만해 있었다고 볼 수 있다. 춘추전국시대에 사례는 계속 전승되었을 뿐만 아니라, 인격수양 방법은 더욱 심화되어 '촌신(寸身)'이라는 함의가 발전되었다. "유가 지식인들은 '인(仁)'의 사상 관념을 「사례(射禮)」와 「사의(射儀)」로 대표되는 사례(射禮)에 융합시켰다.……의례도 더욱 번잡해지고, 활쏘기 기술과 경쟁이라는 의미는 두 번째 자리로 밀려나고, 사례의 예악 교화와 도덕 시범 기능이 더욱 두드러지게 되었다."40) 그래서 전국(戰國)

문자에서 '사(射)'자가 '촌(寸)'과 '신(身)'의 구성으로는 새로운 이치근거로 재구성하게 된 것은 결코 갑작스럽게 일어난 일이 아니었다.

③ '촌신(寸身)'에서의 '신(身)'의 의미가 '촌(寸)'과 '신(身)'으로 구성된 '사(射)'자가 발생했던 동시대 문헌에 보편적으로 존재하기 때문이다.

'신(身)'은 선진 문헌에서 '품덕'이나 '재능'을 표현할 수 있었다. 예를 들어『안자춘추(晏子春秋)·문상(問上)(20)』에서 "몸[능력]을 헤아려 자리를 정하고, 재능을 계산하여 녹봉을 결정한다.(稱身就位, 計能定祿.)"라고 했는데, 앞의 네 글자는 바로 "자신의 재덕(才德)에 따라 직위를 맡는다"라는 뜻이다. 따라서 자신의 덕행을 단정하게 하는 것을 '단신(端身)'이라 하는데,『공자가어·삼서(三恕)』에서 "선비(士)가 삼서(三恕)의 근본을 밝힐 수 있다면, 그제야 몸을 바르게 한다고 할 만하다.(士能明於三恕之本, 則可謂端身矣)."라고 했었다. 사람됨을 '입신(立身)'이라고 하는데,『효경·개종명의(開宗明義)』에서 "몸을 바르게 하고 도를 행하여, 후세에 이름을 드날리고 부모를 빛내는 것이 바로 효도의 완성이다.(立身行道, 揚名於後世, 以顯父母, 孝之終也)."라고 했다.

전승 문헌 외에도, '신(身)'은 출토 문헌에서도 다음의 의미로 사용되었다. 예컨대,『상박(上博)(1)·성정론(性情論)』제25간(簡)에서 "도를 듣고 자신을 되돌아보는 것이 바로 몸을 닦는 것이다.(聞道反己, 修身者也.)"라고 했는데, 여기서의 '신(身)'은 바로 '품덕'을 말한다.

'신(身)'의 이런 의미는 사람 자신의 품덕과 조행(操行)을 가리킨다. 그리고

---

40) 엄가람(嚴嘉嵐), 「선진시기 사례 연구 종술(先秦時期射禮硏究綜述)」, 『문화학간(文化學刊)』 2020년 제8기.

이런 의미를 포함하는 다른 글자도 '신(身)'으로 표현할 수 있다. 예를 들어, "활쏘기는 인(仁)의 길이다(射者, 仁之道也.)"(『예기·사의』)라고 할 때의 '인(仁)'은 출토 문헌에서 정확히 '신(身)'으로 표현할 수 있었다. 또『안대(安大)(2)·중니왈(仲尼曰)』에서 "공자가 말씀하셨다. 몸(인)을 버린다면 어떻게 명성을 세우겠는가?(中尼曰: '去身(仁)', 亞(惡)虍(乎)成名?)"라고 했는데, 여기서의 '거신(去身)'의 '신(身)'이 말하는 것은 바로 '인(仁)'이다. 반대로 '인(仁)'도 '신(身)'을 표현할 수 있었다. 예컨대,『상박(上博)(2)·종정(從政)(갑)』의 제10-11간에서 "군자는 선한 말을 들으면 그것으로 자신의 말을 바꾼다. 선한 행동을 보고 그것을 받아들인다면, 가히 배운 사람이라고 할만하다.(君子聞善言, 以改其言; 見善行, 內(納)爪(其)㤅(仁(身))安(焉), 可胃(謂)𦾡(學)矣.)"라고 했는데, 여기서의 '인(㤅)'은 바로 초나라 죽간에서 '인(仁)'자의 대표적 형태인데, 그것이 표현하는 것은 바로 '신(身)'이다.

이렇듯 '신(身)'과 '인(仁)'은 같은 부류이고, '신(身)'은 또한 '신(信)'으로 표현할 수 있었다. 예컨대,『청화(清華)(8)·치방지도(治邦之道)』제10간에서 "하찮은 일을 지키는데 목숨 걸지 말 것이며, 거짓을 행하지 않는다면 믿음은 늘어날 것이다.(母(毋)面愿(諒), 母(毋)复(詐)愚(偽), 則身(信)長)."라고 했는데, 여기서의 "믿음은 늘어날 것이다(則身(信)長)"에서의 '신(身)'이 표현한 것은 바로 '신(信)'이다. 전국시대 새인(璽印)문자에서도 '신(身)'자는 자주 보이는데, 기본적으로 '신(信)'을 표현했다.41) 예를 들어, "신사(身(信)士)"(『고새회편(古璽彙編)』 4671), "귀신(貴身(信))"(『고새회편』 4676), "장신(長身(信))"(『고새회편』 4674), "언신(言身(信))"(『고

---

41) 하림의(何琳儀),『전국문자자전(戰國文字字典)—전국문자성계(戰國文字聲系)』, 북경: 중화서국, 1998년, 1138~1139쪽.

새회편』 4662), "충신(忠身(信))"(『고새회편』 3463), "장신(長身(信))"(『고새회편』 4673), "사신(士身(信))"(『십종산방인거(十鐘山房印擧)』 61.3), "경신(敬身(信))"(『천진시예술박물관장고새인선(天津市藝術博物館藏古璽印選)』 32.3), "신신(愿(慎)身(信))"(『중국새인유편(中國璽印類編)』 33.2), "인신(人(仁)身(信))"(『감인산방장고새인정화(鑒印山房藏古璽印菁華)』 32.63), "이신지상(以身(信)之(至)上)"(『고새회편』 4909), "신성(身(信)成(誠))"(『진진재장인(珍秦齋藏印)·전국편(戰國篇)』 210) 등이 그렇다.

하나의 편방으로서도 '신(身)'은 '신(信)'과 '인(仁)'자 속에 종종 출현한다.

전국 문자에서 '신(信)'은 대체로 '신(身)'과 '언(言)'으로 구성되었다. 예컨대, "😀(「사류문어부자(史畱問於夫子)」), 😀(「중산왕계방호(中山王啻方壺)」), 😀(「양상관정(梁上官鼎)」), 😀(「신안정(信安鼎)」), 😀(「양19년무지정(梁十九年亡智鼎)」), 😀(「십사계동우(十四櫥銅牛)」) 등이 그렇다.

초나라 죽간에서 '인(仁)'자의 기본 쓰기 방식은 바로 '인(愳)'으로, 현재 공개된 초나라 죽간 자료만 해도 총 140여 차례 보이기 때문에 예를 일일이 열거하지는 않겠다. 그러나 주목할 것은, 많은 학자들이 이 '인(愳)'이 전국시대 새인 문자에서 '신(信)'(예는 위의 기술 참조)'을 말한다고 인정한다는 점이다. 이런 모순적인 현상에 대해, 증헌통(曾憲通) 등은 "인(愳)자는 초나라 죽간에서 자주 보이는데, 대부분 '인(仁)'자로 사용된다. 그러나 고대 새인 문자에서 '새(鉨)'자는 '신인(信印)'으로 읽는 것이 더 나아 보이기에, '인(愳)'자가 '신(信)'으로 사용되었을 가능성도 배제할 수 없다."라고 했다.[42] 그러나 이는 분명 현상에 대한 인정일 뿐, 그 원인은 아직 설명하지 않았다. 사실, 모순되어 보이는 이런 현상

---

42) 증헌통(曾憲通), 『출토전국문헌자사집석(出土戰國文獻字詞輯釋)』, 북경: 중화서국, 2019년, 안어(按語) 1313쪽.

은 전국 문자에서 국별 지역별 차이에 의한 용자 습관의 한 형태이다. 즉 '인(忎)'이 '인(仁)'을 표현하는 것은 초나라 문자의 특징이고, '인(忎)'이 '신(信)'을 표현하는 것은 삼진(三晉)이나 연나라 문자의 특징이다. 이런 용자 습관의 국별 차이는 전국 문자에서 매우 흔한 일이며, 별로 이상하지도 않다. 물론, 이러한 현상에 대해서는 더 깊은 이론적 탐구가 필요할 것이다.

④ 전국시대 문헌에서 '신(身)'의 의미 변화는 흔히 보이는 '동의환독(同義換讀)' 현상에 속하기 때문이다.

이상에서 본 '신(身)'의 통용 현상에 대해, 이전에는 이를 보통 독음의 유사로 인한 '통가(通假)' 현상으로 해석했다. 그러나 상고음을 살펴보면, '신(身)', '인(仁)', '신(信)' 세 글자의 운부는 모두 '진(眞)'이지만, 성모는 각각 '서(書)', '일(日)', '심(心)'으로 성류가 모두 다르다. 그래서 이들의 독음 차이가 결코 작지 않아 이를 고대음의 통가 현상으로 해석하기에는 충분하지 않다. 오히려 상술한 선진 문헌 중 관련 문례에 대한 정리 분석을 기반으로, '동의환독(同義換讀)'이라는 이론으로 이들 글자 간 관계를 해석하는 것이 더 합리적일 것이다.

'동의환독(同義換讀)'이란, "어떤 글자의 원래 독음에 상관하지 않고, 이 글자로써 원래 표현하던 단어와 같거나 비슷한 또 다른 단어(일반적으로는 이미 문자로 표현된 단어)를 나타내는 것"을 말한다.[43] 물론, 이는 일종의 '글자'의 변화 방식에 대한 귀납이지만, 이런 방식이 전체 글자의 변화과정에서 나타날 수 있을진대, 편방이 표현하는 자형 구성의 이유, 즉 글자창제 의도의 변화에도 나타날 수 있는 것은 완전히 가능하다. '신(身)'이 이미 '품행'을 뜻하는 '인(仁)'을

---

43) 구석규(裘錫圭), 『문자학개요(文字學槪要)』(修訂版), 북경: 상무인서관, 2013년, 210쪽.

표현할 수 있었기에, '신(身)'은 '신(信)'이라는 형체구조에서도 '신(信)'의 의미를 표현하고, 또 '인(仁)'의 자형구조에서 '인(仁)'의 의미를 표현하는 것을, 우리는 글자창제 의도 측면에서의 '동의환독'으로 볼 수 있다. 그리고 이런 특정 '동의환독' 현상의 존재는 바로 전국시대 자형 구조 체계에서 '신(身)'이 특정 글자창제의 표의 기능을 가진 글자임을 보여준다. 주지하다시피, "전국문자 자료에서 편방으로 쓰인 '신(身)'이나 '신(身)' 은 매우 흔히 보인다."44) 이런 자형 구조 환경에서, '신(身)'은 상당한 '동의환독'의 기회를 얻었을 것이다. 그리고 고문자 자형구조 변화에서 '형부(形符)'가 '의부(義符)'로 변하는 추세가 이런 기회를 만들어주었을 것이다.

⑤ '촌신(寸身)'으로 된 '사(射)'의 이치근거 재구성은 고문자의 '형부'가 '의부'로 변하는 변화 추세에 부합하기 때문이다.

구석규는 "구조상으로 볼 때, 한자에는 주로 세 가지 변화가 일어났다."고 했는데, 그 중 하나가 "사용된 의부(意符)가 형부(形符) 위주에서 의부(義符) 위주로 바뀐 것"이라 했다. 형부(形符)는 "자신의 형상으로 표의 기능을 하는 것으로,……'사(𨒋＝射)'자를 구성하는 활과 화살, 그리고 손의 형태가 그것이며", "한자의 상형 정도가 낮아짐에 따라, 표의자를 만드는 방법도 점차 형부(形符)의 사용에서 주로 의부(義符)의 사용으로 바뀌게 되었다. 춘추전국 이후에 새로 만들어진 표의자의……대부분은 의부(義符)로 구성된 합체자이다."45) 구석

----

44) 오진무(吳振武), 「연나라 새인 속의 '신'자(燕國璽印中的'身'字)」, 『호후선선생기념논집(胡厚宣先生記念論集)』, 북경: 과학출판사, 1998년, 196~199쪽.
45) 구석규(裘錫圭), 『문자학개요(文字學概要)』(修訂版), 북경: 상무인서관, 2013년, 39쪽, 11쪽. 41쪽.

규가 예로 든 '사(射)'자의 이러한 해설은 완전히 정확하다. 형부로 그려진 '사(射)'자는 춘추시대 「석고문」에서 그 마지막을 장식했다. 이후 전국시대에 들면서 글자의 상형 정도가 낮아지던 대세를 따라, '사(射)'자는 초나라 문자에서 '궁(弓)'과 도치된 '시(矢)' 형태를 취하여 '𢎨'나 '𢎨'로 적었고, 진(秦)나라 문자에서는 '촌(寸)'과 '신(身)'으로 구성된 '𨮔'로써 이전의 '사(𨮔=射)'를 대체했다. 『수호지 진간』에서는 '사(射)'가 총 10차례 출현했는데(「진률잡초」 7차례, 「일서 갑종」 2차례, 「봉진식」 1차례), 모두 촌(寸)과 신(身)으로 구성된 '𨮔'로 썼다. 진나라 인장에서도 '사(射)'자는 자주 보이는데, 역시 모두 다음에서처럼 촌(寸)과 신(身)으로 구성되었다.

이렇게 볼 때, '사(射)'의 이치근거 재구성도 한자 형체구조의 상형 정도가 낮아지는 변화 추세를 따라 발생한 것이며, 이런 변화의 규칙은 바로 구석규가 말했던 "형부(形符)에서 의부(義符)로의 변화"였다. 의부(義符)는 "일반적으로 모두 존재하던 기존의 글자로써 표의 편방을 담당하는 데, 그들은 자신의 글자 의미에 근거하여 의미를 표현한다."[46] 초나라 문자에서 '궁(弓)'과 '시(矢)'로 구성된 구조는 정확히 '궁(弓)'과 '시(矢)'의 자의가 합쳐져 의미를 표현하는 전형적인 의부(義符) 구조가 분명하다. 그리고 '신(身)'과 '촌(寸)'으로 구성된 진나라

---

46) 구석규(裘錫圭), 『문자학개요(文字學概要)』(修訂版), 북경: 상무인서관, 2013년, 11쪽.

문자의 구조 변화는 상술한 초나라 문자의 변화와 평행 관계를 가지기에, 충분한 이유가 있다면 이들도 동일하게 의부 구조로 보는 것이 더 타당한 판단일 것이다.

'신(身)'자와 '신(身)' 편방에 관한 앞선 자료의 정리 분석에 기초하여, 우리는 '촌(寸)'과 '신(身)'이 의부 구조를 형성했던 이유를 다음처럼 기술할 수 있을 것이다. 즉 '신(身)'이 동시대의 문자 자료에서 사람의 수양을 성공으로 보아, 이미 '도덕 품행' 범주의 의미를 표현했고, 활쏘기라는 행위의 표현에서 영향력이 점점 커지는 '사례(射禮)'도 이미 '수신(修身)'과 관련되었기에[47], '사(射)'자의 이치근거 재구성이 '촌(寸)'으로 이루어진 상황에서, '신(身)'과 '촌(寸)'이 만나 새로운 의부 구조를 표현한 것은 완전히 논리에 부합하는 일이다.

---

47) "공자(孔子)가 확상(矍相)의 동산에서 활쏘기를 하였는데, 구경꾼들이 담벼락처럼 [빽빽이] 모였다.……공망지구(公罔之裘)와 서점(序點)을 시켜 [잔을 들어 첫 번째 선발 기준을] 선언하게 하였다. 공망지구가 잔을 들어 올리며 말하였다. '어리고 젊어서는 효도와 우애를 실천하고, 나이 들어 늙어서는 예(禮)를 좋아하며 세속에 휩쓸리지 않고 수신(修身)하여 죽음을 기다리는 자가 아니라면, 이 자리에 서서는 아니 되오!'"("孔子射于矍相之圃, 盖觀者如堵墙.……使公罔之裘·序點, 揚觶而語, 公罔之裘揚觶而語曰: "幼壯孝弟, 耆耊好禮, 不從流俗, 修身以俟死者, 不, 在此位也.")
[역주] 뒤에 이어지는 서점의 두 번째 선발 기준은 다음과 같았다. "배우기를 좋아하고 게으르지 않으며, 예를 좋아하여 변치 않고, 나이가 아주 들어도 도를 말함에 흐트러지지 않는 자가 아니라면, 이 자리에 머물러서는 아니 되오!(好學不倦, 好禮不變, 旄期稱道不亂者, 不, 在此位也.)

제3절 '궁시(弓矢)' 의미의 일반화와 '사(射)'의 문화 이동

활쏘기라는 활동은 사실 공리적 측면과 의례라는 측면의 이중 작용으로 인해 깊은 영향을 사람들의 생활에 주었고, 사(射)와 활쏘기 도구의 영향은 사람들 생존의 다른 측면에까지 파급되어 변화를 일으켰다. 이런 상황은 글자창제라는 측면의 사유를 통해 '궁(弓)'과 '시(矢)'류와 관련된 글자는 한자 표의 체계에서 각종 의미의 일반화를 일으켜, 독특한 '사(射)' 문화를 형성하게 되었다. 아래에서 이런 일반화 의미와 기능에 대해 간략히 살펴보자.

1. 도량(度量)

'시(矢)'자로 구성된 글자들은 종종 한정된 길이라는 의미를 가진다. 예를 들어 ('짧다'는 뜻을 가지는) '왜(矮)', '단(短)', '좌(矬)', '비(椑)', '졸(䂂)', '제(䂀)', '기(䂓)' 등이 있는데, 이들 글자의 의미부는 모두 '시(矢)'이다. '시(矢)'는 어떻게 해서 한정된 길이를 표현할 수 있었을까? 『설문』에서 "단(短)은 길이를 말하며, 화살로써 표준을 삼는다.(有所長短, 以矢爲正). 시(矢)가 의미부이고 두(豆)가 소리부이다."라고 했다. 이 해설에 대해 서호(徐灝)는 『단주전(段注箋)』에서 더 자세히 풀이하여, "옛날에는 활의 길이가 6척이었고, 화살의 길이는 3척이었는데, 이 때문에 긴 것은 활로 재고 짧은 것은 화살로 쟀다.(古者弓長六尺, 箭幹長三尺, 故度長以弓, 度短以矢)."라고 했다.[48] 이의 대체적 의미는, 활과 화살이

---

48) 정복보(丁福保), 『설문해자고림(說文解字詁林)』, 북경: 중화서국, 1988년, 5494~5495쪽.

고대인의 생활에서 활쏘기를 제외하고도 길이를 재는 자로도 사용되어, 활은 6척 길이의 긴 것을 측정하는 데 쓰이고, 화살은 3척 길이의 짧은 것을 측정하는 데 쓰였다는 것이다.

길이를 재는데 쓰인 '활(弓)'의 기능에 관해서는 '강(彊)'자를 보면 더욱 명확해진다. '강(彊)'자의 서주 금문 자형은 다음과 같다.

금문에서는 보통 '만수무강(萬壽無疆)'의 '강(疆)'을 표현하는데 쓰였다. 나진옥(羅振玉)은 "이 글자는 궁(弓)의 의미부이고 강(畕)도 의미부인데, 궁(弓)으로 구성된 것은 옛날 활로 걸음걸이를 재었기 때문이다(古者以弓紀步). 강(畕)은 전(田) 2개가 연결된 모습을 그렸는데, 이로써 농지의 경계하는 뜻이 분명하게 드러난다.(象二田相比, 界畫之義已明.)"라고 했다.49) 이는 '궁(弓)'이 토지의 거리를 측정하는 데 사용되었으며, 그래서 '강(彊)'은 사실 '강(疆)'의 초기글자라는 의미이다.

2. 진달(進達: 목표에 도달하다)

활쏘기는 목표물을 명중시키기 위한 것이므로, 목표에 도달했음을 표현하는 '지(至)'자는 '화살이 땅에 도달함'을 그렸다. 갑골문에서는 '🏹', '🏹', '🏹' 등으로

---

49) 나진옥(羅振玉), 『증정은허서계고석(增訂殷墟書契考釋)』, 『고문자고림(古文字詁林)』, 상해: 상해교육출판사, 1999년, 61쪽에서 재인용.

그려, 화살의 촉 아래에 가로줄 하나를 더해 화살이 도달했음을 나타냈다. 갑골문의 글자창제 사유에서 '목표에 도달하다'는 의미를 '화살'로 표현하기가 가장 적합했음을 알 수 있다. '지(至)'는 갑골문에서 자주 쓰이는 글자로, 『갑골문합집』에만 931회 출현하며, 주로 '도착하다' 의미로 쓰였다. 또 '지(至)'자의 빈번한 사용은 '목표에 도달하다'와 화살이 인간 관념 속에서의 연상을 강화해주었을 것이다.

또 '진(晉)'자는 갑골문에서 '晉'으로 썼는데, 바로 거꾸로 된 화살(어떤 학자는 거꾸로 화살(矢)이 '전(箭)'의 초기글자라고 여긴다50))과 일(日)로 구성되었다. 자형의 균형을 위해 거꾸로 된 화살이 두 개로 그려졌는데, 본래의미는 "태양이 떠올라 만물이 성장하다는 뜻(會日出蒸進之意)"(『설문』)으로51), 태양이 떠올라 하늘로 진입하다는 의미이다. '시(矢)'도 '목표에 도달하다'는 의미를 표현하는 데 사용되었다. '진(晉)'자를 구성하는 거꾸로 된 화살은 이후에 '진(至)'으로 변화했는데, 이 또한 '이르다(到也)'(『설문』)는 의미이다.

'일전지지(一箭之地: 화살 한 발이 닿을 정도로 가까운 거리)'는 중국인이 거리를 표현할 때 자주 사용하는 관용어로, 화살이 도달할 수 있는 정도의 거리라는 뜻인데, 상대적으로 멀지 않은 거리를 비유한다. 이런 언어적 사고는 분명히 '지(至)'와 '진(晉)'의 글자창제 사고와 연결되어 있으며, '시(矢)'를 길이의 의미로 사용한 사고 논리와도 유사하다.

---

50) 심배(沈培), 「복사의 '치중'에 대한 보충 해석(卜辭'雉衆'補釋)」, 『언어학논총(語言學論叢)』 제26집, 북경: 상무인서관, 2002년, 238~239쪽.

51) [역주] 『설문』의 원문은 다음과 같다. "晉: 進也. 日出萬物進. 從日從至. 『易』曰: '明出地上, 晉.'"(진(進)과 같아 '나아가다'라는 뜻이다. 해가 떠올라 만물이 성장함을 말한다. 일(日)이 의미부이고 진(至)도 의미부이다. 『역·진괘(晉卦)』에서 "밝은 태양이 땅 위로 솟아, 만물이 자라날 것이다.(明出地上, 晉.)"라고 했다.)

3. 신속함

갑골문 '질(疾)'자는 다음에서처럼 '시(矢)'와 '대(大)'로 구성되었다.

이는 화살이 사람을 향하는 형상을 그렸다. 갑골 복사에서는 '급하다', '서두르다', '빠르다'는 의미로 사용되었다. 예컨대, 복사에서 "……'오' 땅으로 급히 돌아갈 수 있을까요?(歸于牢)"(『합집』 36766)라는 구절이 있는데, 오(牢)는 지명으로, 일부 학자들은 대읍상(大邑商) 부근의 사냥터로 보고 있다. 그래서 문장의 의미는 "어떤 사람이 '오' 땅으로 급히 돌아갈 수 있는지?"를 물은 것이다. 분명히 '질(疾)'의 글자창제 사고에서 '시(矢)'는 '신속함'을 나타내는 대표적 상징물이 되었다.

'순간(瞬間)'의 '순(瞬)'자는 갑골문과 서주 금문에서 '순(塕)'으로 썼는데, 다음에서처럼 '목(目)'과 '시(矢)'로 구성되었다.

대가상(戴家祥)은 이 글자를 후대의 '순(瞁)'자로 보았다.[52] 『설문』에서는

---

52) 대가상(戴家祥), 「'순'자 설(叟字說)」, 『중산대학언어역사학연구소주간(中山大學語言歷

"순(瞚)은 떴다 감았다 하면서 눈동자가 빠르게 움직이는 것을 말한다(開闔目數搖也)."라고 설명했는데, 눈을 빠르게 깜빡이고 움직이는 것을 의미한다. 서현(徐鉉)은 '순(瞚)'을 '순(瞬)'자라고 여겼다. 빨리 움직이는 물체가 눈을 빨리 움직이도록 한다는 것이 '순(瞚)'(즉 순(瞬)자)의 글자창제 의도의 핵심 요소인데, '시(矢)' 역시 이 글자 속에서 빠른 물체의 상징물로 자리 잡고 있다.

4. 재앙

갑골문 '질(疾, 𤺷)'자는 '빠르다'는 의미 외에도 '질병'의 의미도 갖는다. 이효정(李孝定)은 이렇게 말했다. "질(疾)은 '화살이 사람의 겨드랑이에 놓인 모양으로, 회의자(會意字)인데, 이는 화살이 날아오는 속도가 빠름을 의미한다. 또 본래는 '질병'을 뜻하는 글자와 같은 글자가 아니었으나, 화살이 사람에게 명중하면 곧 상처가 나고 병이 생긴다는 의미를 갖게 되어 '질병'이라는 의미와 가까워지게 되었다. 또 질(𤺷)의 예서체는 '질(疾)'로 쓰고, '질(𤶅)'의 예서체는 '질(疾)'로 썼는데, 이들의 형태가 크게 차이나지 않아, 후대에 들어 '녁(疒)'의 후기자인 '질(疾)'이 '질병(疾病)'과 '질속(疾速: 신속함)'의 두 가지 의미를 모두 포함하게 되었다. 그렇게 되면서 '질(疾)'자는 소멸하였다. 그러나 '질(疾)'자의 본래 의미를 '급속함(急速)'으로 해석해야 하는 것은 아니다."라고 했다.[53] 이를 통해 '질(𤺷)'자에 든 '시(矢)'는 글자를 만든 사람들이 상처와 질병

史學硏究所週刊)』 1930년 125기.

53) "𤺷象矢著人腋下, 會意, 謂其來之疾也; 與訓病之疾本非一字, 惟矢中人, 卽有創病之義, 與疾病之義近, 且𤺷之隸體作疾, 與𤶅之隸體作疾, 其形亦不甚相遠, 後世遂以疒之後起字之'疾', 兼賅'疾病'·'疾速'二義而'疾'亡矣, 非疾之本義當訓急速也." 『금문고림독후기(金

의 근원으로 여겼음을 알 수 있다.

앞에서도 말했듯이, 갑골문에 자주 보이는 '𣏟'자도 '재앙'의 의미를 가진다. 복사에 이런 기록이 있다. "신묘일 점을 칩니다. '각'이 물어봅니다. 상제께서 이 성읍에 재앙을 내릴까요?(辛卯卜, 殼, [貞]帝𣏟茲邑)"(『합집』 14212), "제𣏟자읍 (帝𣏟茲邑)"은 "상제께서 이 성읍에 재앙을 내리다"는 의미다. '𣏟'자는 '시(矢)' 와 '자(子)'로 구성되었다.

이 글자의 창제 의도는 '질(疾)'자와 유사한데, '대(大)'가 '자(子)'로 바뀌었을 뿐이다. '대(大)'는 성인이고 '자(子)'는 아이이므로, '𣏟'자에 든 '시(矢)'는 그것 이 '재앙'의 의미라는 것을 더욱 두드러지게 해준다.

5. 사려(師旅)

갑골문에서 '족(族)'자는 다음에서처럼 '언(㫃)'과 '시(矢)'로 구성되었다.

정산(丁山)은 이에 대해 이렇게 설명했다. "족(族)……화살(矢)은 적을 죽이 는 데 쓰이고, 깃발(㫃)은 군중을 표시하는 데 쓰이니, 이의 본래 의미는 군사

文詁林讀後記)』, 대북: 중앙연구원역사언어연구소, 1982년 전간(專刊) 80.

조직이어야 한다. 청나라 태조가 건주(乾州)에서 군대를 일으켜 '깃발로 군중을 통솔하고, 깃발로 병사를 이끌었던' 기(旗)라는 제도는, 족(族)자가 '깃발'을 뜻하는 언(㫃)자로 구성된 이유를 정확하게 보여준다. 족(族)이 시(矢)로 구성된 것은 당연히 '부락'을 '전(箭)'이라 불렀던 함의와 동일하다. 이렇게 볼 때, 족(族)자의 기원은 단순히 가족(家族)에서 발전해 온 것일 뿐 아니라, 씨족 사회의 군사 조직의 흔적이기도 하다. 그래서 은상(殷商) 후반기에도 족(族)과 씨(氏)는 여전히 일체를 이루고 있었다."54) 이를 통해 '족(族)'자의 창제 의도는 '시(矢)'를 사용하여 그것의 군사적 속성을 표현하는데 있었음을 알 수 있다.

6. 언사(言辭)

글자창제 의도라는 측면에서 '시(矢)'는 또 '언사'와도 관련이 있는데, 다음 몇 가지 글자를 살펴보자.

『설문』에서 "지(知)는 말을 뜻한다(詞也). 구(口)가 의미부이고 시(矢)도 의미부이다."라고 했다. 학자들은 『설문』에서 '지(知)'자를 해설한 '사(詞)'는 『옥편』에 근거해 '식(識)'으로 바꿔야 한다고 생각한다. 그렇게 되면 '구(口)가 의미부이고 시(矢)도 의미부'인 '지(知)'는 '입으로 진술하다'는 의미가 된다.55)

또 『설문』에서 "의(矣)는 종결을 나타내는 어기사를 말한다(語已詞也). 시

---

54) "族……矢所以殺敵, 㫃所以標衆, 其本誼應是軍旅的組織, 淸太祖起兵建州, '以旗統衆, 卽以旗統兵', 旗的制度, 當是族字從㫃正解, 族之從矢, 當然又與部落稱箭的涵義相同, 族字的來源, 不僅是自家族演來, 還是氏族社會軍旅組織的遺跡, 所以在殷商後半期, 族與氏依然一體."

55) 탕가경(湯可敬), 『설문해자금석(說文解字今釋)』, 장사(長沙): 악록서원(岳麓書社), 1997년, 713쪽.

(矢)가 의미부이고 이(以)가 소리부이다.”라고 했다. ‘의(矣)’(류)의 윗부분을 구성하는 편방은 본래 ‘이(以)’자의 전서체(㠯) 형태이다. 소위 ‘어이사(語已詞: 종결을 나타내는 어기사)’는 바로 오늘날 말하는 어말 어기사로, ‘의(矣)’자를 구성하는 ‘시(矢)’ 역시 언사의 표현을 나타내고 있다.

　‘시(矢)’가 ‘말하다’는 의미를 나타낼 수 있었던 것에 대해『설문』은 시(矢)로 구성된 또 다른 글자인 ‘신(𥒼)’자의 설명에서 이렇게 설명했다. “신(𥒼)은 ‘하물며’라는 뜻이다(況也). 어기사를 말한다(詞也). 시(矢)가 의미부이고 인(引)의 생략된 모습이 소리부이다. 시(矢)로 구성된 것은 말이 화살과 같이 빨리 날아가기 때문이다.(從矢, 取詞之所之如矢也).” 여기서의 ‘신(𥒼)’은 바로 후대의 ‘신(矧)’자로, ‘황차(況且: 하물며)’를 표현하는 허사(문법소)인데, “말이 화살과 같이 빨리 날아가기 때문이다(取詞之所之如矢也)”라는 말은 현대 백화문으로 말하자면, 말하기는 활쏘기와 같아 한번 말이 나가면 빠른 네 마리 말이라도 쫓아갈 수가 없다, 즉 활을 한번 당기면 그 화살은 돌아올 수 없다는 의미이다.

　이상에서 열거한 글자들이 모두 ‘사례(射禮)’의 산물은 아니지만, ‘활쏘기(射)’ 문화가 역사적으로 축적된 결과물로는 볼 수 있다. 관련 문자의 시기별 분석을 통해 그 발생 시간 순서에 따라 간다면, 역사적으로 축적된 활쏘기(射事)에 관한 특수한 풍경화를 완성할 수 있을 것이다.

제2장

법(法)과 망(網)의
여러 모습

제2장

'법(法)'과 '망(網)'의 여러 모습

공자는 이렇게 말했다. "정치로 이끌고 법[형벌]으로 다스리면, 백성들은 그것을 면하려고만 할 뿐 부끄러움이 없어진다. 그러나 덕으로 이끌고 예로 다스린다면, 부끄러움도 있고 또한 바르게 된다.(道之以政, 齊之以刑, 民免而無恥, 道之以德, 齊之以禮, 有恥且格.)"(『논어·위정(爲政)』) 공자는 여기서 전통적으로 알려진 행동의 규범화에 관한 두 가지 방식을 말했는데, 하나는 '예(禮)'이고, 다른 하나는 '법(法)'이다.(주목할 점은 공자가 '형(刑)'을 사용하여 '법(法)'을 표현했다는 것이다. 그 이유에 대해서는 뒤에 따로 기술할 것이다.) 따라서 이 장에서는 '법'에 대해서 논의하게 될 것이다. 물론, 우리의 논의는 여전히 한자 자체 내에 한정될 것이다.

제1절 '법(法)'자의 '불법(不法)'적 경력 및 그 신분의 전복

1. '치(廌)'의 탐원

'법률(法律)'이라고 할 때의 '법(法)'자는 이미 생략된 구조이다. 생략되지 않은 자형인 '법(灋)'도 컴퓨터에 존재하는 글자이다. 이 '법(灋)'자는 상주(商周) 때의 금문(金文)에서 직접 유래했다.

'법(灋)'자의 구조에 대해 『설문(說文)』에서는 이렇게 풀이했다. "법(灋)은 형벌을 말한다. 물처럼 평평하게 흐른다는 의미로 '수(水)'를 의미부로 하였다. '치(廌)'는 곧지 않은 것을 들이받는다는 뜻이고, 그것[곧지 않은 것]을 제거한다는 의미에서 '거(去)'를 의미부로 삼았다.(灋, 刑也, 平之如水, 从水; 廌, 所以觸不直者; 去之, 从去.)" 이 해석은 '법(灋)'자가 '법률(法律)'과 '형법(刑法)'의 '법(法)'자가 같은 글자 관계임을 분명하게 인정했다. 지금까지의 사전 및 자전(고문자 사전류 도구서 포함)들도 모두 이를 인정했다. 상승조(商承祚)는 「설문 속의 고문체에 대한 고찰(說文中之古文考)」에서 이렇게 말했다. "법(灋)과 법(法) 두 글자 중, 전자는 주(周)나라 초기 때의 것이고, 후자는 주(周)나라 후기 때의 것이다. 한(漢)나라 때부터 서로 통용되었다." 또 다른 수정된 의견도 있다. 즉

‘법(灋)’자의 ‘거(去)’는 ‘합(盍)’의 초기 문자로, 오가다는 뜻의 ‘거(去)’와 같은 글자가 아니며, ‘법(灋)’자에서 소리부로 기능하였다는 것이다.[1] 이렇게 본다면 ‘법(灋)’자에서 ‘수(水)’와 ‘치(廌)’만이 표의 편방으로 쓰였다 하겠다.

그럼 ‘치(廌)’는 무엇을 말하는가? 『설문』에 의하면, “해치(解廌)를 말하는데, 짐승의 일종이다. 야생소와 비슷하며, 뿔이 하나 있다. 고대에 송사를 결정할 때, [해치로 하여금] 곧지 않은 쪽을 들이받게 했다.(解廌, 獸也, 似山牛, 一角, 古者決訟, 令觸不直.)”라고 했다. 이 설명에 대해 단옥재(段玉裁)는 『설문해자주(說文解字注)』에서 다시 다음처럼 상세히 해석했다. “『신이경』에 이르기를, ‘동북쪽 황무지에 어떤 짐승이 살고 있다. 사람들이 다투는 것을 보면 곧지 않은 쪽을 들이받고, 사람들의 논쟁을 들으면 올바르지 않은 쪽을 물어뜯는데, 해치(獬豸)라 불렀다.’라고 한다. 또 『논형』에서 이르기를, ‘해치는 뿔이 하나인 양으로, 죄를 알아보는 본성을 가졌다. 고요(皐陶)가 재판을 할 때, 양에게 죄가 있는 자를 들이받게 했다.’라고 했다.(『神異經』曰: ‘東北荒中有獸, 見人鬥則觸不直, 聞人論則咋不正, 名曰獬豸’, 『論衡』曰: ‘獬豸者, 一角之羊, 性識有罪, 皐陶治獄, 有罪者令羊觸之.’)”

이상을 종합하면, 전승 문헌에 실린 ‘법(法)’자에 대한 해독정보를 다음과 같이 요약할 수 있다. 중국의 경우, 고요(皐陶)가 재판관(理官)이었던 순(舜) 임금 시절에는 ‘신판(神判)’으로 법을 집행하는 역사와 관념이 존재했었다. 당시의 중국에서 신판의 구체적 방식은 ‘치(廌)’ 또는 ‘해치(獬豸)’라 불리는 신수(神獸)를 데려와 죄와 무죄의 식별을 진행했다. 그리고 이러한 관념의식이 바로 ‘법

---

[1] 황덕관(黃德寬) 주편(主編), 『고문자보계소증(古文字譜系疏證)』, 북경: 상무인서관, 2007년, 3980쪽.

(灋)'자의 창조 의도이자 근원이다.

그러나 출토 고문자의 '법(灋)'자에 대한 해독이 제공하는 정보는 위의 인식과 매우 큰 차이를 보인다.

첫째, '법(灋)'자의 본래의미는 '법'이 아닌 것 같다. 가장 직접적인 이유는, 그것이 가장 먼저 출현한 금문에서 '법(灋)'은 모두 '폐(廢: 폐기하다)'로 사용되었기 때문이다. 즉, 다음과 같이 '훼기(毁棄)', '패괴(敗壞)' 등의 의미를 표현했다.

① 왕께서 한 번 쏘셨고, 왕을 도와 세 번 쏘았는데, 모두 화살을 폐기하지 않았다.(王一射, 奴射三, 率亡(無)灋(廢)矢.) ―「작책반동원('乍冊般銅黿)」[2]

② 경건하게 밤낮으로 내 몸을 바르게 하여, 내 명을 폐기하지 않게 하리라.(敬乃夙(夙)夜用嬖(屛)朕身, 勿灋(廢)朕命.) ―「역종(逆鐘)」

③ 밤낮으로 일하여 사용하고, 내 명령을 폐기하지 말라.(用夙(夙)夜事, 勿灋(廢)朕令.) ―「백신정(伯晨鼎)」

④ 경건하게 밤낮으로 일을 사용하고, 내 명령을 폐기하지 말라.(敬夙(夙)夜用事, 勿灋(廢)朕令.) ―「대극정(大克鼎)」

⑤ 이제 저는 그 광채를 폐기하지 않겠습니다.(今余弗叚…灋(廢)其觀光.) ―「융생편종(戎生編鐘)(3)」

⑥ 저는 감히 명령을 폐기하지 않겠습니다.(余弗敢灋(廢)乃命) ―「숙이종(叔夷鐘)」

이상 금문에 보이는 '법(灋)'의 용례는 은상(殷商)에서 춘추(春秋)까지(주로 서주에 집중됨)의 것으로, '법(灋)'자가 나타난 초기시기를 포괄하고 있다. 그런데

---

2) [역주] 이학근(李學勤)은 찬(奴)을 찬(贊)으로 보고 '돕다', '보좌하다'는 뜻으로 해석했다. 먼저 말한 왕사(王射)에 이어 찬사(贊射)를 말하였으니, 왕을 보좌하여 쏜 것으로 말한다고 했다. 「작책반동원고석(作冊般銅黿考釋)」, 『중국역사문물(中國歷史文物)』 2005-01, 4쪽.

놀랍게도 모두 '폐기하다(廢)'는 의미로 쓰였으며 '법(法)'을 의미하지 않았다. 게다가 서주 금문 속의 '법(灋)'은 '대(大: 크다)'는 뜻을 나타내기도 했다.

예컨대, 「대우정」에서 '법(灋)'자는 두 가지 용법으로 쓰였는데, 하나는 '법보선왕(灋保先王)', 즉 '대보선왕(大保先王: 선왕을 크게 보호하고)'의 '크다'는 의미이고, 다른 하나는 '물법짐령(勿灋朕令)'으로 '물폐짐령(勿廢朕令)', 즉 '짐의 명령을 폐기하지 말라'는 뜻의 '법'이다. 그러나 '법(灋)'에 든 '대(大)'라는 의미 역시 '법(灋)'이 나타내는 '폐(廢)'의 의미의 하나이다. 예를 들어, 『시경·소아·사월(四月)』에서 "잔학함이 커도, 그 허물을 알지 못하네.(廢為殘賊, 莫知其尤.)"라고 하였는데, 『모시고훈전(毛詩詁訓傳)』에서 "폐(廢)는 크다는 뜻이다(大也)"라고 주석하였다. 이를 통해 서주 금문에서의 '법(灋)'자에는 '폐(廢: 폐기하다)' 외에는 다른 의미가 없었음을 알 수 있는데, 이는 분명 『설문(說文)』에서의 '법(灋)'자 해석에 의문을 제기하게 만든다.

이 문제를 해석하기 위해 송나라 때의 금석학자 설상공(薛尙功)은 '법(法)'과 '폐(廢)' 간의 의미적 연관성을 다음처럼 설명하려 했다. "청동기 명문에서 '폐(廢)'는 모두 법(法)'자를 사용하고 있는데, 법이라는 것은 때로 폐기되기 때문이다. 고대인들이 [법(法)을] 폐(廢)자와 통용한 것은, 마치 다스림(治)과 혼란(亂)을 '란(亂)'으로 표현한 것과 같은 이치이다.(金銘'廢'皆用法字, 蓋法有時而廢, 于古人通作廢字, 猶治亂謂之亂也.)"[3] 그러나 이 설명은 억지스러워 사람들의 인정을 받지 못했고, 이 때문에 후대의 고문자 연구자들은 이를 한결같이 '가차(假借)'라고 주장해 왔다.

---

3) 『역대종정의기관식법첩(歷代鐘鼎彝器款識法帖)』 권14 「'방돈(尨敦)'의 해석」, 『고문자고림(古文字詁林)』 제8책, 상해: 상해교육출판사, 2003년, 510쪽에서 재인용.

  예컨대, 오식분(吳式芬)은 「호돈(虎敦)」(저자 주: 즉 「사호궤(師虎簋)」)을 해석하면서 이렇게 말했다. "허인림이 말하기를, 법(灋)은 법(法)의 고자이다. 이는 폐(廢)자로 가차되었다.(許印林說灋古法字, 此借作廢.)"(『군고록금문(攈古錄金文)』 권3의 2) 또 다카다 다다치카(高田忠周, Tadachika Takada, 1861~1946)도 이렇게 말했다. "고대에 법(法)을 폐(廢)의 의미로 사용한 전음통용(轉音通用)에 의한 것이다."(『고주편(古籒篇)』 권91) 그리고 곽말약(郭沫若)은 「대우정(大盂鼎)」을 해석하면서 "문장 속의 두 법(灋)자는 모두 폐(廢)로 읽히나, 의미는 다르다. 앞의 '법보선왕(灋保先王)'은 '대보선왕(大保先王)'이고, 뒤의 '물법짐령(勿灋朕令)'은 바로 '물폐짐령(勿廢朕命)'이다."라고 했다.(『양주금문사대계도록고석(兩周金文辭大系圖錄考釋)』)

  가차설의 전제는 먼저 '법(灋)'의 본래 의미가 '법(法)'임을 인정하는 것이다. 그런데 '법(灋)'의 초기 출현 과정에서 '법'이라는 본래의미가 사용되지 않았다. 물론 자료 발견의 한계 때문에 그런 용법이 확인되지 않았기 때문이라고 해석할 수도 있다. 그러나 어떤 이유로도 제거할 수 없는 또 다른 장애물이 있다. 은상 갑골문, 금문, 서주 춘추의 금문 등 출토 문헌 자료 어디에서도 '법(法)'이라는 글자의 출현을 볼 수 없다는 점이다. '법(灋)'과 동시대의 청동기 명문 중에서 '법(法)'이라는 개념을 표현할 때는 일반적으로 다음처럼 '정(井)'자를 사용했는데, 이는 '형(型)'이나 '형(刑)'의 뜻이다.

① 역(曆)이…처음으로 원덕(元德)을 대하니, 효(孝)와 우(友)를 법칙으로 삼았다.(曆(曆)肇(肇)對元值(德), 考(孝)督(友)隹(唯)井(型). ─「구방정(区方鼎)」
② 책(冊)을 만들어 봉하고, 법(刑)을 본받아 밝은 덕을 받잡는다.(乍(作)冊耞

(封)異(式)井(刑)秉朙(明)德. ―「작책봉력(作冊封鬲)」
③ 너는 선왕이 만든 밝은 법(刑)을 따르지 않을까 두렵다.(女(汝)毋(毌)弗帥
　用先王乍(作)朙(明)井(刑)). ―「모공정(毛公鼎)」

'효우유형(孝友隹型)'은 바로 효(孝)와 우애(友)를 '법칙'으로 삼는다는 의미이
고, '식형(式刑)'은 본받고 법을 따른다는 의미이다. 동사로 사용된 '법(法)'은
'정(井)'을 단독으로 사용한 외에도 '솔형(帥刑)'이라는 단어를 많이 사용했다.

① 망(盟)이 처음으로 선조들의(皇考)의 법(型)을 따랐습니다.(盟肇(肇)帥井(型)
　皇考.) ―「사망정(師盟鼎)」
② 소자(小子)가 처음으로 우리 조상들의 아름다운 덕을 본받고자 합니다.
　(余孚(小子)肇(肇)帥井(型)朕皇且(祖)考憨(懿)德). ―「선백오생종(單伯吳生鐘)」

문자는 본래 언어를 기록하기 위해 생겨난 것이다. 기록될 언어 단위가 없는
데, 어떻게 이 단어를 본래의미로 삼는 문자가 나타날 수 있겠는가?
　『주서(周書)·여형(呂刑)』이나 『주역·몽괘(蒙卦)』 등 서주 때의 전승 문헌에
'법(法)'이라는 단어가 등장하기는 하지만, 그들이 대표하는 실제 시기에 대해
서는 연구가 더 필요하다. 주지하다시피, 전국시대 이후 사람들은 이전 문헌을
전사하는 과정에서 일부 수정을 가하여 후대의 인식 내용을 섞어 넣곤 했다.
따라서 한어나 한자 발전사에서 일부 글자와 단어의 출현 시기에 대해서는 출
토 문헌이 더 신뢰할 수 있는 근거가 된다. 물론, 이것에도 전제가 있다. 즉,
관련 출토 문헌 내용의 언어 환경이 이런 글자와 단어가 출현할 필연성을 갖추
고 있어야 한다는 것이다. 분명히, 위에서 인용했듯이 서주와 춘추 때의 금문

은 완전히 이러한 언어 환경 조건을 갖추고 있다. 서주 금문은 약 10만 자에 이르고, 춘추 금문은 약 4만 자에 이른다. 만약 여기에 정말로 '법(法)'이라는 단어가 있었다면, 어떻게 한 번도 나타나지 않을 수 있겠는가?

'법(灋)'이 '법(法)'의 의미로 사용된 것은 전국(戰國)시대 출토 문헌에서 처음으로 보인다.

> 다섯 가지 잔학한 형법을 만들어 법(灋)이라 했다.(唯作五虐刑曰灋.) — 곽점(郭店) 초간(楚簡) 「치의(緇衣)」 제27간

명사로서의 '법(法)'의 이런 동사적 용법인 '본받다(效法)'의 의미도 전국시대 명문에서 처음으로 나타난다.

> 본받을 만하고 높일 만하니, 상제(上帝)께 제사를 올린다.(可灋可尙, 㠯(以)卿(饗)上帝.) — 「중산왕착방호(中山王嚳方壺)」

이런 후기의미를 두고 '법(灋)'의 본래의미라고 해석하는 것은 문제가 있음이 분명하다. 그러나 한 글자의 초기의미를 본래의미로 인정하는 것 역시 형태와 의미 사이의 논리적 연관성을 증명해야 한다. 그렇다면 '폐(廢)'의 의미와 '법(灋)'의 글자창제 의도 사이에는 합리적인 내재적 연관성이 존재하는 것인가? 이에 대한 답은 긍정적이어야만 한다.

2. '경(慶)'으로 본 '치(廌)'

　서주와 춘추 시대의 금문에는 '치(廌)'를 표의 편방으로 하는 글자인 '경(慶)' 자도 보인다.

　『설문』은 소전(小篆)체에 근거하여 '경(慶)'자가 '록(鹿)'으로 구성되었다고 해석했지만, 금문 자형으로 볼 때 '경(慶)'자가 '치(廌)'와 '심(心)'으로 구성됐다는 것은 의심할 여지가 없다. 학자들은 이를 두고 "해치의 마음이 정직하고 선하며 아름다움을 의미하기 때문이다(廌心正直善美之意)."라고 해석한다.4) 그러나 서주와 춘추 금문의 용례로 볼 때, '경(慶)'은 인명으로 사용된 것 외에도 '성공'이나 '성취'의 의미를 표현했다. 예컨대, 「6년소백호궤(六年召伯虎簋)」에서는 "여고경(余告慶)"이라는 말이 나온다. '고경(告慶)'이란 무엇인가? 『국어·주어(周語)(중)』에서 "진(晉)나라가 초(楚)나라를 언(鄢)에서 이긴 후, 극(郤)을 시켜 주(周)나라에 성공 소식을 알리게 했다.(晉旣克楚于鄢, 使郤至告慶于周.)"라고 한 것처럼, '고경(告慶)'은 즉 '성공 소식을 알리다'는 뜻이다.

　또 「채후뉴종(蔡侯紐鍾)」에 "휴유성경(休有成慶)"이라는 말이 있는데, 이 명문에서 '성(成)'과 '경(慶)'은 같은 의미로 연결되어 있다. 그런가 하면 「기백자

---

4) 황덕관(黃德寬) 주편(主編), 『고문자보계소증(古文字譜系疏證)』, 북경: 상무인서관, 2007년, 1793쪽.

임보수(紀伯子妊父盨)」에서는 "경기이장(慶甘(其)弖(以)臧(臧))"이라 했는데, '경기이장(慶其以臧)'은 즉 '그 아름다움을 성취하다'는 의미이다.

'성공'이나 '성취'를 의미하는 '경(慶)'과 '폐(廢)'(즉 망가뜨림, 폐기함)를 의미하는 '법(灋)'은 의심할 여지없이 의미적으로 반대되는 연관성을 가지고 있다. 그리고 그러한 표의 편방이 모두 '치(廌)'에 의해 담당된 것은 자연스럽게 글자창조 사고의 논리에 부합한다. 구체적으로 말하자면, '경(慶)'이나 '성(成)' 등 아름다운 것을 상징할 수 있는 동물인 '치(廌)'를 물속에 빠트리는 것은 바로 '폐(廢: 폐기하다)'의 의미를 표현하기에 적합해 보인다.

갑골문에서는 '침(沉)'자가 다음처럼 표현되었다.

이들 글자는 각각 '수(水)'와 '우(牛)' 또는 '양(羊)' 또는 '뢰(牢)'로 구성되어, 소나 양 등 제물을 물속에 빠트리는 것을 나타냈다. 이러한 조자 방식은 분명 '법(灋)'자와 유사하다. '법(灋)'의 자형에서도 '거(去)'자 없이 단지 '수(水)'와 '치(廌)'로만 구성된 것도 적지 않다. 다음을 보자.

사책반동원('乍冊 般銅黿)

준궤(畯簋)

백신정(伯晨鼎)

녹궤(親簋)

　제사용 희생물로서 '침(沉)'이라는 방식을 사용한 목적은 제사를 받는 신령이 제물을 향유하도록 하는 데에 있었다. 따라서 신에게 바칠 제물은 항상 파괴적인 처리가 필요했는데, 이는 다른 제사 방법인 '蚑(🜲)'(도끼로 뱀을 내리쳐 죽이는 형상) 및 '감(坎)(🜲)'(소의 머리를 거꾸로 하여 구덩이에 묻음) 등과도 그 창제 의도가 같다. 다만 '치(廌)'는 글자창제 의도 측면에서 성공이나 성취를 상징할 수 있는 동물이었기에 이를 그대로 물속에 던져 '폐기함(廢)'을 표현한 것은 당시 '법(灋)'자의 글자창제 사고에 논리적으로 더욱 부합한다.

　'치(廌)'가 서주 금문의 '경(慶)'자의 글자창제 의도에서 표현하는 의미와 허신이 해석한 '법(灋)'자에서의 의미는 분명히 차이를 보인다. 전자는 '성공'이나 '길경(吉慶)'을 표현했고, 후자는 '치(廌)'가 신판(神判)이라는 특이한 기능을 가진다고 했다. 우리가 '법(灋)'자 속의 '치(廌)'가 '경(慶)'자 속의 '치(廌)'와 의미 표현이 비슷하다고 보는 또 다른 이유는 소위 '성식유죄(性識有罪: 타고난 성질로 죄를 안다)라는 것이 '치(廌)'자의 글자창제 의도 속에 존재하지 않기 때문이다.

　『논형(論衡)』에 따르면 '치(廌)'의 '성식유죄'라는 특이한 기능은 일찍이 고요(皋陶)가 재판을 담당할 때부터 사람들에게 알려졌다고 한다. 만약 이것이 사실이라면, 은상 문자에서부터 그 존재를 보였어야 할 것이다. 하지만 실제로는 그런 흔적을 찾을 수 없다. 갑골문에는 '치(廌)'가 이미 여러 번 보인다.

　자형을 보면, 뿔이 둘 있는 동물로 묘사했으며, "야생 소와 비슷한 형태"이다.[5]

‘치(鷹)’는 복사에서 단독으로 나타날 때는 다음처럼 대부분 제물로 사용되었다.

① ‘어’제사에 해치를 바치고, ‘병’께 개 한 마리를, ‘정’께 돼지 한 마리를
바칠까요?(卲鷹, 丙鼎犬, 丁豚)(『屯南附』 1)

② 신묘일 점을 칩니다. ‘자준’에게 ‘의’제사를 드리는데, 검푸른 해치(鷹)를
사용할까요?(辛卯卜: 子隣宜, 叀…幽鷹用)(『화동』 198)[6]

③ 을해일, 조을(祖乙)께 ‘희생용 소(牢)’와 ‘검푸른 해치(鷹)’, 흰 돼지, 울창
주 두 주전자를 바칠까요?(乙亥: 歲祖乙牢·幽鷹, 白豭, 祼二鬯.)(『화동』 237)

비록 ‘치(鷹)’가 복사에서 단독으로 나타나 제물로 사용될 때는 ‘견(犬: 개)’,
‘시(豕: 돼지)’, ‘뢰(牢: 희생용 소)’, ‘가(豭: 수돼지)’ 등 일반 제물과 크게 다르지
않았지만, 표의 편방으로 사용될 때는 ‘치(鷹)’가 은나라 사람들의 제물로서 가
진 특수성을 보여준다. 갑골문에는 또 ‘기(羈)’자가 존재한다.

이는 복사에서 다음처럼 제물을 바치거나 제의에 사용되었다.

① 배를 가른 기(羈) 다섯 마리를……소를……왕께서 받아드릴까요?(五羈卯,
叀…牛王受又)(『합집』 28154)

---

5) 황덕관(黃德寬) 주편(主編), 『고문자보계소증(古文字譜系疏證)』, 북경: 상무인서관, 2007년,
2046쪽.
6) [역주] 『갑골문자전(甲骨文字典)』에 의하면, ‘유(幽)’는 ‘유(黝)’로 해석되어 검푸름을 말한다.

② 경진일에 점을 칩니다. '건'이 물어봅니다. 기(羈) 다섯 마리를 먼저 '주' 제사에 쓸까요?(庚辰卜, 犾, 貞叀…五羈先酌.)(『합집』 28155)

글자를 보면, 멱(糸: 실)과 책(冊: 책)과 치(廌: 해치)로 구성되었는데, 멱(糸)과 책(冊)은 곧 '편(編)'자로, 구속의 의미가 있으며, 구속의 대상은 다른 제물이 아닌 해치(廌)였다.

갑골문에 '기(羈)'와 유사한 글자로 '천(薦)'자가 있다.

복사에서 '천(薦)'자의 용례 역시 다음처럼 모두 제사와 관련이 있다.

① 병진일에 점을 쳐 물어 봅니다. 왕께서 '반'제사를 외병(外丙)에게 드리면서 해치의 머리를 희생으로 올리면, 재앙이 없을까요?.(丙辰卜, 貞王宾外丙薦, 亡摃.)(『합집』 35554)
② 갑술일에 점을 쳐 물었다. 왕께서 '반'제사를 조갑(祖甲)에게 드리면서 해치의 머리를 희생으로 올리면, 재앙이 없을까요?(甲戌卜, 貞王宾祖甲薦, 亡摃.)(『합집』 35905)

이들 복사에서 '천(薦)'의 의미는 '희생의 머리를 제사에 올리다는 뜻을 나타내는 전문 명사'이며, 여기서 '희생의 머리'가 대표하는 것은 해치(廌)의 머리일 뿐이다.

갑골문에는 또 다른 '치(廌)'자들이 있는데, 모두 전문 명사로 쓰였다. 예컨대, '薦(𤉡)'는 지명이고, '𪊨(𤉢 𤉣)'도 지명이며, '𪋿(𤉤)'는 씨족이나 인명으로 사용되었다. 주목할 만한 것은 경(慶: 𩁹 𧙧)도 지명으로만 사용되었다는 점이다.

위의 갑골문자들을 종합해보면, '치(鳥)'는 일종의 동물로, 은나라 사람들이 제물로 사용했다. 소, 양, 개, 돼지 등 일반 제물과 차이가 있다면, 일부 제사에서 일반 제물의 대표가 될 수 있었다는 점이다. 그러나 그것이 '성식유죄'이라는 신비한 기능을 가졌다는 증거가 될 수는 없다. 따라서 금문 '법(灋)'자에 든 '치(鳥)'가 '성식유죄'를 가진 신수(神獸)'라고 인정하고, 나아가 '법(灋)'의 본래 의미가 '법'이라고 주장하는 것은 근거가 없다.

문헌 기록을 검토해보면, 『설문』의 '법(灋)'자 해석에 나오는 신수로서의 '해치(獬豸)' 관념은 후세에 형성된 것으로 보인다. '치(鳥)'가 신수라는 설은 한나라 양부(楊孚)의 『신이지(神異志)』에서 처음 보인다. 전국시대 문헌에는 양을 사용하여 범죄자를 식별했다는 기록이 나타나는데, 『묵자·명귀(明鬼)(하)』 제31장에서 이렇게 기록했다.

> "옛날에 제(齊)나라 장군(莊君)의 신하 중에 왕리국(王里國)과 중리요(中里徼)라는 자가 있었다. 이 두 사람이 송사를 3년 동안 벌였지만 판결이 나지 않았다. 제(齊)나라 군주는 이 둘을 다 죽이려 했으나, 무고한 자가 있을까 두려웠다. 또 둘 다 풀어주자니 범죄자가 있을까 두려웠다. 그래서 두 사람에게 양 한 마리를 주고, 제(齊)나라의 신사(神社)에서 맹세하게 했다. 두 사람이 그렇게 하겠다고 했다. 이에 물을 흘려 양의 피를 뿌렸다. 왕리국의 말을 다 읽었다. 다시 중리요의 말을 읽었는데, 채 절반도 읽지 않았지만 양이 일어나 그를 들이받고 그의 다리를 부러뜨려버렸다."
>
> (昔者齊庄君之臣, 有所謂王里國·中里徼者, 此二子者, 訟三年而獄不斷, 齊君欲兼殺之, 恐不辜; 欲兼釋之, 恐失有罪, 乃使二人共一羊, 盟齊之神社, 二子許諾, 于是泏洫, 羊而洒其血, 讀王里國之辭既已終矣, 讀中里徼之辭未半也, 羊起而触之, 折其脚.)

　　이 기록은 분명히 '치(薦)'의 '성식유죄' 전설과 관련이 있지만, 전국시대에는 이러한 신수가 아직 '치(薦)'로 확정되지 않았음을 보여준다.

　　이로 볼 때, '법(瀍)'자는 문화 관념의 변화에 따라 해석 측면에서 '이치근거가 재구성(理據重構)' 된 글자라 하겠다. '법(瀍)'자는 처음에는 단지 '폐(廢)'의 본래글자에 지나지 않았으나, '신판' 관념의 출현으로 '치(薦)'라는 뿔 달린 짐승에게 '성식유죄'라는 신비한 성질이 부여되었고, '법(瀍)'의 글자창제 의도도 '형법(刑法)'의 '법(法)'이라는 본래의미로 새롭게 해석되었다. 이로써 우리는 중국 '법(法)' 문화 관념의 원류에 대해 역사적 사실에 더 부합하는 새로운 인식을 얻을 수 있게 되었다.

제2절 '망(网)'과 '법(法)'의 기묘한 인연

1. '죄(罪)'로 '죄(辠)'자를 대신한 사유 논리

『사기·은본기(殷本紀)』에 다음과 같은 기록이 있다. "상나라 탕(湯) 임금이 한번은 사냥을 나갔는데, 부하들이 사방으로 그물을 펼쳐놓고 '상하 사방의 짐승들이 모두 그물 속으로 들어오기'를 기도했다. 탕 임금이 영을 내려 세 방향의 그물을 치우고 한쪽만 남겨놓게 했다. 그리고 이렇게 기도했다. 짐승들이여, 도망을 원하면 도망가고, 도망가기 싫으면 그물 속으로 들어오라." 이것이 바로 '망개삼면(網開三面, wǎng kāi sān miàn)'이라는 성어의 유래이다. 물론 탕 임금의 이러한 운영은 그 정치적 목적이 있었다. 세 방향의 그물을 열어놓았다는 소식이 퍼져 나간 후, 모든 제후들이 그의 인덕이 짐승에게도 미쳤으니 제후들에게까지도 미칠 것이라고 칭찬했으며, 그래서 앞을 다투어 연맹에 참여했다. 그러나 이 고사성에서 우리는 당시 사람들의 관념 속에서 '망(網)'이 갖는 특성, 즉 모든 사냥감을 다 잡을 수 있다는 생각을 엿볼 수 있다.

'그물(网)'로 '법(法)'을 비유하는 것은 중국인 언어 습관의 하나이다. 예컨대, "천망(天網)은 넓고 성글지만 놓치는 것이 없다(天網恢恢疏而不漏)"(노자『도덕경』 제73장)라는 말은 악행을 한 사람은 법의 처벌을 피할 수 없다는 의미이다. 그래서 이 말은 후에 "법망(法網)은 넓고 성글지만 놓치는 것이 없다"는 의미로 통용되었다. 또 "옛날에는 천하의 그물이 촘촘했지만, 간사함과 거짓이 싹

텄다.(昔天下之網嘗密矣,　然奸僞萌起.)”(『사기·혹리열전(酷吏列傳)·서(序)』)에서　말한 ‘천하의 그물’은 즉 나라의 형법을 가리킨다. 또 “법망이 촘촘하고 엄격하여, 범죄자에는 용서가 없었다.(制峻網密,　有犯無赦.)”(갈홍(葛洪), 『포박자(抱樸子)·힐포(詰鮑)』)에서 말한 ‘망밀(網密)’은 형법의 엄격함을 의미한다. 이런 언어 습관의 유래를 추적하자면 한 권의 책을 쓸 수도 있겠지만, 아래에서는 흥미로운 예 한 가지만 살펴보겠다.

한자 발전사에서 ‘죄(罪)’자는 독특한 경험을 가진 글자이다. 『설문』에서 이렇게 말했다. “죄(罪)는 물고기를 잡는 대나무 그물을 말한다. 망(网)과 비(非)가 모두 의미부이다. 진(秦)나라 때에는 죄(罪)로써 죄(辠)자를 대신했다.(罪: 捕魚竹网, 从网·非, 秦以罪爲辠字.)” 단옥재는 『설문해자주』에서 이에 대해 “물고기를 잡는 대나무 그물이다”라는 말 다음에 “대나무(竹)는 쓸데없이 더해진 말이다”라고 하면서 “망(网)과 비(非)가 모두 의미부이다”를 “망(网)이 의미부이고 비(非)가 소리부이다”로 수정하고서, “성(聲: 소리부)자는 원래 없었는데, 지금 보충한다. 본래 형성자(形聲字)인데, 시황제가 회의자(會意字)로 바꾼 것이다.”라고 했다. 그리고 “진(秦)나라는 죄(罪)자로 죄(辠)자를 대신했다”라는 말의 다음에서 단옥재는 『문자음의(文字音義)』를 인용하여 “시황제가 ‘죄(辠)’자가 ‘황(皇)’자와 비슷하다고 여겨, ‘죄(罪)’자로 바꿨다.”라고 풀이했다.

위의 내용은 언뜻 보기에 한자 발전사의 조그만 사건에 불과해 보이지만, 실제로 이 변경의 결과는 단지 한 글자의 사용 규범에 영향을 미치는 데 그치지 않았고, 문자 체계와 어휘 체계에 일종의 나비효과를 일으켰다. 이러한 효과의 발생 원인은 위 내용에서 이미 실마리를 엿볼 수 있으니, 아래에서 약간의 해설을 해보고자 한다.

　먼저 파헤쳐야 할 것은, ‘죄(罪)’자를 ‘죄(辠)’자로 대체하는 일에서 진시황이 실제로 이를 어떻게 생각했던가 하는 것이다. 단순히 “죄(辠)자가 황(皇)자와 비슷하다”는 이유로 아무렇게나 동음자를 선택했던 것일까? 그렇게 단순하지는 않았을 것이다. 주지하다시피, 진시황은 문자에 매우 진지한 태도를 보인 황제였는데, ‘서동문자(書同文字)’와 ‘분서갱유(焚書坑儒)’가 모두 이를 증명한다. 물론, “죄(辠)자가 황(皇)자와 비슷하다”는 것을 용납하지 못한 것도 이 황제가 문자 문제에 있어 조그만 흠결도 용납하지 않았음을 충분히 보여줄 수 있다. 이러한 관점에서 보면, 이 저주받은 ‘죄(辠)’를 어떤 글자로 대체할지에 대해 시황제도 제멋대로 결정하지는 않았을 것이다. 단옥재의 설명에 따르면, ‘죄(罪)’는 본래 형성자였는데, 진시황이 이를 회의자로 바꿨다고 한다. 이것으로 보아 진시황은 분명히 깊이 고민한 끝에 ‘죄(罪)’의 글자창제 의도를 파악하고 나서야 ‘죄(罪)’를 ‘죄(辠)’의 대체자로 선택했을 것이다.

　그렇다면 왜 이런 선택을 했던 것일까? 이는 물론 ‘죄(罪)’의 본래 의미에서 논의를 시작해야 할 것이다.

　단옥재는 ‘죄(罪)’자의 구성 근거를 본래 “망(网)이 의미부이고 비(非)가 소리부이다”라고 분석했는데, 이는 정확한 해석이다. 그렇다면 ‘죄(罪)’는 원래『설문』에서 말한 ‘대 그물(竹網)(단옥재의『주』에서는 ‘죽(竹)’이 잘못 추가된 글자라고 보았다)에 한정되지는 않았을 것이며, 선택한 이유는 독음이 유사하다는 것 외에도 글자의 의미(字義)와 관계가 있었을 것이다. 그렇지 않다면 진시황은 굳이 이를 ‘망(网)’과 ‘비(非)’의 구조로 바꿀 필요가 없었을 것이다.『설문』에서는 “비(非)를 거스르다는 뜻이다(違也)”라고 해석했는데, 이는 ‘위배하다’의 의미이다. 준칙에 부합하지 않는 것은 모두 ‘위(違)’라고 할 수 있다. 그렇다면 회의구조에서의 '망(网)'은 진시황의 마음속에서 '위(違)'와 정반대되는 것, 또는 '위(違)'에 대해 '제압', '통제', '구속' 등의 의미를 가진 것이어야 했을 것이다. '망(网)'자의 더 이른 역사를 살펴보면, 진시황의 이러한 인식이 어디서 왔는지 이해할 수 있을 것이다.

2. 망(网=網)의 최초 의미: 적을 제압하는 최고 보물

갑골문에서 '망(网)'자는 자주 보이는데, 예외 없이 모두 '그물로 짐승을 잡다'는 의미를 표현했다.

> ① 경술일에 점을 쳐 물어 봅니다. 순(盾)이 그물로 꿩을 잡아 열다섯 마리를 얻을 수 있을까요?(庚戌卜, 盾隻网雉, 隻十五.)
> ② 경술일에 점을 쳐 물어 봅니다. 미(枼)가 그물로 꿩을 잡아 여덟 마리를 얻을 수 있을까요?(庚戌卜, 枼隻网雉, 隻八.)
> ③ 갑인일에 점을 쳐 물어 봅니다. 명(鳴)으로 하여금 그물로 꿩을 잡았게 하면, 얻을 수 있을까요? 병진일에 봉황이 나타나 다섯 마리를 얻었다. (甲寅卜, 乎鳴网雉, 隻. 丙辰鳳, 隻五.)(『합집』 10514)

이상은 '망치(网雉)', 즉 그물로 꿩을 잡은 것에 관한 기록이다.

> ① 임술일에 점을 칩니다. '각'이 물어봅니다. '견'이 '농' 땅의 사슴을 그물로 잡을 수 있을까요?(壬戌卜, 殼, 貞取犬乎网鹿于簑.)
> ② 임술일에 점을 칩니다. '각'이 물어봅니다. '다견'이 '농' 땅의 사슴을 그물로 잡을 수 있을까요? 8월이었다.(壬戌卜, 殼, 貞乎多犬网鹿于簑, 八月.) (『합집』 10976)

이상은 '망록(网鹿)', 즉 그물로 사슴을 잡는 것에 관한 기록이다. '망(网)'의 이러한 의미는 갑골문의 여러 자형에서 직관적으로 나타난다.

위에서 언급한 자형을 보면, 첫 번째는 새를 잡는 것이고, 두 번째는 토끼를 잡는 것이며, 세 번째는 물고기를 잡는 것이고, 네 번째는 사슴을 잡는 것이며, 다섯 번째는 호랑이를 잡는 것이고, 여섯 번째는 곰을 잡는 것이다.

사냥에 사용된 도구는 모두 '그물'이었다. 그물에 걸린 이러한 야생동물들은 어떤 것은 날며, 어떤 것은 달리고, 어떤 것은 헤엄치며, 어떤 것은 사나운 것들이다. 사냥의 대상이 된 이들은 각각 뛰어난 기술과 민첩함을 지니고 있어 모두 쉽지 않다. 그런데 일단 '그물'에만 걸리면 모두 쉽게 손에 잡힐 수밖에 없었다.

이로부터 알 수 있듯이, 글자의 어원(字源)에 담긴 글자창제 사유로 볼 때, '그물(網)'은 바로 금수를 제압하여 길들이는 큰 보물이다. 상고시대 인류의 생존 경쟁자로 주요 정복 대상이었던 짐승은 진시황과 같은 통치자에게는 자연히 주요 자신에게 생존 위협이 되는 법률에 위배되는 사람과 사건−즉 '비(非)' −에 비유될 수 있었을 것이고, 비(非)에 상응하는 '망(网)'은 자연히 '비(非)'의 대립적 측면의 '법(法)'에 비유할 수 있었다. 글자창제의 근거라는 측면에서 보면, '죄(罪)'자가 '망(网)'과 '비(非)'의 결합으로 해당 의미를 나타낸 것은 더할 나위 없이 적절하다. 주목할 만 한 점은, 진시황이 날려 보낸 이 나비가 당시는 물론 이후의 한자 변천 발전에서 일련의 연쇄적 반응을 일으켰다는 것이다.

‘망(网)’이라는 글자, 심지어 ‘망(网)’에서 의미를 얻은 일부 글자들에도 모두 의미상으로 이전과는 다른 내포가 생겨났다.

3. 진시황 글자 개조의 나비효과

‘파(罷)’자에 대해 『설문』은 이렇게 풀이했다. “죄 있는 자를 내보내다[용서하다]는 뜻이다. 망(网)과 능(能)이 모두 의미부이다. 재주가 있는 어진 사람이 그물[법망]에 걸렸으나 용서하여 내보낸다는 뜻이다. 『주례』에서 ‘재주 있는 자를 의논하여 용서한다’라고 했다.(遣有辠也, 从网·能, 言有賢能而入网, 而貫遣之, 『周禮』曰: ‘議能之辟’.)” 소위 “죄 있는 자를 보내는 것”이란 죄가 있는 사람을 풀어준다는 것이며, “현능한 사람이 법망에 걸렸지만 용서해 보내준다”는 것은 “죄 있는 자를 보내는 것”에 대한 보충 설명으로, 재주 있는 자가 법망에 들어갔지만 용서하여 풀어준다는 뜻이다. 인용된 『주례』의 “재주 있는 자를 의논하여 용서하다”는 것은 재주 있는 자에 관한 형법을 논의한다는 의미이다. ‘망(网)’과 능(能)’을 의미부라고 본 본래의미의 분석은 ‘망(网)’으로 ‘법’을 표현하고 ‘능(能)’으로 재주 있는 자를 풀이한 것이다. ‘파(罷)’자의 후대 통용 의미인 ‘파면(罷免)’의 의미는 『설문』의 이러한 해석과 완벽하게 일치한다.

그러나 ‘파(罷)’자의 원래 의미는 그렇지 않았다. 갑골문에 이미 ‘파(罷)’자가 등장한다. 위에서 본 여섯 번째 글자인 ‘망(网)’자 아래에 ‘곰(熊=能)’이 든 갑골 자형이 바로 그것이다. 복사에서의 용례를 보면 “재주 있는 자를 보내다”는 의미는 전혀 없고, 인명이나 지명으로만 사용되었다. 이 글자의 창제 의도는 곰(熊)이 그물에 갇혀 피곤함을 그렸다고 보아야 할 것이다. 『수호지진간(睡虎地秦簡)·법률답문(法律答問)』(133)의 “곰사등이가 관부를 지킨다(罷癃守官府)”

라고 했는데, ‘파강(罷癏)’은 허리가 굽고 등이 굽은 곱사등이를 가리키는데, 여기서 ‘파(罷)’자의 의미는 여전히 본래의미에서 확장된 파생의미이다.

　‘리(詈)’자에 대해『설문』은 이렇게 풀이했다. “욕하다는 뜻이다. 망(网)이 의미부이고 언(言)도 의미부이다. 죄 있는 자를 그물로 잡아들인다.(罵也, 从网从言, 网辠人.)” 여기서 “망죄인(網辠人)”이라는 구절에 대해 여러 학자들은 오류가 있다고 보았으며,『단주』에서는 아예 이를 삭제했다. 남을 욕하는 것은 법규에 부합하지 않는 행위이므로, ‘망(网)’과 언(言)’이 의미부인 회의자로 해석하는 것도 매우 이해하기 쉬운데, 여기서의 ‘망(网)’도 바로 ‘법망’을 표현한다. 그러나 이 역시 ‘리(詈)’자의 원초적 의미와는 다르다. ‘리(詈)’는 청화대학 소장 죽간「초거(楚居)」에서 처음으로 등장하는데, 그 용례는 “리유사방(詈由四方: 사방을 돌아다니며 놀고 즐기다)”이다. 해석자들은 이를 문맥에 근거해 ‘리유(詈由)’를 ‘역유(歷遊)’로 읽기도 했다. 더 나아가 일부 학자들은 고대 문헌의 언어 습관을 고려하여 이를 ‘반유(盤遊: 놀고 즐기다)’로 읽기도 했다. 즉『상서·오자지가(五子之歌)』에 “이에 [하(夏)나라 걸왕(桀王)이] 놀고 즐기기를 절도 없이 하여, 낙수(洛水) 너머에서 사냥을 하되, 백 일이 지나도 돌아오지 않았다.(乃盤遊無度, 畋於有洛之表, 十旬弗反.)”이라는 말이 있다. ‘리(詈)’에 든 ‘언(言)’은 그 독음이 의뉴(疑紐) 원부(元部)에, ‘반(盤)’은 병뉴(並紐) 원부(元部)에 속한다. ‘유(由)’와 ‘유(遊)’의 독음은 모두 유뉴(喩紐) 유부(幽部)에 속한다. 그래서 ‘리유(詈由)’는 ‘반유(盤遊)’로 읽을 수 있다. ‘반유(盤遊)’는 2음절어로, ‘유반(遊盤)’으로도 쓸 수 있다. 예를 들어,『문선(文選)·서정부(西征賦)』에서 “화려한 궁궐[紫極][7]의 한가한 삶에 싫증나, 오히려 소박한 행동[微行]으로 유유자적하며 놀고

---

7) [역주] 자극(紫極)은 황궁(皇宮) 또는 제왕의 거처를 상징하는 곳으로, 자미원(紫微垣)

싶구나.(厭紫極之閒敞, 甘微行以遊盤.)"라는 말이 있다. 이처럼 '력(歷)'으로 읽든 '반(盤)'으로 읽든, 모두 『설문』이 말하는 '욕설을 말한다(罵也)'는 것과는 전혀 관계가 없음은 분명하다.

또 '매(罵)'자에 대해 『설문』에서는 "욕을 하다는 뜻이다(罵也). 망(网)이 의미부이고 마(馬)가 소리부이다."라고 했다. 서개(徐鍇)의 『설문해자계전(說文解字繫傳)』에서는 "나쁜 말(惡言)로 덮치는 것을 '망지(網之)'라고 한다."라고 설명했다. 여기서 '망(网)'은 당연히 '법망'을 말한다. 그러나 이전의 '매(罵)'자 역시 "나쁜 말이 겹쳐 법망에 들다"는 의미와는 전혀 관계가 없다. '매(罵)'는 『후마맹서(侯馬盟書)(185:1)』에서 가장 먼저 보이는데, 그 용례는 "매몰□지신급기손손(罵沒□之身及兀(其)孫=(子孫))"이다. 보다시피, 이 시기의 '매(罵)'는 단지 인명으로 쓰였을 뿐이다. 문헌의 글자 사용으로 볼 때, '매(罵)'가 후세의 통용 의미('욕하다')로 출현한 것은 대체로 한나라 이후이다. 물론 『전국책(戰國策)』에 비록 '기거이매(箕踞以罵)(『연책삼(燕策三)』)[8]의 예문이 있지만, 학계에서는 대체로 『전국책』의 자료는 전국시대의 것이지만 그 책은 진(秦)나라 이후에 완성된 것으로 보고 있다. 그러므로 '매(罵)'자에 대해 "욕하다는 뜻이다(罵也)"라는 『설문』의 해석 역시 후세의 '화려한 변신'의 결과에 속한다.

과 관련되어 권위적 공간을 뜻한다. 이는 반악(潘岳, 247~300)의 시구로, 화려한 궁궐 생활에 싫증을 느끼고 소박한 유람을 즐기겠다는 뜻을 담은 내용이다.

8) [역주] 이는 "다리를 벌리고 앉아 [무례한 자세로] (진왕을) 욕하며 말했다"라는 뜻인데, 형가(荊軻)가 진왕(秦王)을 암살하려다 실패한 후의 마지막 순간을 묘사한 문장이다. 여기서 말한 '기거(箕踞)'는 다리를 벌리고 앉은 자세를 의미하며, 고대 중국에서 극도로 무례한 태도로 간주되었는데, 당시 예법(禮法)에 따르면, 진왕(秦王) 앞에서 공손하게 꿇어앉는 것이 기본예절이었으나, 형가는 패배를 인정하면서도 진왕에게 경멸을 표시하기 위해 일부러 이런 자세를 취했던 것이다.

‘망(网)’에서 온 여러 글자의 의미 변화와 ‘죄(罪)’자의 신분 전환은, 글자 의미의 연관성이든 시간상의 대응이든, 모두 그 관련성을 분명하게 볼 수 있다. 따라서 ‘죄(辠)’를 ‘죄(罪)’로 바꾼 진시황의 행위가 이 두 글자에만 영향을 미친 것이 아니라고 볼 합리적인 이유가 존재한다. ‘죄(罪)’의 본래의미는 ‘망(网)’이고, 표의 편방도 ‘망(网)’인데, 진시황이 그 구성 이유를 바꾼 것으로 보아, ‘망(网)’이라는 글자 부호와 ‘법(法)’이라는 개념을 연결한 것으로 볼 수 있다. 그래서 ‘망(网)’으로 구성된 많은 글자들도 자연스럽게 ‘법’과 관련되게 되게 되었다. 이러한 논리를 증명할 수 있는 자료로는 ‘망(网)’을 형태소로 하는 다음의 단어들이 존재한다. 즉 ‘법망(法網)’, ‘형망(刑網)’, ‘극망(極網)’, ‘헌망(憲網)’, ‘준망(峻網)’, ‘주망(周網)’ 등 이런 2음절어에서 ‘망(网)’은 모두 ‘법’과 동의어인데, 문헌에서의 용례를 보면 이들이 출현한 시대도 모두 진(秦)나라 이후였다.

이들 중, ‘극망(極網)’은 가장 무거운 형벌을 가리킨다. 『진서(陳書)·부재전론(傅縡傳論)』에서 이렇게 말했다. “소제(蕭濟)와 목경(睦琼)은 모두 재학(才學)으로 뛰어나 이름을 날렸다…… 부재(傅縡)는 총명하고 기민하여 특출한 인물이었으니, 한 시대의 뛰어난 영재들이었다. 그러나 (부재는) 도리를 따라 진퇴를 잘 조절하지 못하고, 결국 법망(法网)에 걸려들었으니, 슬프도다!”9)

‘헌망(憲網)’은 ‘법망’을 가리킨다. 『위서(魏書)·전익종전(田益宗傳)』의 상소문에 이런 기록이 있다. “만약 신의 죄가 증거가 있다면 법망(法網)에 따라 처벌받겠으나, 허위 고발이라면 오히려 고발한 자에게 죄가 돌아가야 할 것입니다.(若臣罪有狀, 分從憲網, 如挑符是謬, 坐宜有歸.)” 또 『남사(南史)·공림지전(孔琳之傳)』에

---

9) “蕭濟·睦琼, 俱以才學顯著……傅纖聰警特達. 幷一代之英靈矣. 然鐘不能循道進退, 遂寘極网, 悲夫!”

서도 이렇게 말했다. "삼대(三代)의 풍속이 순박하고 일이 간단하여 형벌을 범하는 일이 드물었다. 그러나 말기의 풍속은 교활하고 일은 많아져 헌망(憲網)에 자주 빠졌다.(夫三代風純而事簡, 故罕蹈刑辟; 季末俗巧而務殷, 故動陷憲網.)" 그리고 『송사(宋史)·형법지이(刑法志二)』에서도 이렇게 말했다. "요순시대에는 사흉(四凶)의 죄가 투찬(投竄: 귀양)에 그쳤고, 선왕(先王)이 형벌을 사용한 것도 부득이한 경우에 한정되었는데, 후대의 헌망(憲網)은 어찌 이리도 촘촘하단 말인가?(堯舜之時, 四凶之罪止於投竄, 先王用刑, 蓋不獲已, 何近代憲網之密也.)"

'준망(峻網)'은 '준엄한 법망'을 가리킨다. 당(唐) 고종의 「상정형명조(詳定刑名詔)」에서 이렇게 말했다. "주나라의 훈령과 하나라의 법률은 준엄한 법망은 3천 조항에 이르렀고, 진나라가 풍속을 개혁하자 법조문이 가혹해져 구족까지 처벌하게 되었다.(姬訓夏法, 峻網備於三千; 秦革凰科, 深文加於九族.)"

특별히 언급할 만한 것은 『노자』에서 말한 '천망(天網)'이다. '천망'은 물론 '법망(法網)'과 동의어가 될 수 있지만, 『노자』의 "하늘의 그물은 넓고 성기지만, 그물코가 성기다고 해도 빠뜨리는 법이 없다.(天網恢恢疏而不漏.)"라는 문맥에서는 '법망'의 동의어가 아니다. 그런데도 변신하여 '법망'의 또 다른 표현이 되었는데, 이 역시 진한 이후에 일어난 일이다. 이처럼 진시황의 이 글자 변경이 언어 사고에도 동일하게 영향을 미쳤음을 알 수 있다.

진시황의 이 글자 변경이 연쇄 반응을 일으킬 수 있었던 것은 분명 황권의 힘과 무관하지 않다. 이 글자 변경 행위는 실제로 시황제가 자신의 권위를 확립하는 일련의 조치 중의 하나의 유기적 구성 요소였다. 자신이 이전의 어떤 제왕보다 위대함을 강조하기 위해, 그는 '황(皇)'자를 자신만의 호칭으로 만들었다. 이 '황(皇)'의 위대함을 사람들의 마음에 깊이 새기기 위해, 또 '황(皇)'과 형태가 비슷한 '죄(髀)'를 차디찬 궁궐로 내보냈다. '황(皇)'은 이렇게 바뀌면서 더욱 명성을 떨치게 되었다. 당시에 이 글자 변경 명령은 모든 글자를 쓰는 사람들이 반드시 알아야 했을 것이 분명하다. 그 누구도 글자 하나를 잘못 써서 목이 날아가길 원치 않았을 것이기 때문이다. 오늘날의 방식으로 말하자면, 글자를 변경한 정령은 최신 법조항으로 공포될 뿐만 아니라 반드시 핫 이슈가 되어 글 쓰는 사람들 사이에서 인지도가 가장 높은 정보가 되었을 것이다. 즉, 이 정령으로 추진된 '망(网)'을 '법(法)'으로 보는 사고는 분명 빠른 속도로 사회적 공감대를 형성했을 것이고, 이것이 당시 및 이후 언어 문자 체계 내 관련 글자의 변화에 영향을 미친 것도 이상한 일이 아니었다.

제3절 '촌(寸)' 법도의 유래

앞서 '사(射)'자에 대해 논하면서, '사(射)'에 든 '촌(寸)'의 의미가 '법도(法度)'라고 한바 있다. '촌(寸)'의 이러한 의미는 사실 오늘날까지도 우리의 언어 속에 남아 있다. 예를 들어 '분촌(分寸)'이라는 말은 말이나 일의 적절한 기준이나 한도를 가리키는데, "말씀에 분수를 지켜라(注意說話的分寸)"라는 표현에서의 '분촌'은 사실상 '법규'와 동의어이다. '분촌'의 이런 의미는 '척촌(尺寸)'이라고도 할 수 있다. 『한비자안위(安危)』에서 이렇게 말했다. "안전을 다스리는 방법.……다섯째, 어리석은 자와 지혜로운 자가 있어도 그릇된 비난이나 과도한 칭찬이 없어야 한다. 여섯째, 척도(尺寸)와 법도가 있어야 하며, 자의적인 추측이나 억측이 없어야 한다. 일곱째, 신의(信義)가 있어야 하고, 속임수가 없어야 한다.(安術: ……五曰, 有愚智而無非譽; 六曰, 有尺寸而無意度; 七曰, 有信而無詐.)" 또 양삭(楊朔)의 『삼천리강산(三千里江山)』 제15단에서 "사실 이 자는 가장 공평하고 합리적이며, 최소한의 기준은 네가 인민을 위해 일을 할 수 있는지 여부다.(其實這根尺最公平, 最合理, 起碼的尺寸就看你能不能爲人民做點事.)" 라고 했는데[10], 여기서 '척촌'은 '분촌'과 완전히 같은 의미이다.

---

10) [역주] 양삭(楊朔)의 『삼천리강산(三千里江山)』은 1950년대 한국전쟁(6·25 전쟁)을 배경으로 쓴 소설로, 중국인민지원군(중국군)의 참전을 미화하며, 전쟁 속에서의 희생과 애국심을 강조하는 내용을 담고 있다. '삼천리강산'이라는 제목은 한국의 아름다운 강산을 상징하는 표현이지만, 이 작품에서는 전쟁의 참상을 다루고 있어 아이러니한 대비를 이룬다. 이 작품은 중국 내에서는 혁명 문학으로 높이 평가받지만, 한국과 서방에서는 정치적 프로파간다 성격이 강한 작품으로 해석

길이 단위의 하나였던 '촌(寸)'이 어떻게 '법도'를 표현할 수 있게 되었을까? 이 질문에 답하기 위해서는 '촌(寸)'자의 과거와 현재를 돌아볼 필요가 있다.

'촌(寸)'의 출현 시기는 그리 이르지 않다. 현재 확인할 수 있는 문자 자료에 따르면, 선진 시대에는 '촌(寸)'자가 문헌에 사용되지 않았다. 확정할 수 있는 '촌(寸)'자는 『수호지진간(睡虎地秦簡)』에서 처음 보인다. 예컨대, 「잡초(雜抄)」(9)에 '팔촌(八寸)'이라는 용례가 있는데, '촌(寸)'은 거기서 분명히 일종의 길이 단위를 나타냈다. 그 이전의 선진(先秦) 문자에서는 얼핏 보기에 '촌(寸)'과 비슷한 글자나 편방이 나타난 적이 있었다. 예를 들어, 서주 금문 「정괵중궤(鄭虢仲簋)」, 「이궤기(辥簋器) 등의 명문에서 '우(又)'자를 '𭰯'로 썼고, 전국시대의 「장릉화(長陵盉)」, 「조역도동판(兆域圖銅版)」, 「공주우사정(公朕右師鼎)」 등의 명문에서 '우(又)'자는 'ㅓ'로 썼으며, 「중산왕착정(中山王𧻪鼎)」, 「중산왕착방호(中山王𧻪方壺)」에서는 '우(又)'자를 'ㅓ'로 썼다. '촌(寸)'과 매우 비슷한 모습의 이런 글자들은 실제로는 '우(又)'자이다. 단지 '우(又)'자 형태 아래에 장식선을 추가한 것이라 '촌(寸)'과 비슷한 형태가 되었지만, 같은 글자는 아니다. 또한 갑골문에 '𠬝', '𠬝' 자가 있는데, 이들 자형도 '우(又)' 아래에 짧은 획을 추가한 것으로, 겉보기에는 '촌(寸)'처럼 보이지만, 실제로는 팔꿈치 부위에 지시 부호를 추가한 것으로 '주(肘)'자이다. 진한시기에 이르러 비로소 '촌(寸)'자가 출현했는데, 이것이 '주(𠬝)'자와 형태가 비슷했기 때문에 여기에 '육(肉)'을 의미부로 추가하여 '주(肘)'자로 구별해 표시했다. 주목할 점은, '촌(寸)'자가 아직 출현하기 전에는 '존(尊)'자를 사용하여 '촌(寸)'을 표현했다는 것이다. 예를 들어, 전국시대의 「상앙방승(商鞅方升)」의 명문에서 이렇게 말했다. "18년(기원전 344년), 제나라가 경대부들을 거느리고 사신을 보내왔는데, 겨울 12월 을유일에 대량조(大良造)[11] 상앙(商鞅)이 16존(尊) 5분의 1승을 모아 '되(升)'를 만들었다. 중천(重泉)에서였다.(十八年, 齊逮(率)卿大夫眾來聘, 冬十二月乙酉, 大良造鞅爰積十六尊五分尊壹爲升, 重泉.)" 여기서의 "16존(尊) 5분의 1승을 모아 '되(升)'를 만들었다"는 것의 의미는 방승(方升)의 용적이 16촌(寸) 5분의 1제곱촌(寸)이라는 뜻으로, '존(尊)'이 표현한 것은 바로 '촌(寸)'이었다.

'촌(寸)'은 본래 길이 단위의 하나였다는 것은 『설문』을 통해서도 확인할 수 있다. 허신은 '촌(寸)'자에 대해 "10분(分)을 말한다. 사람의 손목에서 1촌(寸) 뒤의 동맥(動脈)을 촌구(寸口)라고 한다.(十分也, 人手卻一寸動脉謂之寸口.)"라고 풀이했다. '10분(分)'이란 '1촌(寸)'을 말하는 것으로, 이는 '촌'의 자의를 해석한 것이고, "사람의 손목 1촌 뒤의 동맥(動脈)을 촌구(寸口)라고 한다"라는 것은 손목에서 1촌 떨어진 부위, 즉 한의학에서 맥을 짚는 '촌구(寸口)'라는 혈 자리를 가리킨다. 이는 '촌'자의 구조를 해석한 것으로, 구체적인 '촌구(寸口)'라는 거리로 '촌(寸)'이라는 추상적 길이 단위를 표현한 것이다. 그러나 '촌(寸)'이 표의 편방으로 사용될 때, 『설문』에서는 보통 "법도를 말한다(法度也)"라고 해설했다. 예를 들어, 앞에서 논의했던 '사(射)'자가 그렇다. 그 외, 몇 가지 예를 더 들어보자.

---

11) [역주] 대량조(大良造)는 대상조(大上造) 가운데 뛰어난 자(良)를 의미한다. 이는 전국시대 진(秦) 효공(孝公) 시기부터 진(秦)이 6국을 멸하기 전까지 진나라 내에서 최고의 작위로, 군사와 정치의 대권을 장악했다. 이 시기 진나라에서는 17급 작위 제도가 운용되었는데, 대량조가 최고 등급의 작위였으며, 상앙이 대표적이다. 이는 진(秦) 혜문왕(惠文王) 이전에 이미 작위 명으로 정착된 것으로 알려졌다. 그러나 진이 6국을 멸한 후 20급 작위 제도를 실시했을 때, 대량조는 20등 군공 작위 제도에서 16번째 등급에 위치하게 되어 이전과 차이를 보인다.

‘관(冠)’자에 대해 『설문』은 이렇게 풀이했다. “묶다는 뜻이다. 머리카락을 묶는 것으로, 변(弁)과 면(冕)의 총칭이다. 멱(冖)이 의미부이고 원(元)도 의미부이며, 원(元)은 소리부도 겸한다. 관(冠)에는 법제가 있기에, 촌(寸)으로 구성되었다.(絭也, 所以絭髮, 弁冕之總名也, 从冖从元, 元亦聲, 冠有法制, 从寸.)” 여기서 말한 ‘권(絭)’은 ‘권(卷)’의 의미로, ‘권발(絭髮)’은 ‘머리카락을 묶다’는 뜻인데, 이는 고대의 관(冠)이 오늘날 모자와 실제 형태에서 차이가 나는 부분이다. ‘멱(冖)’은 위에서 아래로 덮는다는 의미이고, ‘원(元)’은 사람의 머리이다. “멱(冖)이 의미부이고 원(元)도 의미부이다”라고 한 것은 머리 위에 쓴다는 의미이다. 가장 주목할 만한 것은 “관에는 법제가 있기에, 촌(寸)으로 구성되었다.”라는 구절이다. 고대에 관을 쓰는 것은 엄격한 예법 규정이 있었다(관례(冠禮)에 대해서는 별도의 글에서 논의함). 『설문』의 이 구절에 대해 계복(桂馥)은 『설문해자의증(說文解字義證)』에서 『위료자(尉繚子)』를 인용하여 이렇게 해설했다. “천자는 검은 관에 검은 끈을, 제후는 흰 관에 흰 끈을, 대부 이하는 명주로 만든 관에 명주 끈을 착용한다.(天子玄冠玄纓, 諸侯素冠素纓, 大夫以下, 練冠練纓).” 이처럼 등급이 서로 다른 사람은 반드시 서로 다른 형제의 관을 써야 했으며, 이런 예법 규정은 소전체 ‘관(冠)’자의 구조 원리에서 ‘촌(寸)’이라는 편방으로 표현되었던 것이다.

또 ‘사(寺)’자에 대해서 『설문』은 이렇게 풀이했다. “조정을 말한다. 법도가 있는 곳이다. 촌(寸)이 의미부이고 지(之)가 소리부이다.(廷也, 有法度者也, 从寸之聲.)” 또 ‘수(守)’자에 대해 『설문』은 이렇게 설명했다. “관직을 지키다는 뜻이다. 면(宀)이 의미부이고 촌(寸)도 의미부이다. 관부의 일을 말한다. 촌(寸)으로 구성되었는데, 촌(寸)은 법도이기 때문이다.(守官也, 从宀从寸, 寺府之事者,

从寸, 寸, 法度也.)" 소위 "관직을 지키다는 뜻이다"라고 할 때의 '수(守)'는 바로 관리의 직책이고, "관부의 일"이라고 한 것은 바로 관청의 직무로, 이는 당연히 법도를 지켜야 했기 때문이다. 소전체 '수(守)'자의 자형 구성은 바로 '촌(寸)'이라는 이 편방으로 이러한 개념을 표현했다.

　'봉(封)'자에 대해서도『설문』은 이렇게 풀이했다. "제후에게 내리는 땅을 말한다. 지(之)가 의미부이고 토(土)도 의미부이고 촌(寸)도 의미부인데, 그 제도를 지켜야 했기 때문이다. 공(公)과 후(侯)는 100리, 백(伯)은 70리, 자(子)와 남(男)은 50리이다.(爵諸族之土也, 从之从土从寸, 守其制度也, 公侯, 百里; 伯, 七十里; 子男, 五十里.)" 여기서는 제후에게 땅을 봉하는 것을 말하는데, "그 제도를 지켜야 했다"라고 했다. "지(之: 가다)'가 의미부이고, 토(土)도 의미부이다"라는 것은 제후가 봉읍의 토지로 간다(之)는 자형의 표현이다. 단옥재의『설문해자주』에서는 "그 제도를 지켜야 했다"라는 구절 다음에 "이것은 '촌(寸)'으로 구성된 의미를 설명한 것인데, 보통 법도를 모두 촌(寸)이라고 한다."라고 설명을 덧붙였다.

　'욕(辱)'자에 대해『설문』은 이렇게 말했다. "수치라는 뜻이다. 촌(寸)이 신(辰) 아래에 있는 모습을 형상했다. 경작 시기를 잃으면, 경계 둑 위에서 처벌한다. 신(辰)은 농사의 때를 말한다. 그래서 방성(房星)을 신(辰)이라 하니, 농사일과 관련된 상징별이다.(恥也, 从寸在辰下, 失耕時, 於封畺上戮之也, 辰者, 農之時也, 故房星爲辰, 田候也.)" 소위 "촌(寸)이 신(辰) 아래에 있는 모습을 형상했다"라는 것의 의미는 농사의 때를 어기지 않도록 법도에 따라 상벌하는 것이며, "경작 시기를 잃으면, 경계 둑 위에서 처벌한다."라는 것은 만약 누군가 농사의 때를 어기면 경계 둑 위에서 그를 수치스럽게 만든다는 의미이다. 단옥재의『설문해자주』에서는 '촌(寸)' 아래에 "촌(寸)은 법도를 뜻한다"라고 주석을 붙였다.

　주목할 만한 것은, 『설문』에서의 위의 해석들이 모두 소전 구성에 근거한 것으로, 고문자의 어원과는 부합하지 않는다는 점이다. 예컨대, '관(冠)'자의 갑골문은 '𠕛'으로, 아래는 '원(元: 사람의 머리)'이고 위는 관(冠)의 형상이다. 또 '수(守)'의 금문은 '𤕨'로, '면(宀)'과 '우(又)'로 구성되었는데, '집을 지키다'는 의미이다. '봉(封)'의 금문은 '𡊄'으로, '우(又)'와 '토(土)'와 '봉(丰)'으로 구성되었는데, 나무를 손으로 심어 경계를 삼는다는 의미이다. '욕(辱)'자는 『곽점간(郭店簡)·노자(老子)』에서 '𨑆'으로 썼는데, '신(辰)'과 '우(又)'로 구성되어, '손으로 조개 칼을 잡고 농사짓다'는 의미를 그렸다.

　그렇다면 위의 『설문』 해석이 모두 잘못되어 우리의 논의를 지지할 수 없다는 것일까? 답은 부정적이다. 이유는 첫째, 『설문』의 해석에는 한자 구성 변천 발전의 실제 상황이라는 근거가 들어 있기 때문이다. 이 모든 글자들이 진한 이후 모두 '촌(寸)'으로 구성되고 더 이상 '우(又)'로 구성되지 않았는데, 만약 오늘날 우리가 이 글자들을 쓸 때 모두 '촌(寸)'을 '우(又)'로 바꿔야 옳다고 주장한다면, 그것은 분명히 터무니없는 일일 것이다. 둘째, '이치근거의 재구성(理據重構)'은 한자 구조 발전에서 흔히 보이는 현상인데, 위의 여러 글자가 '우(又)'에서 '촌(寸)'으로 변화한 것은 바로 전형적인 '이치근거의 재구성'에 해당하며, 또한 이러한 '이치근거의 재구성'은 개별 현상이 아니라 체계적으로 발생한 것이기 때문이다. 이는 이러한 변화가 논리적임을 충분히 증명해 준다. 이상의 이유로, 한자 발전사의 실제 변화 궤적 분석에 있어서, 특히 문화적 함의의 연구라는 측면에서 볼 때, 『설문』의 이러한 해석은 결코 오류로 볼 수 없으며, 오히려 특별한 인식 가치를 지닌다고 할 수 있다.

　그렇다면, 길이 단위였던 '촌(寸)'이 어떻게 '법도'라는 의미를 갖게 되었을까? 그 원인은 문화적 환경의 영향과 한자 구조 내재적 변화 법칙이라는 두 층면에서 분석할 수 있다. 먼저 전자를 살펴보자.

길이에 대한 인식과 파악은 인류 생존의 기본 조건 중 하나이므로, 길이 개념과 파악 수단은 인류 발전의 각 역사 단계에서 당연히 결여되지 않았을 것이다. 그러나 중국 역사상 명확히 길이 단위에 법을 세운 것은 지금으로부터 2천여 년 전 진시황뿐이었으니, 이것이 바로 잘 알려진 도량형의 통일이었다. 기원전 221년, 진시황은 육국을 통일하여 전국시대의 혼란했던 정국을 종식시킨후, 중앙집권 통치를 강화하고 경제를 발전시키기 위해 일련의 개혁 조치를 취했다. 도량형 통일은 그의 중요한 개혁 중 하나였다. 그는 당시 최고 법령 형식인 '조서(詔書)'로 진나라의 도량형 제도를 반포하고, 다른 나라들의 도량형 제도를 폐지했다.

도량형에 법 제도를 도입했던 것이 왜 진시황이었고, 그 이전의 상(商)나라의 탕(湯)이나, 주(周)나라의 문왕(文王)이나 무왕(武王), 심지어 제(齊)나라 환공(桓公)이나 진(晉)나라 문공(文公)과 같은 이들이 아니었던 것일까? 실은 이것이인류 사회 발전 과정의 필연적 결과로, 간단히 말해 진시황 시대에 이르러 사회 운영을 보장하기 위해 도량형의 파악이 법의 보장이 필요했던 때가 되었기 때문이다. 이는 진시황의 또 다른 개혁인 '거동궤(車同軌)'로 증명할 수 있다. '궤(軌)'자는 본래 "수레의 바퀴를 말한다(車轍也)"(『설문』). 즉 수레바퀴 사이의 거리를 가리킨다. 왜 수레바퀴 사이의 거리가 특별한 법률적 제한을 받아야 했을까? 이는 수레가 고대인의 가장 중요한 교통수단이고, 특히 중국이 대 통일을 이룬 후 영토가 크게 확장되어 국가 통치와 통제를 실현하는 중요한 보장이되었기 때문이다.

고대사회에는 현대의 전화, 텔레비전, 휴대폰 등과 같은 통신 설비가 없어, 정보 전달과 정령 전달은 모두 마차를 타고 사자가 달리는 방식에 의존했다. 그래서 조정에서 신속히 정령을 공표하기 위해 고대에는 '치표(馳馳)'나 '치함(馳函)' 같은 단어를 사용했다. 그러나 수레가 도로 위를 원활히 달리기 위해서는 한 가지 조건, 즉 궤도의 통일이 불가피했다. 만약 '궤(軌)'의 너비와 폭이 도로의 제한을 벗어나 임의로 만들어진다면, 교통 체증과 마비와 같은 심각한 결과를 피할 수 없다. 이것이 국가가 법률적 수단으로 전국 수레의 '궤(軌)'를 강제로 통일시키고, 이러한 통일의 대가가 얼마나 크든 상관하지 않았던 이유이다. 진나라가 육국을 멸했는데, 육국의 궤도가 진나라와 다른 것은 상식이었으므로, '거동궤' 정책의 실시는 전국 각지(진 고유 영토 제외)의 수레와 도로 재건을 의미했고, 이는 거대한 물질적 대가를 치러야 하는 일이었지만, 당시 통치자는 개의치 않았다. 이로 보아, 구체적인 물건의 길이 문제가 당시 이미 국가 통치의 관건적 문제가 되었고, 이러한 법령의 전국적 영향도 매우 컸다.

진시황의 도량형 통일 조서의 전문은 다음과 같다. "26년(기원전 221년), 황제께서 천하 제후들을 모두 통합하시고, 백성들이 크게 안정되자, 황제(皇帝)라는 칭호를 세우시고, 승상(丞相) 장(狀)과 환(綰)에게 조서를 내려, 법도(法度)와 양제(量制) 중 통일되지 않아 혐의(嫌疑)를 일으킬 만한 것들을 모두 명확히 통일하도록 하셨다.(廿六年, 皇帝盡幷兼天下諸侯, 黔首大安, 立號爲皇帝, 乃詔丞相狀·綰, 法度量則不壹歉(嫌)疑者, 皆明壹之.)"

「진(秦)나라 조판(詔版)」

이 조서의 반포는 전국의 도량형 기물을 대상으로 했다. 현재 발견된 것을 보면, 이는 권(權)과 량(量)(권은 저울추를 말해 무게를, 량은 되나 말을 말해 부피를 뜻한다) 등에 직접 새기거나, 권이나 량 위에 직접 주조하기도 했으며, 더 많은 경우에는 얇은 '조판(詔版)'을 만들어 각지에 배포했는데, 이것이 바로 「진조판 (秦詔版)」이다. 사실, 이보다 백여 년 전 전국시대 진나라에서 이미 도량형의 통일 규범을 위해 노력했는데, 앞서 인용한 「상앙방승(商鞅方升)」의 명문 "대 량조(大良造) 상앙(商鞅)이 16촌(寸) 5분의 1촌을 모아 '승(升: 되)을 만들었다. (大良造鞅爰積十六尊五分尊壹爲升.)"라고 한 것이 바로 그 증거이다. 이 명문에서는 '존(尊)'으로 '촌(寸)'을 표현했으며, 양기(量器)였던 승(升)의 용적에 대해 '존(尊)', 즉 '촌(寸)'이라는 길이 단위로 설명했다. 즉, 당시 도량형 체계에서 '촌'은 가장 중요한 길이 단위였다. 또는 진시황의 도량형 통일 대법은 상당 부분 '촌'이라는 길이 단위를 매개로 하여 천하에 시행되었고 말할 수도 있다. 조판은 전국의 모든 권량기물을 대상으로 하는 법령 문서로, 법령 반포 당시 대량으로 복제된 실물 문자 자료가 되었고, 오늘날까지도 우리는 여전히 2천 년 전 문물을 대량으로 볼 수 있다. 용경(容庚)은 『진금문록(秦金文錄)』을 저술하여 여러 소장가들이 소장했던 신뢰할 만한 진(秦)나라 유물의 탁본을 정리하고 감정했는데, 권(權) 44기, 량(量) 16기, 조판(詔版) 21기가 포함되어 있다. 이로 보아, 당시 사람들은 이러한 강제적인 '보편법'의 환경 속에서 '촌(寸)'과 '법(法)'이 관념 속에서 연결 관계를 형성하는 것은 매우 자연스러운 일이었다. 그리하여 문자의 사용에 있어서도 자연스럽게 '촌'에 '법도'의 의미가 부여되게 되었던 것이다.

　한자의 구조 변화 발전 법칙에서 보면, '촌'의 법도 의미 출현도 매우 자연스러운 일이다. 한자는 표의 문자인데, 표의 문자의 구조 창제는 불가피하게 두 난제에 처하게 된다. 기록하는 단어의 측면에서 보면, 글자에 대응하는 단어 의미가 극히 다양하기 때문에 글자 형태도 같은 풍부한 다양성으로 이에 대응하기를 요구한다. 그러나 문자의 인지 기억과 서사 편의라는 측면에서는 너무 많은 문자 구조 단위는 기억의 부담을 증가시키고, 지나치게 복잡한 문자 형태는 필연적으로 인식과 서사 효율에 영향을 미친다. 따라서 발신(서사)과 수신(인식)의 양극 사이에서 깊은 모순이 발생한다. 이 모순을 해결하는 방법 중 하나는 상대적으로 간결한 유한한 문자 구조를 선택하여 기본적인 글자 구성의 표의 단위로 삼고, 이에 비교적 많은 의미 내용을 부여하는 것이다. 분명히, '촌'은 문자 구조 체계의 이런 선별 과정에서 가장 쉽게 선택된 글자 부호 중 하나이다. '촌'과 '법도' 의미의 내적 연관성은 이미 앞서 설명했다. 구조적으로 볼 때, '촌'은 획수가 적고 형태상 공간 압축이 쉬워 구자 성분의 이상적인 글자 부호 선택이다. 이를 '궤(軌)'와 비교해보자, '궤'는 본래의미가 '수레바퀴의 폭(車轍)'인데, 진시황의 '거동궤(車同軌)'라는 법령으로 인해 '궤(軌)' 역시 충분한 법적 의미를 가지게 되었고, 그 의미가 파생되어 "법이나 법칙("法也·則也.)"을 표현할 수 있게 되었다. 그래서 법도를 지키지 않는 것을 '월궤(越軌)'나 '불궤(不軌)'라고 한다. 의미적으로만 보면, '궤(軌)'와 '촌(寸)'은 '법도'라는 의미의 글자구성에서 편방 후보자로서 적어도 동등한 자격을 가진다고 할 수 있다. 그러나 최종적으로 선택된 것은 후자이지 전자가 아닌데, 그 이유는 바로 '궤(軌)'가 구조적으로 적합하지 않았기 때문이다. 그것은 합체자로, 구조가 복잡하여 구자 성분으로 쓰이기에는 독체자인 '촌(寸)'보다 훨씬 부적합하다.

특별히 지적할 점은, '촌(寸)'과 '법(法)'의 연관 및 '법'자의 화려한 변신, 그리고 '망(网)'이 '법'으로 변신한 것처럼, 이런 것들이 모두 후기의 문자 변이 현상이라는 것이다. 그리고 이러한 문자의 변이는 모두 배후의 문화 환경 변이에 의해 만들어진 것이다. '법'의 '이치근거의 재구성'은 '법'이 현실 생활에서 점점 중요해진 데 따른 '낡은 부대에 새 술을 담은' 결과이고, '법'이 '망'의 하나의 새로운 의미로 발생한 것은 또한 그물 이름이었던 '죄(罪)'가 왕의 명령에 의해 '죄(辠)'의 이름으로 격하된 것과 관련이 있다.

제3장

면(宀) 속의
생존 법칙

제3장

'면(宀)' 속의 생존법칙

최근, 한자의 어떤 부수가 가장 많은 한자를 구성하고 있는지에 대한 논의가 자주 있었다. 일반적인 답변으로는 '인(人)', '수(氵=水)', '우(又)', '초(艸)', '마(馬)' 등이 포함되었다. 물론 이런 답변들이 근거가 없지는 않지만, 초기 한자 구조체계의 실제 상황과 일치하지는 않는다. 필자는 상(商)나라부터 전국(戰國)시대 금문(金文)에 이르기까지의 한자 부수 출현 빈도를 조사했는데, 그 결과 민간에서 '보개두(寶蓋頭: 보(寶)'자를 덮고 있는 윗부분, 한국에서는 '갓머리'라고 한다.)'라고 부르는 '면(宀)'부수가 가장 높은 출현 빈도를 보인다는 것을 발견했다. 총 5,345회나 출현한 이 부수는 일반적으로 가장 흔하다고 여겨졌던 '인(人)'(5,048회 출현)부수나 '수(氵)'(5,042회 출현)부수보다 금문에서 더 두드러진 존재감을 보였다.[1] 이 사실은 '면(宀)'이 글자 창조 사상을 표현하는 데 가장 적합한 문자 부호였음을 보여준다. 따라서 이의 분석으로부터 글자 창제자의 관념 의식을 탐구할 수 있는 많은 가능성이 존재한다.

---

1) 자세한 내용은 『상주금문구형유휘(商周金文構形類彙)』 참조. 유지기(劉志基) 주편, 『상주금문편방보(商周金文偏旁譜)』, 상해: 상해사서출판사, 2023년.

제1절 '면(宀)'에 담긴 우주의식

초기 한자의 구조 체계에서 '면(宀)'은 단순히 부수로서의 최고 존재감뿐만 아니라 극히 풍부한 의미까지 담고 있다.

1. 생존 공간의 건축적 제한

'면(宀)'은 한자의 기본 글자로, 갑골문에서 이미 20여 차례 반복적으로 등장하는데, 모두 "하나의 중심축(極)과 두 개의 처마(宇) 및 두 개의 벽(牆)으로 이루어진" 전통적인 거주 건축물을 표상한다.

갑골문 복사(卜辭)에서 사용된 용법에 근거하여, 우성오(于省吾)는 '면(宀)'이 바로 거주지를 말하는 '택(宅)'자의 최초 표기 형태일 것이라 생각했다. 물론 갑골문에도 '택(宅)'자가 존재하지만, 갑골문에서는 단지 '거주하다'는 동사로만 사용되어 후대의 '택(宅)'자와는 차이를 보인다.[2] 주목할 만 한 점은 갑골문의 '육(六)'자가 대부분 '면(宀)'자와 같은 형태를 했다는 것이다.

---

2) 우성오(于省吾), 『갑골문자석림(甲骨文字釋林)』, 북경: 중화서국, 1979년, 344~347쪽.

  일부 학자들은 이에 근거해 갑골문의 '면(宀)'이 실제로는 주거용 건물을 나타내는 '오두막집(廬)'을 표시하며, 그 때문에 이의 독음을 빌려 숫자 '육(六)'을 표현했다고 주장한다(고대음에서 '육(六)'과 '려(廬)'는 독음이 비슷했는데, 지금도 지명을 나타내는 '육안(六安)'의 '육(六)'은 실제로 'liu'가 아니라 'lu'로 발음된다). 비록 이 견해는 아직 확정된 설은 아니지만 그래도 '면(宀)'의 글자창제 당시 본래의 미를 이해하는 데 큰 도움이 된다.

  당시 사람들에게 갑골문의 '면(宀)'은 어떤 의미였을까? 고고학적 발견은 우리가 실제에 부합하는 인식을 얻는 데 도움을 준다. 갑골문 출토지 은허(殷墟)에서는 많은 궁전 건축 유적 외에도 당시 사람들이 거주했던 지혈(地穴)이 상당수 발견되었다. "은허에서 발견된 이러한 지혈은 원형이나 장방형의 수직 우물 형태를 취하고 있으며, 물품을 저장하는 지하움집보다 약간 크고 얕지만, 여전히 매우 좁고 어떠한 장식도 없는 구조이다. 일부 혈벽(穴壁)에는 도구로 파낸 흔적이 남아 있고, 그 위에는 많은 발자국이나 계단이 파져 있어 노예들이 오르내리는 데 사용되었음을 말해준다."[3] 이는 은상시대가 아직 원시적인 혈거(穴居) 생활에서 완전히 벗어나지 않았음을 의미하며, 물품 저장도 대부분 지하 움집을 이용했다는 것을 보여준다. 심지어 갑골문과 같은 중요한 은 왕실

____

3) 하남성안양시문화국(河南省安陽市文化局) 편, 『은허-노예사회의 한 축소판(殷墟-奴
   隷社會的一個縮影)』, 북경: 문물출판사, 1976년, 16쪽.

의 기록문서도 모두 지하움집에 보관되었는데, 이것이 바로 갑골문이 3천년 동안 보관되었다가 땅속에서 발견된 이유이기도 하다.

혈거의 흔적은 갑골문에서도 쉽게 찾아 볼 수 있다. 갑골복사에서 '올라가다'와 '내려가다'는 의미를 표시하는 '척(陟)'과 '강(降)'은 갑골문에서 다음과 같이 표현되었다.

왼쪽의 '부(阜＝阝)'는 거주용 움집(穴)의 내부 계단을 그렸으며, '척(陟)'은 두 발이 계단을 따라 올라가는 것을, '강(降)'은 두 발이 계단을 따라 내려가는 것을 형상했다. 고고학 발굴로 발견된 선사시대 주거용 움집은 "밑에서부터 나무 기둥을 하나 세워 움집 밖까지 연결하고, 가로 나무를 묶어 사람들이 움집을 오르내릴 수 있게 하거나", "비스듬한 계단을 만들어 오르내리고 출입하는 용도로 사용하였다."4) 이로 보아 '부(阜)'자가 취한 형상이 실제 모습에 근거했음을 알 수 있다.

점복복사에서 '오고' '감'을 표시하는 '각(各)'과 '출(出)'도 갑골문에서 다음과 같이 썼다.

---

4) 상해사범대학 고적정리연구소 편, 『중국문화사사전(中國文化史詞典)』, 항주: 절강고적출판사, 1987년, 13쪽.

전자는 사람의 발(🦶)이 움집(🔽) 안으로 들어가는 형상을, 후자는 사람의 발이 움집(🔽)에서 나오는 형상을 묘사한다. 사람들의 오고 감이 모두 '움집(🔽)'을 출발점이나 목적지로 삼고 있는데, 이는 그곳이 사람들의 거처임을 분명하게 보여준다. 그리고 '움집(🔽)'의 형상은 글자창제 당시의 민가가 대부분 땅을 파서 만든 땅속 움집이었음을 보여준다.

서중서(徐中舒)가 주편한 『갑골문자전(甲骨文字典)』에서 혈거에 기초해 창조된 갑골문자가 상당히 많음을 인정하고 있다. 예를 들면 다음과 같다.

① '고(高)': 원형이 '🏠'로, 높은 땅에 혈거하는 모습을 나타낸다. 경(冂)은 높은 땅이고, 구(口)는 혈거의 방이며, 나머지는 출입을 위한 덮개와 계단이다. 고(高)의 의미도 혈거의 높이에서 유래하였으며, 후세의 '대(臺)'나 '관(觀)'자에서 해당 의미를 얻은 것이 아니다.

② '경(京)': 원형이 '🏠'으로, 아래쪽의 '冂'은 바로 매우 높은 혈거를 나타내며, 중간에 기둥 형태가 있고, 위쪽은 깊은 움집에서 위로 나와 흙 계단과 작은 지붕 덮개가 있는 형태를 나타낸다.

③ '형(亯)': 원형이 '🏠'으로, 혈거의 형태를 나타내며, 아래는 거주하는 움집이고, 위는 움집 옆의 계단으로 출입을 하기 위한 것이며, 그 위에는 덮개를 두어 빗물이 흘러들지 않게 했다. 거실은 머무르는 곳이자 음식을 요리하고 먹는 곳이었으므로, 의미가 확장되어 향헌(饗獻: 신에게 정

성껏 음식을 바치다)이라는 의미를 갖게 되었다.

거주 공간이 지하에서 지상으로 올라온 것은 인류 거주 문화의 큰 변혁이었다. 『회남자·범론훈(氾論訓)』은 이에 대해 다음과 같이 설명한다. "옛날에 백성들은 습한 곳에 살고 동굴에 살았으니, 겨울에는 서리와 눈, 안개와 이슬을 이겨내지 못하고, 여름에는 더위와 모기와 벌레를 이겨내지 못했다. 성인(聖人)이 나타나 그들을 위해 흙을 쌓고 나무를 세워 궁실(宮室)을 만들고, 위는 대들보를 두고 아래는 처마를 두어 바람과 비를 막고 추위와 더위를 피하게 했으니, 백성들이 이로 말미암아 편안해졌다.(古者民澤處復穴, 冬日則不勝霜雪霧露, 夏日則不勝暑熱蚊虻, 聖人乃作, 爲之築土構木, 以爲宮室, 上棟下宇, 以蔽風雨, 以避寒暑, 而百姓安之.)" 이러한 문화적 진보는 한자의 초기 창제 과정과 동시에 일어났는데, '면(宀)'자의 형체 구조는 단순한 거주지 형태의 묘사일 뿐만 아니라 위대한 거주 혁명의 승리를 알리는 부호이기도 했다.

이로부터 우리는 갑골문에서 '작면(作宀: 건축하다)'에 대한 점복이 왜 자주 행해졌는지 이해할 수 있다.

① "정묘일에 점을 칩니다. '조(兆)' 땅에다 건물을 지을까요? '조' 땅에다 건물을 짓지 말까요? 4월이었다.(丁卯卜, 乍(作)宀于兆, 勿乍宀于兆, 四月)"(『합집』 13517)

② "신미일에 점을 칩니다. 건물을 지을까요?(辛未卜, 乍(作)宀)"(『합집』 22246)

③ "신미[일에 점을 칩니다]. 건물을 지을까요?(辛未[卜], 乍(作)宀)"(『합집』 22247)

은(殷)나라 왕이 점을 쳤던 사안은 반드시 그가 관심을 가진 일이었기에, '작면(作宀)'에 관한 거듭되는 점복은 분명 당시의 반복되는 중대한 건축 공정의 착수에 관한 점복이었을 것이다. 이러한 공정은 단지 '작면(作宀)'만 있는 것이 아니다. 다음의 갑골문에서 '면(宀)'으로 구성된 글자들을 통해 이 점을 증명할 수 있다.

『합집(合集)』 제34687편에서 이렇게 말했다.

① 제1조: "기해일에 점을 칩니다. 집의 지붕 이는 일을 허락하실까요?(己亥卜, 其宀若?)"
② 제2조: "기해일에 점을 칩니다. 집의 지붕 이는 일을 허락하실까요?(己亥卜, 其宀若?)

'宀'은 띠 풀로 '지붕(宀)'을 덮은 형태를 나타낸다.

『합집』14250: "갑오일에 점을 칩니다. '각(殻)'이 묻습니다. 조상을 모시는 집의 지붕 이는 일을 할까요?(甲午卜, 殻貞: 祖宀?)"

'宀'자는 '宀'자 위에 또다시 두 개의 손(爪)을 더한 모습으로, 두 손으로 띠 풀을 들고 '지붕(宀)'을 덮는 형태를 그려냈다. 이는 '宀'자이며, '宀'자의 복잡화한 구조로, 이 글자는 이후의 '자(茨: 지붕을 이다)'로 해석된다. 『설문(說文)』에서 이렇게 말했다. "자(茨)는 띠 풀이나 갈대로 지붕을 덮는 것을 말한다. 초(艸)가 의미부이고, 차(次)가 소리부이다.(茨, 以茅葦蓋屋, 从草, 次聲.)" 갑골복사에서 "기자약(其茨若)"은 새로 지은 집의 지붕을 덮는 공사가 순조로울지를 물은 것이다. "자조(茨祖)……"는 어떤 조상의 사당 수리에 지붕을 이는 일을 가리킨다.

『화동(花東)』 갑골문 제502편 제3조에서 "누대를 남쪽에 지을까요?(芪于南)"라고 했고, 제4조에서는 "북쪽에 지을까요?(于北)"라고 했다. '芪'자는 '지(之)'와 '면(宀)'으로 구성된 글자로, '대(臺)'자로 해독되고 있다. 소서본(小徐本) 『설문 지(至)부수』에서 "대(臺)는 사방을 관망하기 위해 높게 지은 곳이다. 지(至)와 고(高)의 생략된 모습이 의미부이다. 실(室)이나 옥(屋)과 같은 의미이다. 지(之)는 소리부이다.(臺, 觀四方而高者也, 从至, 高省, 與室·屋同意, 之聲.)"라고 했다. 단옥재(段玉裁)의 주석본도 이의 해석을 따랐다. '芪'자는 '지(之)'에서 독음을 취하고 '면(宀)'에서 의미를 취한 것으로, 바로 '대(臺)'자이다. 당시 지상 건축물이 출현한 기반에 이미 높은 누각(高臺)이 존재했음을 알 수 있으며, 『화동』 502편은 바로 높은 누각을 남쪽에 지을지 북쪽에 지을지를 점친 것이었다.

또 『화동』 갑골문 제416편에서 "갑오일에 점을 칩니다. '대(茋)'에 있는 '무정' 임금의 건축물을 수리할까요? 좋다.("甲午: 芢丁茋官, 用.)" '芢'은 아래가 '면(宀)'이고, 그 위는 '손(又)'으로 '완(夗)'(일종의 도구)을 들고 있는 모양이다. 일부 학자들은 이 글자는 손으로 완(夗)이라는 도구를 들고 지붕(宀) 같은 건축물에 행하는 어떤 행위를 묘사한 것이라 보고 있다. 이 글자는 일종의 회의 겸 형성자로 볼 수 있으며, 글자 속에 든 '완(夗)'은 독음도 겸하므로 문헌에서 옷의 수선이나 건축의 수선을 뜻하는 '완(完)'자이다. 복사의 내용은 '대(茋)' 지역에 있는 무정(武丁) 임금의 관사를 수리(또는 개축)하는 내용이다.

갑골문에서 지상 건축물에 관한 점복이 자주 보이는 것은 이것이 사람들의 생활과 밀접하게 관련되어 있었기 때문이다. 이러한 문화적 토양에 기초하여, '면(宀)'은 한자 창제의 본래의미를 표현함에서도 안녕의 장소, 풍족함의 안식처, 보물의 상징, 화복의 의존처, 방어의 대상, 생존 공간 등 다양한 의미를 생성했으니, 그 모습이 너무 다채로워 눈이 어지러울 정도이다. 아래에서는 이들을 하나씩 설명해 보고자 한다.

2. 글자창제 당시 '면(宀)'의 다양한 의미

(1) 안녕(安寧)의 장소

지상 주거 건축물의 출현은 직접적으로 "백성들이 편안하게 거주할(百姓安之)" 수 있는 생존 환경을 안겨다주었으며, 사람들의 문화 관념도 크게 확장시켰다. 이러한 모든 것들이 '면(宀)'의 글자구성 속에 나타나 있다. 예컨대, '안(安)'자는 갑골문에서 다음과 같이 썼다.

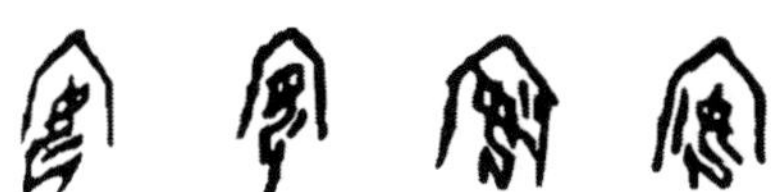

이는 "여성(女)이 면(宀) 아래에 있는" 형태인데, 여성의 모습 중간이나 옆에 획이 하나 더 더해져 있다. 이 하나의 획이 추가된 것은 "여성이 '면(宀)' 아래 있는" 모습의 다른 글자(賓)가 갑골문에 더 존재하기 때문인데, 그 글자는 '안(安)'이 아니라 '빈(賓)'자이다. 이 '빈(賓)'자와 구별하기 위해 '안(安)'자에는 '여

(女)’자 옆에 획 하나를 더했다. 복사에는 이렇게 쓰여 있다. “계유일에 점을 칩니다. ‘쟁(爭)’이 물어봅니다. 왕의 뱃속이 편치 않은데, 계속되지 않을까요?(“癸酉卜, 爭, 貞王腹不🦑(安), 亡征.)”(『합집』 5373) 이는 은 왕의 배가 불편한데 그 병세가 계속될 것인지를 물은 것이다. 여기서 사용된 ‘안(安)’은 본래의 의미로 쓰였다. 그 글자창제 의도는 여성이 ‘면(宀)’ 속에 있는 것을 묘사하고 있다. 여성은 연약하여 외부 자연의 힘에 쉽게 상해를 입을 수 있지만, ‘면(宀)’ 안에 있으면 편안하고 무사할 수 있다는 의미이다. ‘안(安)’의 글자창제 의도는 ‘면(宀)’과 같은 건축물이 사람들에게 제공하는 보호와 혜택을 충분히 보여주고 있다.

　‘안(安)’과 ‘정(定)’은 종종 같은 의미로 연결될 수 있는데, ‘정(定)’자의 글자창제 의도 역시 ‘안(安)’자와 유사하다. 『설문(說文)』에서 “정(定)은 안정되다(安)는 뜻이다. 면(宀)이 의미부이고 정(正)도 의미부이다.(定, 安也, 从宀从正.)”라고 했다. 허신의 해석은 정확했지만 형체 분석은 잘못되었다. ‘정(定)’자는 고문자에서 ‘🄰’과 같이 면(宀)과 정(丁)으로 구성되기도 하는데(『후마맹서(侯馬盟書)』), 고문자에서 ‘정(正)’은 ‘정(丁)’에서 그 독음을 가져왔다. 이로써 ‘정(定)’자에 든 ‘정(正)’ 역시 독음을 나타내는 편방임을 증명할 수 있다. 전국(戰國)문자에서 ‘정(定)’은 면(宀)과 정(正)에다 다시 ‘정(丁)’을 소리부로 추가하여 ‘🄱’(『고인형편』 3061)으로 쓰이기도 했다. 이는 당시 ‘정(正)’을 써서 ‘정(定)’자의 소리를 표현한다는 것이 그다지 정확하지 않았기 때문에, 다시 ‘정(丁)’을 보충했음을 보여준다. 이는 모두 ‘정(定)’자에 대해 “안정되다(安)는 뜻이다”라고 한 본래의미가 오직 ‘면(宀)’에 의해 표현됨을 말해준다. 갑골문에서 ‘정(定)’은 ‘🄲’으로 썼는데, 지명으로 사용되었으나 본래의미는 드러나지 않는다. 춘추시대 「채후박(蔡侯鎛)」에 보이는 ‘정(定)’(원형은 🄳)은 확실히 이미 “안정되다(安)”의 의미로 사용되었다.

"오로지 천명만을 받들어, 제후국들을 안정시키고 조화롭게 한다.(天命是遹, 定均 庶邦.)"라고 했는데, 여기서의 '遹'은 '장(將)'으로 읽으며 '준수하다'는 의미인데, '정균(定均)'은 '안정시키고 조화롭게 하다'는 뜻이다. '정(定)'과 비슷한 방식으로, '면(宀)'을 활용하여 '안정(安)'의 의미를 표현한 글자로는 '연(宴)'과 '밀(宓)' 등이 있다. 이를 통해 이들 글자를 만든 사람의 마음속에서 '면(宀)'(지상의 민간 건축물) 이 이미 그들의 안전을 보장하는 상징이 되었음을 알 수 있다.

(2) 풍족함의 근거

풍족함과 행운과 떨어질 수 없다는 것이 안거(安居)의 구체적 내용이며, 이 러한 의미도 '면(宀)'의 글자구조에 든 내용이다. 그런 의미에서 '부(富)'와 '실 (實)'자는 설명할 가치가 있다.

'부(富)'에 대해 『설문』에서는 이렇게 설명했다. "갖추다는 뜻이다. 일설에는 두텁다는 뜻이라고도 한다. 면(宀)이 의미부이고, 픱(畐)이 소리부이다.(備也, 一 曰厚也, 从宀, 畐聲.)" '갖추다'와 '두텁다'는 모두 풍족함의 의미로, 이는 오직 '면(宀)'에 의해서 표현된다. 「중산왕착정(中山王䜜鼎)」에서도 "부유하다고 해 서 교만하지 말고, 많다고 해서 떠들어대지 말라.(母(毋)𩵋而喬(驕), 母(毋)眾 (眾)而嚚.)"라고 했다. 여기서 '𩵋'는 곧 '부(富)'자로, 면(宀)이 의미부이고 픱 (畐)이 소리부인 구조이다. "부유하다고 해서 교만하지 말라"는 풍족해졌다고 교만하지 말라는 뜻이다.

'실(實)'에 대해 『설문』에서 이렇게 말했다. "풍부(富)하다는 뜻이다. 면(宀)이 의미부이고 관(貫)도 의미부인데, 관(貫)은 화폐(貨貝)를 말한다.(富也, 从宀, 从貫, 貫, 貨貝也)." 『설문』의 '실(實)'자에 대한 형체 분석은 이 글자의 초기 형태와 맞지 않다. 예컨대, 서주(西周) 금문인 「산반(散盤)」의 '실(實)'자는 '𤲅'로 썼는데, 면(宀)과 주(周)와 패(貝)로 이루어져 있다. '주(周)'는 '조(琱)'의 본래글자로 옥을 조각하는 형태를 나타내며, 패(貝)는 고대에 화폐로 쓰였다. 이들은 '면(宀)'과 함께 물질적 풍족함의 의미를 표현한다. 『설문』의 '실(實)'자 형체 분석에 대해, 일부 학자는 재화가 실내에 가득하다는 뜻으로 보기도 하는데, 『설문의증(說文義證)』에 인용된 『육서고(六書故)』에 "돈 꾸러미(貫)가 집안에 가득차 있는 것이 실(實)의 의미이다"라고 했다. 그러나 『설문』은 분명히 "풍부하다"라는 의미로 해석했는데, 이는 오늘날 '은실(殷實: 부유하다)과 같은 의미이다. 『국어·월어(越語)(하)』에 "창고가 가득차고, 백성이 부유하다.(府倉實, 民眾殷.)"라는 구절이 있어, '실(實)'에 든 '면(宀)'도 '부(富)'에 든 '면(宀)'과 같이, 풍족함의 의미를 나타낸다는 것은 의심할 여지가 없다.

(3) 최고의 보물(珍寶)

지상의 주거 건축물이 이토록 가치가 있다면 사람들이 특별히 귀하게 여기지 않을 수 없었을 것이다. 그래서 '면(宀)'은 의미부로서 '보물(珍寶)'의 의미도 갖게 되었다. '보(寶)'자는 초기에 여러 가지 이체자가 있었는데, 갑골문에서는 다음과 같이 쓰였다.

　위에서처럼, '보(寶)'는 '면(宀)'과 '패(貝)'와 '척(戚)'으로 구성되었는데, '패(貝)'와 '척(戚)'(도끼, 진귀한 옥기)은 모두 당시의 보물이었다. 그것들의 귀중함은 자형에서 볼 수 있듯, 당연히 거주하는 집의 내부에 두든 외부에 두든 영향을 받지 않았다. 그래서 '면(宀)'은 '보물(珍寶)'이라는 의미를 표현하는 데도 사용되었다. 갑골문에서 '보(寶)'는 인명으로 사용되지만, 은상(殷商) 금문(金文)의 '보(寶)'자는 모두 '보물(珍寶)'이라는 본래의미로 사용되었다.

（貴尊）　　　　　（乃孫作祖己鼎）

① '貴'이 아버지 계(癸)를 위해 귀중한 제기를 만들었다.(貴乍(作)父癸寶隣
　　(尊)彝.)(「貴준(貴尊)」)
② 이에 후손이 조부 기(己)를 위해 종묘에 쓸 보물을 만들었다.(乃孫乍(作)
　　且(祖)己宗寶.)(「내손작조기정(乃孫作祖己鼎)」)

　'보준이(寶尊彝)'는 곧 귀중한 제사용 기물을 말하며, '종보(宗寶)'는 종묘에 두는 제사용 보기(寶器)이다. 여기서 보이는 '보(寶)'자의 구성을 보면 의미를 표현하는 '면(宀)', '패(貝)', '옥(玉)' 외에도 독음을 표현하는 '부(缶)'가 더해졌는데, 이는 후세의 통용 번체자까지 계승되었다. 『설문』에서 이렇게 말했다. "보(寶)는 보물을 말한다. 면(宀)이 의미부이고, 옥(玉)도 의미부이고, 패(貝)도 의미부이고, 부(缶)는 소리부이다.("寶, 珍也, 从宀, 从玉, 从貝, 缶聲.")" 단옥재는『설문주(說文注)』에서『설문』의 형체에 대해 "옥(玉)과 패(貝)가 집안(宀)에 있는 모습이다."라고 풀이했다. 자세히 생각해보면, 옥과 조개화폐 같은 보물은 집안에 있을 때만 보물이 되는 것이 아니므로,『설문』에서 "면(宀)이 의미부이고, 옥(玉)도 의미부이고, 패(貝)도 의미부이다."라는 말은 최고 보물의 속성을 가진 세 가지 물건(즉 옥, 패, 집)으로 '보(寶)'자의 본래의미를 설명한 것이라 하겠다.

(4) 화복(禍福)의 의지처

'복(福)'자의 구성을 보면, 서주(西周)와 춘추(春秋) 금문(金文)의 경우 '면(宀)'의 형체를 포함한 자형도 있는데, 어떤 경우는 '면(宀)'이 의미부이고 '복(福)'이 소리부인 경우도 있고, 또 어떤 경우는 '면(宀)'이 의미부이고 '부(畐)'가 소리부인 경우도 있다.

　　　（王伯姜鼎）　　　（邾大宰鐘）　　　（黃子壺）

「왕백강정(王伯姜鼎)」 명문에서 "왕백강이 계희(季姬) '복(福)'을 위해 준(尊)과 정(鼎)을 만듭니다.(王白(伯)姜乍(作)季敃(姬)福(福)女隣(尊)鼎.)"라고 했는데, 여기서의 '복(福)'은 인명이다. 「주대재종(邾大宰鐘)」에서도 "이것으로 눈썹이 희질 때까지 장수하시고 복(福)이 많기를, 또 만수무강하시기를 바랍니다.(用□釁(眉)耆(壽)多福(福), 萬年無彊(疆).)"라고 했는데, 여기서 '복(福)'의 의미는 바로 화복의 '복(福)'이다. 또 「황자호(黃子壺)」에서도 "황자가 황부인의 행기(行

器: 이동용 기물)를 만들었으니, 영원히 복(福)을 누리시기 바랍니다.(黃子乍(作) 黃父(夫)人行器, 牖(則)永祜礥(福).)"라고 했는데, 여기서 '복(礥)'의 의미도 화복의 '복(福)'이다.

특이하게도, '복(福)'과 동일한 의미를 나타내는 '호(祜)'자도 '면(宀)'으로 구성된 형태를 많이 취했다.

（黃君孟鼎）　　（黃子盉）

이들 문장의 용례를 보면 모두 "영원히 복을 누리십시오(永祜礥(福)"라고 되어 있다. '복(福)'과 '호(祜)'자는 본래 신과 관련된 '시(示)'를 의미부로 삼았는데, '면(宀)'으로 '시(示)'를 대체하여 그 의미를 표현했던 것은 의심할 여지없이 글자창제 사고에서 '면(宀)'이 '복우(福佑)'와 연관되었음을 보여준다. 이러한 연관성에 기초하여, 우리는 '면(宀)'과 '재앙' 간의 연관성을 더 쉽게 이해할 수 있다. 즉 갑골문의 '재(災)'자에는 여러 형태가 있는데, 그 중 하나는 바로 '면(宀)'으로 구성되었다.

"□□일에 [점을 칩니다]. □가 물어봅니다. 재앙이 생기지 않을까요?(□□[卜], □, 貞𤏳不隹脖(孽).)"(『합집』 7996) 여기서 '𤏳'는 화(火)와 면(宀)이 의미부로 결합한 회의구조로, 바로 '재해'라는 의미의 '재(災)'자이다. "재앙이 생기지 않을 것이다(不唯腭)."는 것은 흉재가 없을 것이라는 의미이다.

(5) 수호(守護)의 대상

'수(守)'자는 고문자에서 '면(宀)'과 '우(又)'(때로는 장식 획이 더해지기도 함)로 구성된 모습으로 썼다.

'우(又)'는 사람의 손으로, 무엇인가를 지키는 도구이며, '면(宀)'은 그 지킴의 대상이다. 이는 글자 창제자의 눈에 주거 건축물이야말로 가장 중요하게 지켜야 할 대상이었음을 보여준다. 은상(殷商)과 서주(西周) 금문(金文)에서 '수(守)'는 대부분 족명(族名)이나 인명(人名)으로 사용되어, 그 이름이 '수호(守護)'와 관련이 있는지는 이미 고증하기 쉽지 않다. 그러나 춘추시대의 「후마맹서(侯馬盟書)」의 "두 궁을 지키지 않는다(不守二宮)"와 전국시대 「수구각석(守丘刻石)」의 '수구(守丘)'(즉 수묘(守墓))가 '수호(守護)'의 의미임은 의심할 여지가 없다.

'수(守)'와 대조를 이루는 글자가 '구(寇)'인데, 갑골문에서는 다음과 같이 썼다.

도적이 무기를 들고 '집(宀)' 안으로 들어와 몽둥이로 부수고 행패를 부리는

모습이다. 여기서 작은 점들은 실내의 물건들이 부서져 어지러운 모습을 나타낸다. 복사에는 이렇게 쓰여 있다. "6일 후의 무술일에 과연 재앙이 왔다. '만(曼)' 땅에서 도적들이 쳐들어왔다.(气至六日戊戌允出[來嬉], 有𡧶(寇)才曼.)"(『합집』583 뒷면) 이 복사는 점복을 행한지 6일 후의 무술일에 과연 [점괘대로] 외부에서 재앙이 발생했는데, 도적들이 '만' 땅에 나타났음을 말한다. 서주 및 이후의 금문에서 '구(寇)'자는 본래의미로 쓰이는 것 외에 많은 경우 관직이름(官名)인 '사구(司寇)'의 '구(寇)'로 쓰였는데, 이 '구(寇)'의 의미도 바로 '도적'이다. 자형의 측면에서, '면(宀)' 아래의 사람은 '도적'에서 '피해자'로 바뀌었는데, 다음과 같이 쓰인다.

이 자형들은 혹은 인(人)이 의미부이고 복(攴)도 의미부인 구조이거나, 아니면 인(人)과 과(戈: 무기)가 '면(宀)' 아래 있는 형태로, 사람이 폭력을 행사해 '집(宀)' 안으로 강제 진입하게 하는 모습을 나타내며, 이로써 '강탈'의 의미를 표현했다. 이렇듯 '도적(寇)'의 재앙이 가장 집중적으로 표현된 것은 바로 '집(宀)'에서 사람을 내쫓아내고 다른 사람의 '집(宀)'을 자신의 것으로 차지하는 것이었다.

(6) 생존의 공간

‘면(宀)’에서 파생된 글자들은 ‘포함되지 않는 것이 없다’고 할 정도로 의미가 풍부하다.

$$察 \; (察) \quad 完 \; (完) \quad 審 \; (審)$$

예컨대, ‘찰(察)’자에 대해 『설문』에서는 “덮다는 뜻이다. 면(宀)과 제(祭)가 모두 의미부이다.(覆也, 从宀·祭.)”라고 하였다. 『설문해자계전(說文解字繫傳)』에서는 이를 “면(宀)이 의미부이고 제(祭)가 소리부이다”로 수정했는데, 매우 정확한 해석이다. ‘덮다’는 뒤덮는 것, 즉 ‘무소불포(無所不包: 모든 것을 다 포함하다)’의 의미이며, 그 의미를 표현하는 글자가 ‘면(宀)’이다. 이를 통해 ‘명찰동실(明察洞悉: 관찰력과 통찰력이 매우 뛰어나다)’의 의미가 나왔다. 『수호지진간·진률』(123)에서 “이틀 이상부터를 불찰(不察)이라고 한다(自二日以上爲不察(察))”라고 한다고 했다. 일부에서는 『설문』의 해석을 이렇게 설명하기도 한다. “덮다는 뜻이 윗사람이 아랫사람을 살핀다는 의미로 확장되었으니, 찰(察)의 의미도 마찬가지이다.”(정지동(鄭知同), 『설문상의(說文商議)』) 그러나 “윗사람이 아랫사람을 살핀다”는 설명은 ‘면(宀)’에서 파생된 다른 글자들을 설명할 수 없기 때문에 믿기 어렵다.

‘완(完)’자에 대해 『설문』에서는 “온전함을 말한다(全也). 면(宀)이 의미부이고 원(元)은 소리부이다.”라고 했다. ‘완전하다(完全)’는 뜻을 단 하나의 ‘면(宀)’으로 표현하고 있는데, 이는 사실 ‘찰(察)’자에서 ‘면(宀)’으로 ‘덮다(覆也)’는 뜻을 표현한 것과 크게 다르지 않다. 또 '심(審)'자도 있는데, 『설문』에서 "심(宋)은 모두를 살핀다는 의미이다(悉也). 또 자세히 알아보다는 뜻이다(知宋諦也). 면(宀)이 의미부이고 변(釆)도 의미부이다. 심(圖)은 심(宋)의 전서체로 번(番)으로 구성되었다."라고 했다. 『설문해자계전』에서는 이를 더 명확하게 설명했다. "면(宀)은 덮다는 뜻이다. 변(釆)은 구별하다는 뜻이다. 덮어서 깊이 구별할 수 있다는 의미이다." 이는 "면(宀)과 변(釆)으로 구성되어" '모든 것(宀)을 구별(釆)하는 것'이 이 글자의 의미임을 말해 주고 있다.

'면(宀)'이 '무소불포'라는 의미를 갖게 된 것은 아마도 고대인들이 자연천지를 하나의 큰 집으로 정의했던 것과 관련이 있을 것이다. 『회남자·람명훈(覽冥訓)』에서 이렇게 말했다. "아주 옛날에는 사극(四極)이 무너지고, 구주(九州)가 갈라지고, 하늘이 모두 덮지 못하고, 땅이 두루 실어 나르지 못했다.……여와(女媧)가 오색 돌을 녹여 창천(蒼天)을 보충하고, 자라의 다리를 잘라 사극(四極)을 세웠다.(往古之時, 四極廢, 九州裂, 天不兼覆, 地不周載, ……女媧煉五色石以補蒼天, 斷鼇足以立四極.)" 여기서 말한 '극(極)'은 곧 '집의 들보'이다. 고대 신화에서 묘사된 인류의 먼 옛날 참화는 자연계라는 이 큰 집이 와르르 무너진 것에 다름 아니다. 그리하여 세상의 모든 것은 '집(宀)' 안의 물건이 되었던 것이다.

심(審)'의 갑골문과 금문 자형이 소전(小篆)과는 다르다는 것은 주목할 만하다.

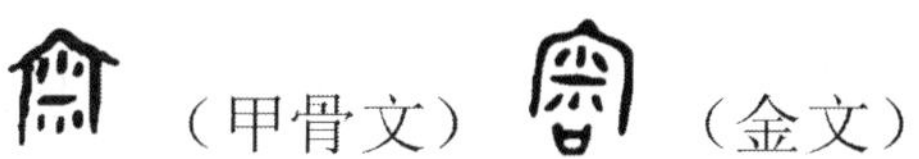

복사에는 "임진일……심(宋)이 불탔다……취하다.(壬辰……宋(宋)焚……取.)"(『합집』10678)라고 되어 있다. 물론 문장이 불완전하여 '심(審)'자의 의미는 더 고찰이 필요하다. 서주 때의 「오사위정(五祀衛鼎)」 명문에는 "내가 '가(賈)'의 밭 다섯 마지기를 자세히 살폈다.(余宋賈田五田.)"라는 말이 있는데, 宋은 '심(審)'으로 해석되며, '宋'과 비교해 볼 때 '宋'은 그 구성에서 '구(口)'가 추가되었을 뿐 나머지는 모두 같다. 이런 변화는 고문자 변천의 일반적인 모습이므로 이들 두 글자가 같은 글자임이 분명하다. 갑골문 '심(宋)'자의 구성을 보면, 이 글자는 실제로 '면(宀)' 안에 '미(米: 쌀)'가 든 형태로 보인다. 이에 대한 해석으로는 다음과 같은 설명이 가능하다. 방 안에 쌀(곡식)이 있는 양은 한정되어 있으니, 주인은 그것을 분명하게 알고 있어야 한다. 만약 이 설명이 정확하다면, 당시 '심(審)'자 속의 '면(宀)'은 여전히 소박한 본래의미를 사용했던 것이다. 이후 사람들의 사고가 발전하면서 '면(宀)'이 '생존 공간'의 의미로 해석되어, '미(米)'를 '변(釆)'으로 바꾸어 '심(審)'의 글자창제 근거를 업그레이드했다. '찰(察)'과 '완(完)' 등과 같은 글자들이 모두 비교적 후대에 생겨난 것을 볼 때, 이는 아마도 역사적 사실에 부합한다 할 것이다.

(7) '우(宇)'와 '주(宙)'의 시간과 공간

현대인의 관념에서 '우(宇)'는 무한한 공간 개념을 지칭한다. 그래서 '우항(宇航)'이라 하면 우주여행을, '우내(宇內)'라 하면 천하를 가리킨다. 물론 이러한 개념도 고대인들로부터 전해진 것이다. 『회남자·제속훈(齊俗訓)』에서 "사방상하를 우주(宇宙)라 한다(四方上下謂之宇宙)."라고 했는데, 이는 오늘날 '우(宇)'에 대한 우리의 이해와 기본적으로 일치한다. 그러나 '우(宇)'자의 구성을 살펴보면 그 표의 부호는 단지 '면(宀)'에 한정된다는 것을 알 수 있다. '면(宀)'은 한자에서 거주 가능한 건축물을 표시하니, '우(宇)'자의 본래의미는 '옥첨(屋簷: 지붕의 처마)(『설문』)이다. 이른바 '옥첨'이란 '처마'를 말한다. 여기까지 이야기하면, 우리는 분명 이런 의문에 직면하게 될 것이다. 고대 중국인들은 왜 본래 '처마'를 표현하던 '우(宇)'를 써서 무한한 자연 공간을 표현했던 것일까?

일반적으로 말해서, '우(宇)'자의 본래의미인 '처마'와 이후의 파생의미인 '무한한 시공간'은 어떤 연관성이 있다고 할 수 있다. '처마'는 인공 건축물의 가장자리로, 건축 공간을 정의하고 대표하는 존재가 될 수 있다. 그러나 고대인들이 건축 공간의 명칭으로써 무한한 자연 공간을 지칭했던 비밀을 진정으로 이해하려면, 인공 건축물이 인류 생존에 미친 영향을 먼저 탐구해야 한다.

초기 인류가 이 세상에서 생존할 당시, 인류는 단순히 자연 환경에만 적응했을 뿐이다. 그래서 주거 방식에서도 처음에는 동물처럼 산골짜기 동굴에 몸을 숨기거나 나무 위에 주거 둥지를 만들었다. 그래서 자연계의 풍상설우(風霜雪雨)의 침습과 맹수와 뱀, 벌레의 재앙을 피할 수가 없었다. 이러한 고통스러운 경험에 대한 기록이 초기 문헌에 많이 실려 있다. 예컨대, 『회남자·저론훈(詆論訓)』에서 "옛날에 백성들은 습지에 살고 동굴에 머물렀는데, 겨울에는 서리와 눈, 안개와 이슬을 이겨내지 못했고, 여름에는 더위와 독충과 뱀을 이겨내지 못했다.(古者民澤處復穴, 冬日則不勝霜雪霧露, 夏日則不勝暑蟄蝎蛇.)"라고 했다. 이런 상황의 변화는 인공 건축물이 출현하고서야 가능했다. "성인이 나타나 그들을 위해 흙을 쌓고 나무를 세워 궁실(宮室)을 지었다. 위에는 용마루를 두고 아래에는 처마를 두어 풍우를 막고 한서(寒暑)를 피하니, 백성들이 이를 편안히 여겼다.(聖人作, 爲之築土構木, 以爲宮室, 上棟下宇, 以蔽風雨, 以避寒暑, 而百姓安之.)" 바로 이런 이유로, '안전'이나 '안녕' 등의 의미를 나타내는 한자는 대부분 '면(宀)'을 표의 부호로 사용했다. 예를 들면, '안(安)', '녕(寧)', '정(定)', '연(宴)' 등이 그렇다. 물론, 건축물이 고대 인류를 보호한다는 것은 같은 인류(同種) 중에서도 적대적인 세력의 침입을 막는 것도 포함되었는데, '수위(守衛: 지키다)'의 '수(守)'에서 '면(宀)'은 지켜야할 대상이자, 더더욱 지키는 방벽이기도 했다.

이는 바로 자연의 힘을 비롯해 적대적인 동종과의 투쟁이라는 필요가 바로 고대인들로 하여금 건축이라는 수단으로 자신의 생존 세계를 구축하려는 욕구를 자극했다. 그리고 『노자』에서 묘사한 것과 같이 고대사회는 "닭 우는 소리와 개 짓는 소리가 서로 들리나, 늙어 죽을 때까지 서로 왕래하지 않는다."라는 '소국과민(小國寡民)'의 세계였다. '소국과민'의 사회는 사람들이 건축물로 자신을 폐쇄하는 데 편의를 제공했다. "서로 왕래하지 않는" 자연경제는 또 사람들의 자기 폐쇄 욕구를 강력하게 자극했다. 후대의 만리장성, 도시의 성벽, 심지어는 마을의 토담, 나무 울타리, 전통 가옥의 사합원(四合院) 등은 모두 고대인들의 이러한 의식의 물질적 전승이다.

고대인들에게 건축물로 봉쇄하던 습관이 있었기에, 인공 건축물은 그들의 생존 세계와 관련되었다. 따라서 그들의 관념 의식 속에서 자연 천지는 다름 아닌 거대한 집이었다. 『회남자·람명훈(覽冥訓)』에서 "먼 옛날에는 사극(四極)이 무너지고, 구주(九州)가 갈라지고, 하늘이 모두 덮지 못하고, 땅이 두루 실어 나르지 못했다……　여와(女媧)가 오색 돌을 녹여 창천(蒼天)을 보충하고, 자라의 다리를 잘라 사극(四極)을 세웠다."라고 했었다. 여기에서 묘사된 먼 옛날의 인류의 재앙은 자연계라는 이 거대한 집이 우르르 무너진 것에 다름 아니었음이 명백하다. 이로 볼 때, 건축물의 가장자리를 상징하는 '우(宇)'가 고대인들의 의식 속에서 자연 공간의 대표가 될 수 있었던 것은 논리에 완전히 부합한다.

오늘날의 언어에서 '주(宙)'는 단독으로 거의 사용되지 않으며, 주로 '우(宇)'와 결합하여 '천지만물(天地萬物)'을 표현했다. 그러나 고대 한어에서 '주(宙)'는 '우(宇)'와 완전히 다른 의미를 갖고 있었다. 『회남자·제속훈(齊俗訓)』에서 "과거와 현재를 주(宙)라 한다."라고 했다. 분명히, '우(宇)'자가 무한 공간의 개념을 표현하는 것과 대응하여, '주(宙)'가 표현한 것은 무한 시간의 개념이었다. '주(宙)' 또한 '면(宀)'을 유일한 표의 부호로 사용한 한자로, 우(宇)에 상응하여 '주(宙)'의 본래의미는 '방량(房梁: 지붕의 대들보)이다. 건축물의 부재인 방량이 어떻게 무한 시간이라는 개념과 한 몸이 되었던 것일까? 이 역시 한자에서의 수수께끼이다.

영조학(營造學: 건축학)5)의 각도에서 분석하자면, '방량'은 주택 구조에서 여러 가지로 매우 중요한 의미를 지닌다. 우선, 위치적으로는 중국 전통의 경사진 지붕 건축에서 가장 중심이 되고 가장 높은 곳에 자리한다. 기능적으로는 전체 건축 구조에서 주택의 지붕을 지지하는 기능을 실현하는 핵심 부재가 '방량'이다. 또 건축물의 시공 과정에서 보면, '방량'의 설치는 마지막 단계에 해당

---

5) [역주] 영조학(營造學)의 영(營)은 '경영하다', '계획하다', '꾸리다'는 의미로 건축물의 '계획적 배치'를 강조했는데, 건축은 단순히 구조물을 세우는 것이 아니라, 공간을 설계하고 기능을 고려하는 종합적인 경영(經營) 과정을 의미하기 때문이다. 조(造)는 '만들다'는 뜻으로 건축의 '물리적 제작'을 말한다. 따라서 영조학(營造學)은 '계획(營)+제작(造)+학문(學)'이라는 의미로, 건축을 이론과 실무가 결합된 종합 예술 및 공학으로 보는 중국 전통의 관점을 반영했다. 이는 서양의 'Architecture'(건축)가 설계와 구조를 통합한 개념인 것과 비슷하게, 인문학적 기획(營)과 공학적 실행(造)의 통합을 강조한 용어이며, 중국의 건축이 도시 계획, 풍수, 예술 등과 결합된 종합 학문이었음을 보여주는 명칭이라 할 수 있다.

하며, 일단 ‘방량이 설치되면 전체 건축 구조가 완성되고 그 기능도 발휘되기 시작한다. 매우 분명하게, ‘방량의 이러한 특성은 실제로 그것이 민가 건축에서 시간적 연속성의 물질적 담지물이 되도록 했다. 이는 ‘주(宙)’가 이후에 ‘왕고래금(往古來今)’의 의미를 갖게 된 것과 무관하지 않았을 것이며, 그 영향도 단지 여기에 그치지만은 않았을 것임은 당연하다.

고대사회에서 ‘방량은 특별한 예우를 받았다. 『역경(易經)』에는 고대인들이 ‘방량을 제사 대상으로 여겼다는 기록이 있다. 「대과괘(大過卦)」에서 이렇게 말했다. “대과(大過)괘: 들보가 휘어질 정도로 부담이 크지만, (신중히 하면) 통달할 수 있다. 초육(初六): 흰 띠 풀을 깔아 신중히 한다면 허물이 없으리라.(大過, 棟撓, 享. 初六, 藉用白茅, 無咎.)”6) 전통적인 상량의식(上梁儀式)은 오늘날까지도 여전히 존재하는 민간 풍속으로, 우리는 생활 속에서 지금도 상량의식의 전모를 볼 수 있다. 소위 ‘상량의식’이란 집을 지을 때 대들보를 설치하는 과정에서 행하는 기도(祈禱)와 축하의 의미를 담은 특별한 의례(儀禮)를 말한다. 역대 상량축문(上梁祝文)을 살펴보면, 상량의식의 핵심 목적은 인생의 행복이 영원히 이어지길 기원하는데 있었다. 예컨대, 원(元)나라 때의 「대룡흥집경사정전소상량문(大龍興集慶寺正殿小上梁文)」7)에는 다음과 같이 기록되어 있다.

---

6) [역주] 고대 중국에서 흰 띠 풀은 제사나 중요한 의식에 사용되며, 경건하고 조심스러운 태도를 나타낸다. 그래서 전체 의미는 “들보가 휘어질 정도로 무거운 짐을 지고 있지만, 흰 띠 풀처럼 부드럽고 정성스러운 마음으로 대처하면 문제를 막을 수 있다”는 뜻이다.

7) [역주] 대룡흥집경사(大龍興集慶寺)는 원나라 제12대 황제 문종(文宗, 투그 테무르, Tugh Temür)이 자신의 옛 저택을 사찰로 개조하여 1330년에 창건한 절로, 당시 국가적으로 중요한 사찰 중 하나였다. ‘정전(正殿)’은 중심 법당인 대웅보전(大雄寶殿)을 가리키며, ‘상량문(上梁文)’은 건물의 주요 보(梁)를 올리는 상량식(上梁式)에서 길흉과 복

(삼가) 생각하옵건대, 용의 빛이 찬란하게 빛나고, 상교(象教: 불교)가 이제 막 흥성하니[8], 엄숙하게 정전(正殿)의 높임을 갖추어, 오로지 기원(祇園: 불교 사원)의 뛰어남을 받들려 하나이다.[9] 위의 용마루와 아래의 처마는 이제야 훌륭한 장인에 의해 구축되고, 가는 서까래와 큰 도리는 모두 튼튼한 줄기에서 재료를 갖추었나이다. 이루어진 규모 이곳에 있으니, 원력은 오직 크고도 넓습니다. 삼가 바라건대, 하늘께서는 성스러운 마음을 도우시고, 부처님께서는 신묘한 운을 더하시어, 백 리에 이르는 이 난간에는 하늘에서 내려오는 자비로운 구름이 옮겨지고, 만세의 산하처럼 인간 세상의 복된 땅에 영원히 머무르게 하소서.

(伏以龍光有赫, 象教方興. 式嚴前殿之崇, 砥奉祇園之勝. 上棟下宇, 方締構於良工; 細桷大㭍, 並具材於貞干. 成規斯在, 願力維弘. 伏願天相聖心, 佛加神運. 百里闌楯, 移來天上之慈雲; 萬歲山河, 永鎮人間之福地.)[10]

이를 통해 알 수 있듯이, 상량의식은 결국 거기에 거주할 사람들이 대대손손 행복하고 영원히 번영하기를 기원하는 의식이다. 여기서 '대들보(梁)'는 자자손손 이어지는 사람들의 생활환경을 결정해 주는 신기한 기능을 가진 것으로 여겨졌다. 이러한 전통적 관념은 원래 '집의 대들보'를 의미하는 '주(宙)'자가 '옛

을 기원하며 송독(誦讀)하는 의식문이다. '소상량문(小上梁文)'은 정식 상량문보다 규모가 작거나, 별당·부속 건물 등에 사용된 보조적 형식의 상량문을 뜻한다.

8) [역주] 용의 빛(龍光)은 천자(皇帝)의 은혜나 위엄을 비유하는데, 여기서는 원나라 문종(皇帝)의 후원과 권위를 의미한다. 상교(象教)는 불교의 별칭으로, 부처님의 형상(象, 像)과 가르침(教)을 통해 교법을 펴기 때문에 이렇게 불린다.

9) [역주] 기원(祇園)은 '기수급고독원(祇樹給孤獨園)'의 약칭으로, 고대 인도 사위국(舍衛國)의 장자(給孤獨)가 세운 정원으로, 석가모니가 자주 설법했던 장소 중 하나이다. 여기서는 일반적으로 훌륭한 불교 사원을 의미한다.

10) 이수생(李修生) 주편, 『전원문(全元文)』 제27책 903, 남경: 강소고적출판사, 1999년, 723쪽.

날부터 지금까지(往古來今)'라는 이러한 무한의 시간 개념을 갖게 된 또 하나의 중요한 요소임이 분명하다.

위에서 우리는 '면(宀)'자에 대해 다차원적으로 해석을 해 보았다. 그 결과를 한마디로 요약하자면, 인간의 생존 환경은 건축물에 크게 의존했다는 것이다. 그리고 이러한 관계 구조의 공간 속에서, 예법(禮法)은 정상적이고 안정적인 상태를 유지하는 데 필수적인 지지대가 되었으며, 그 지지력의 강도에 대한 요구 또한 시대와 함께 발전했다.

제2절 '궁(宮)'과 '당(堂)' 속의 규칙

1. '궁(宮)' 속의 일들

소설가 가평오(賈平凹)는 「사람은 왜 죽기를 원하지 않는가(人爲什麼都不肯死)」[11]에서 이런 말을 했다. 중생들은 "사람이 태어나는 곳을 '자궁(子宮)'이라 부른다. 마치 그가 인간 세상에 오기 전에 황제의 대우를 받았던 것처럼 말이

---

11) [역주] 가평오(賈平凹, 1952~)는 산서성 상락(商洛)시 출신의 중국 현대 대표 작가로, 중국 사회의 변동 속에서 농촌과 도시, 전통과 근대의 갈등을 심층적으로 탐구해온 인물이다. 초기에는 농민의 삶을 사실적으로 묘사한 '농촌문학' 계열로 주목받았으며, 대표작으로 『폐도(廢都)』(1993), 『진강(秦腔)』(2005), 『고로(古爐)』(2011), 『산본(山本)』(2015) 등이 있다. 그의 작품은 서북지방의 방언과 민속, 도교적 세계관을 풍부하게 활용하여 현실과 신화, 일상과 초월의 경계를 넘나드는 독특한 서사미학을 구축했다. 특히 『폐도』는 개혁 개방기 지식인 사회의 타락과 욕망을 노골적으로 드러내어 한때 금서가 되었으나, 이후 문학적 성취로 재평가 받았다. 가평오는 일상적 언어 속에서 인간 존재의 원형적 감정과 윤리적 혼란을 포착하며, 중국 근현대의 문명적 변화를 토착적 서사로 재구성한 작가로 평가된다.
그가 쓴 철학적 산문인 「사람들은 왜 죽기를 원치 않는가」는 죽음이라는 인류의 보편적 주제를 깊이 탐구했다. 작가는 "유명인물의 죽음은 천지를 뒤흔들지만, 소인물의 죽음은 그저 눈을 감는 것과 같다."는 표현으로 삶과 죽음의 대비를 선명하게 그린다. 그는 중국 민간에서 죽음을 "어두운 저승으로 가는 것"으로 두려워하는 반면, 임종을 앞둔 이들이 오히려 평온한 미소를 짓는 역설적 현상을 주목했다. 그는 도교, 불교, 유물론적 관점으로 죽음을 다각적으로 해석하고, 공자의 "아침에 도를 들으면 저녁에 죽어도 좋다"는 말을 인용해 죽음이 깨달음의 완성일 수 있음을 시사한다. "인생은 여행과 같아, 한 번 온 사람은 다시 오고 싶지 않지만, 아직 오지 않은 사람들은 계속 찾아온다."라는 문장은 생명의 순환과 인간 욕망의 대비를 통해 중국의 '만수무강' 문화를 비판하며, 죽음을 자연스럽게 받아들이는 태도의 중요성을 일깨워주었다.

다.” ‘궁(宮)’은 전통적인 주택 건축의 명칭이지만 현대어에서는 분명히 귀족적 느낌이 있어, 보통 ‘궁전(宮殿)’이나 ‘황궁(皇宮)’ 등을 나타내는데 사용된다. 그러나 전해지는 고대문헌에서 ‘궁(宮)’은 그렇게 귀족적인 느낌이 없어 보인다. 『역경·곤괘(困卦)』에서 “그의 집[宮]에 들어가도 아내를 보지 못하니, 흉하다(상서롭지 않다).(入於其宮, 不見其妻, 不祥也.)”라고 했다. 여기서 말하는 “그의 집[宮]에 들어간” 사람은 황제도 아니고 그렇다고 특별히 귀족을 지칭하는 것도 아니며, 단지 일반인일 뿐이다. 『이아·석언(釋言)』에서도 ‘궁(宮)’을 ‘실(室)’과 동의어로 열거했다. “궁(宮)은 실(室)이라 하고, 실(室)은 궁(宮)이라 한다.” 『한어대사전(漢語大詞典)』의 ‘궁(宮)’의 첫 번째 의항에서도 “고대에 주택이나 거실을 일컫던 통칭”이라고 했다.

그러나 출토 고문자 자료를 보면 상황이 그렇게 단순하지만은 않다. 갑골문에서 ‘궁(宮)’자를 다음과 같이 썼다.

[갑골문의 ‘궁(宮)’자]

자형을 보면 윗부분인 ‘면(宀)’이 아래를 덮고 있으며, ‘면(宀)’ 속에는 ‘呂’ 또는 ‘吕’, ‘吕’ 등이 들어 있다. 나진옥(羅振玉)은 이를 두고 이렇게 해석했다. “吕나 吕 등으로 구성되었으니, 방이 여럿 있는 모습이고, 吕으로 구성되었으니, 이 방이 저 방으로 통하는 모습이다.”[12] 여기서 말하는 ‘방이 여럿 있는 모

─────────────────────────────

12) 나진옥(羅振玉), 『증정은허서계고석(增訂殷虛書契考釋)』(중), 동방학회 석인본 영인, 1927년, 12쪽.

습'의 　, 　, 　 등에 대해, 일부 학자들은 이것이 바로 '궁(宮)'의 초기문자라고 보았다. 예컨대, 이효정(李孝定)은 이렇게 말했다. "면(宀)을 생략하고 단지 　나 　 등으로 쓴 것도 '궁(宮)'자이다. 이의 본래의미는 '실(室)'이니 　이나 　에서 그 의미가 이미 드러난다."(『갑골문자집석(甲骨文字集釋)』) 새로 출토된 『화원장동지(花園莊東地) 갑골문』에는 '　'자가 있다. "병일에 점을 칩니다. '자'가 '왕(往)'제사를 　에서 지낼까요? 말하기를, 다시 기도해보라. 말하기를, 　에서 지내라. 첫 번째 점복이었다.(丙卜: 子其往　, 曰又求, 曰往　, 一.)"(제53편). 여기서 말한 '왕(往)'은 제사 이름으로, 후대의 '양(禳)'제사이므로, 일부 학자들은 　이 바로 '궁(宮)'의 간체자라고 보기도 한다.[13] 그리고 '왕궁(往宮)'은 바로 '궁(宮)'에서 '양(禳)'제사를 드리다는 뜻이다.

앞에서 분석한 '궁(宮)'의 구조는 출토문헌의 실제 용례에서도 지지를 받을 수 있다. 관련된 고문자 예문을 정리해보면, '궁(宮)'을 지칭한 대부분이 여러 개의 방이 포함된 왕(王)의 종묘 건축을 지칭함을 발견할 수 있다.

갑골문에서 '궁(宮)'은 지명으로도 사용될 수 있었다. 예를 들면 "……물어봅니다. 왕께서 '궁(宮)' 땅에서 수렵을 하면, 재앙이 없을까요?(……貞, 王其田于宮, 亡災……)"와 같은 문장이 자주 보인다. 은나라 왕이 '사냥(田獵)'했던 이 장소를 왜 '궁(宮)'이라 불렀는지는 복사에 설명이 없다. 그러나 일반적인 지명 명명 규칙을 보면, 그곳의 산천이나 하천, 또는 건축물 등과 같은 어떤 대표적 경관 때문에 이로써 그 지역의 이름을 지었다. 그렇다면 '궁(宮)'은 당연히 건축물에 속할 것이다. 갑골문의 '궁(宮)'은 '종묘(宗廟)'의 건축 형식으로, 자주 '공

---

13) 심건화(沈建華), 「복사 중의 건축―공궁(公宮)과 관(館)」, 『갑골문과 은상사(甲骨文與殷商史』 2008년 신(新) 제1집.

궁(公宮)’이라 불렸다.

> “임술일에 점을 칩니다. 물어봅니다. ‘獄’ 땅에 있는 ‘대읍상’의 종묘에, 이
> 밤이 다할 때까지 재앙이 없을까요? 편안할 것이다.(壬戌卜, 貞才獄, 天邑商
> 公宮, 卒兹夕亡猒, 甼.)”(『합집』 41758)

이 복사 예문에 따르면, ‘공궁(公宮)’은 ‘獄’ 지역의 ‘대상읍(大商邑)’ 내에 설
치된 종묘를 말하며, ‘우(憂)’는 ‘우환(憂患)’을 뜻하고, ‘녕(甼＝寧)’은 후대의 ‘안
녕(安寧)’의 ‘녕(寧)’자이다. 복사의 대체적인 의미는, 이 종묘가 밤새도록 안녕
하고 재해가 없을지를 은나라 왕이 점을 쳐 물었다는 것이다. 복사의 ‘공궁(公
宮)’에 대해 학자들은 더 깊은 분석을 하기도 했는데, ‘공(公)’은 바로 죽은 선
조의 시호를 말한다는 것이다. ‘궁(宮)’은 왕실 종묘를 가리키는데,『주례·왕제
(王制)』에서 “소학(小學)은 공궁(公宮)의 좌측에 있고, 대학(大學)은 교외에 있
다.”라고 했다. 여기서 말한 ‘공궁(公宮)’과 복사에서 말한 ‘공궁(公宮)’은 이름이
같다. 이는 서주와 은나라 때의 ‘공궁(公宮)’이라는 건축물의 계승 관계를 충분
히 설명해주고 있으며, 이는 ‘공궁(公宮)’의 역사적 연원이 적어도 상(商)나라
때까지 거슬러 올라감을 반영한다.14)

갑골문에는 ‘공궁(公宮)’ 외에도 ‘명궁(皿宮)’이라는 것도 있는데, 그 예문도
‘공궁(公宮)’과 유사하다.

> “갑오일에 점을 칩니다. 물어봅니다. ‘獄’ 땅에 있는 ‘대읍상’의 ‘명궁’에,

---

14) 심건화(沈建華), 「복사 중의 건축―공궁(公宮)과 관(館)」,『갑골문과 은상사((甲骨文與
　　殷商史』 2008년 신(新) 제1집.

[이 밤이] 다할 때까지 재앙이 없을까요? 편안할 것이다.(甲午卜, 貞才獄, 天邑商皿宮, 卒[玆夕]亡[illegible], 畀.)"(『합집』 36541)

그럼 '명궁(皿宮)'이란 무엇인가? 학자들은 "고대에 제물을 죽여 그 피를 바쳐 종묘에서 제사지내 신을 내려오게 하고 복을 비는 예속이 있었는데, '명궁(皿宮)'은 아마도 본 제사 전에 준비하는 제물을 도살하고 피를 채취하던 궁(宮)으로 보인다."라고 한다.15) 그래서 '명궁(皿宮)'은 '공궁(公宮)'에 속하는 동일 종묘의 다른 건축물에 속한다고 보아야 할 것이다.

『화원장동지(花園莊東地) 갑골』 자료에는 또 '관(官)'(즉 후세의 '관(館)')'에서 제사를 드린 복사가 있다.

"임자일에 점을 칩니다. '牋' 제사를 비경(妣庚)의 시궁(示宮)에서 지낼까요? 동관(東館)에서 지낼까요? [이 점괘를] 사용하라.(壬子卜: 其牋妣庚示宮, 于東官(館), 用.)(『화동』 490)

'牋'은 제사 이름이고, '시궁(示宮)'은 항상 '비경(妣庚)'과 연계되어 있는 것으로 보아, 『화동갑골』에서 자족(子族)의 선조 배우자인 '비경'의 전용 사당이었던 것으로 보인다. 위의 복사에서 '관(官)'은 '관(館)'으로 통용되어 '여사(旅舍: 여관)'를 뜻한다. 이 예문은 '동관(東館)'이 '비경의 시궁(妣庚示宮)'이라는 종묘에 부속된 침실이었음을 보여준다.

서주(西周) 금문(金文)에서도 '궁(宮)'의 본래 의미는 마찬가지로 '주왕(周王)

---

15) 심건화(沈建華), 「복사 중의 건축－공궁(公宮)과 관(館)」, 『갑골문과 은상사((甲骨文與殷商史』 2008년 신(新) 제1집.

의 종묘'였다. 당란(唐蘭)은 유명한 논문인 「서주 청동기 시기구분에서의 '강궁(康宮)' 문제(西周銅器斷代中的'康宮'問題)」에서 「측이고석(夨彝考釋)」에서 제기한 '강궁(康宮)'이 강왕(康王)의 사당이라는 나진옥의 견해를 지지하였으며, '강궁(康宮)'의 문제를 체계적으로 논술하여 관련 청동기의 연대 판단 기준으로 삼았는데, 이것이 바로 그 유명한 '강궁원칙(康宮原則)'이다.16) 비록 이후에 곽말

---

16) [역주] 강궁원칙(康宮原則)은 당란(唐蘭, 1902-1979)이 그의 주요 논문 「서주 청동기 시기구분에서의 강궁 문제(西周銅器斷代中的康宮問題)」(1962)에서 체계적으로 제시한 서주(西周) 청동기 편년(編年)의 핵심 준거이다. 이 원칙의 요체는 서주(西周) 금문에 나타나는 '강궁(康宮)'이라는 명칭이 주 강왕(周康王)의 종묘(宗廟)를 특정하여 지시한다는 것이며, 따라서 '강궁(康宮)'이 기록된 청동기는 반드시 강왕(康王)의 서거 이후, 즉 최소한 그 후계자인 소왕(昭王) 시대 이후에 제작되었다고 단정해야 한다는 것이다.
당란은 이 원칙을 확립하기 위해 다음과 같은 치밀한 논거를 제시하였다. 첫째, '궁(宮)'자의 종묘적 함의의 측면에서, 서주(西周) 시대에 '궁(宮)'은 단순한 거주용 궁전이 아닌, 선왕(先王)의 신주(神主)를 봉안한 종묘(宗廟)의 의미로 빈번히 사용되었다. 따라서 '강궁(康宮)'은 '강왕(康王)의 종묘'로 해석하는 것이 문헌학적으로 가장 합당하다. 둘째, '강(康)'의 시호(諡號)적 성격의 측면에서, 곽말약(郭沫若) 등이 주장한 '강(康)'을 '아름답다', '크다'는 의미의 미칭(美稱)으로 보는 견해를 당란은 명확히 반박하였다. 금문에는 '소궁(召宮, 소왕의 사당)', '목궁(穆宮, 목왕의 사당)', '여궁(厲宮, 여왕의 사당)' 등 '[시호]+궁(宮)' 형식의 용례가 다수 확인된다. 그래서 '소(召)', '목(穆)', '여(厲)' 등은 모두 미칭이 아닌 시호라는 점에서, '강(康)' 역시 동일한 맥락에서 사용된 시호임이 논리적으로 입증된다. 셋째, 종법제도에 기반한 편년법의 측면에서, 고대 중국의 엄격한 종법제도(宗法制度) 하에서 특정 왕의 전용 사당은 그의 사후에만 건립될 수 있었다. 따라서 강궁(康宮)에서 거행된 제사, 책명(冊命), 기타 의례 등을 기록한 금문은 그 제작 시점이 강왕(康王) 재위 중일 수 없으며, 반드시 그 이후 시대에 귀속되어야 한다.
당란의 이러한 강궁원칙(康宮原則)은 서주(西周) 청동기 연구사에 획기적 전환점을 제공하였다. 먼저, 서주 청동기 시기구분의 절대편년의 기준을 확립했다. 즉 종래에는 주로 기물의 형태와 문양의 양식 분석에 의존하던 상대적 편년 작업에 절대적 시간축을 제공하였다. 이를 통해 당란은 「영이(令彝)」, 「영준(令尊)」, 「송정(頌鼎)」 등 일련의 중요 청동기군의 연대를 강왕(康王) 이후, 특히 소왕(昭王)과 목왕(穆王) 시기

약(郭沫若) 등이 다른 견해를 제시하면서, '강(康)'은 '종묘를 아름답게 부르는 말(美稱)'이라고 하면서 '강궁(康宮)'을 시기구분의 잣대로 삼는 것을 부정하긴 했지만, '궁(宮)'이 주왕(周王)의 종묘임은 모두가 인정한 바이다. 서주 금문에 보이는 "주왕이 '강궁(康宮)'에 계셨다"라는 기록을 분석해보면, 대략 다음과 같은 몇 가지 정황이 있다. 하나는 주왕이 '강궁(康宮)'에 있으면서 '태실(太室)'에 '도착(格)'하는 경우이다. 예컨대, 「양궤(揚簋)」에서 "왕께서 주(周)나라의 강궁(康宮)에 계셨고, 아침에 태실(太室)에 도착하셨다."라고 했고, 「휴반(休盤)」에서는 "왕께서 주(周)나라의 강궁(康宮)에 계셨고, 아침에 왕께서 태실(太室)에 도착하셨다."라고 했다. 다른 하나는 주왕이 '강궁(康宮)'의 어떤 궁이나 어떤 태실에 계셨다고 한 경우이다. 예컨대, 「송정(頌鼎)」에서 "왕께서 주(周)나라의 강소궁(康卲宮)에 계셨다."라고 했고, 「극수(克盨)」에서는 "왕께서 주(周)나라의 강목궁(康穆宮)에 계셨다."라고 하였으며, 「원반(袁盤)」에서는 "왕께서 주(周)나

로 확정하는 체계적 편년 안을 구축할 수 있었다. 다음으로, 서주사(西周史) 복원의 기초 구축했다. 정밀한 편년은 역사 연구의 전제 조건이다. 이 원칙을 통해 금문에 기록된 역사적 사건(전쟁, 행정 조치, 의례)이 발생한 왕대를 보다 객관적으로 비정(比定)할 수 있게 되었으며, 이는 서주(西周) 시대의 정치제도, 관제, 군제, 종법, 예술 등 제 분야 연구의 학문적 토대를 공고히 하는 역할을 담당하였다.

이처럼, 강궁원칙(康宮原則)은 제기 당시 곽말약(郭沫若)의 미칭설(美稱說) 등으로 인한 학술적 논쟁을 야기하였으나, 시간이 경과하면서 그 타당성이 광범위하게 인정받았다. 현재 대다수의 학자들(특히 중국 학계)은 '강궁(康宮)=강왕(康王)의 종묘'라는 당란의 기본 명제를 학계의 통설로 수용하고 있다. 물론 일부 세부적 적용에 대해서는 여전히 논의가 지속되고 있으나, '강궁(康宮)'이 출현하는 기물의 연대를 강왕(康王) 이후로 설정해야 한다는 원칙의 핵심은 서주(西周) 금문 연구의 필수불가결한 편년 도구로 확고히 정착되었다. 따라서 강궁원칙(康宮原則)은 단순한 편년 기법을 초월하여 금문 해석과 고대 제도에 대한 심층적 통찰에 기반하여 확립된 학문적 업적으로, 서주(西周) 역사와 문화를 탐구하는 데 있어 현재까지도 그 학술적 가치를 지속하고 있다.

라의 강목궁(康穆宮)에 계셨고, 아침에 태실(太室)에 도착하셨다.”라고 했다. 왕국유(王國維)는 「명당묘침통고(明堂廟寢通考)」에서 이렇게 지적했다. “이 세 가지 기물(필자 주: 즉 서주 청동기인 「망돈(望敦)」, 「환반(宦盤)」, 「송정(頌鼎)」)의 명문에서 모두 ‘해 뜰 무렵의 아침에 왕께서 태실(太室)에 도착하셨다’라고 했으니, 앞서 말한 ‘왕께서 어떤 궁에 계셨다’는 것은 분명 해 뜨기 전에 왕이 머물던 곳을 말한다.”[17] 이는 바로 조상의 사당에 침실이 설치되어 있어 제주가 이튿날 새벽에 일어나 제사 의식을 거행할 수 있게 한 것을 말한다. 양관(楊寬)은 이러한 예법을 이렇게 해석했다. “종묘에서 중요한 예식을 거행하기 전에, 지위가 높은 주인이나 귀빈은 종묘에 묵음으로써, 예식에 대한 존중을 표현했다.”[18]

이를 통해 알 수 있듯이, ‘궁(宮)’이라는 이러한 건축물에는 ‘명궁(皿宮)’, ‘관(官＝館)’, ‘태실(太室)’ 등 여러 건축 양식이 포함되어 있었으며, 이는 ‘궁(⊙)’, ‘궁(⊙)’, ‘궁(吕)’ 등의 구조와 글자창제 의도가 일치함을 보여준다.

주목할 만 한 점은, ‘궁(宮)’을 뜻하는 ‘궁(⊙)’, ‘궁(⊙)’, ‘궁(吕)’과 같은 이러한 자형에 대해 학계에는 다른 학설이 존재한다는 점인데, 그들은 이렇게 주장했다. “두 성읍이 서로 연결되어 화목의 의미를 나타낸다. 고대문헌에서는 이를 ‘옹(雍)’으로 쓰기도 했다. 『집운(集韻)』에서 ‘옹(雍)’은 화합을 뜻한다(和也). 친밀함을 뜻한다(睦也).’라고 했다.”[19] 이러한 설명은 고문자의 구조를 보아도

---

17) 왕국유(王國維)(저), 황애매(黃愛梅)(교주), 『왕국유수정관당집림(王國維手定觀堂集林)』, 항주: 절강교육출판사, 2014년, 61~62쪽.
18) 양관(楊寬), 「주대의 사회구조와 사회성질(周代的社會結構和社會性質)」, 『선진사십강(先秦史十講)』, 복단대학출판사, 2006년, 192쪽.
19) 황덕관(黃德寬)(주편), 『고문자보계소증(古文字譜系疏證)』, 북경: 상무인서관, 2007년, 1103쪽.

근거가 있을 수 있다. 갑골문에서 '정(丁)'을 'ㅁ'으로 썼는데, 이 구조가 바로 "성읍의 형태'를 나타내며, 바로 '성(城)'자의 초문이다."라고도 보기 때문이다.[20) 최근 학자들은 이 학설을 지지할 새로운 증거를 찾았다. 갑골 복사에 "병신일에 점을 칩니다. 토정(土丁)을 건설할까요?(丙申卜, 乍土丁.)"(『합집』 21039)라는 예문이 있는데, 여기서의 '정(丁)'은 '성읍(城邑)'의 '성(城)'으로 봐야 한다는 것이다.[21) 이 견해에 따르면, '궁(宮)'자에서 '면(宀)' 아래에 있는 것은 여러 개의 방이 아니라 화목한 관계에 놓인 여러 성읍을 말한다는 것이다. 이러한 해석은 서주 금문인 「보유(保卣)」의 명문과 연결해 생각해볼 만하다. 즉 "사방(四方)이 모여 왕의 큰 제사에 함께 참석했다.(于三(四)方迶(會)王大祀祓于周.)"라는 것이 그것이다. 이는 주나라 성왕(成王)의 제사를 묘사한 것인데, 그 의식은 당연히 '궁(宮)'에서 거행되었을 것이다. 그리고 '궁(宮)' 안에서 거행된 '대사(大祀)'는 '사방(四方)'에서 '제사를 도우러(즉 불(祓))' 온 제후들이 함께 모여 거행한 행사였다. 은주(殷周) 때의 방족(邦族)은 (商)을 '대읍상(大邑商)'이라 불렀던 것처럼 '읍(邑)'으로 지칭될 수 있었다. 따라서 '궁(宮)' 안에서의 기본 활동인 '대사(大祀)'는 사실상 여러 성읍(丁)의 귀족들이 화목하게 함께 모여 조상께 제사지내는 활동이었다. 이런 관점에서 보면, '궁(宮)', '궁(宮)', '궁(宮)'을 두고 "두 성읍이 서로 연결되어 화목의 의미를 나타낸다."라고 한 해석도 일리가 있다고 할 수 있다.

　물론 '궁(宮)' 안에서 일어난 이러한 일들에 대해서는 더 연구할 여지가 있다

---

20) 황덕관(黃德寬)(주편), 『고문자보계소증(古文字譜系疏證)』, 북경: 상무인서관, 2007년, 2134쪽.
21) 황천수(黃天樹), 「갑골 복사 중 상대 성읍에 관한 사료(甲骨卜辭中關於商代城邑的史料)」, 『황천수갑골금문논집(黃天樹甲骨金文論集)』, 북경: 학원(學苑)출판사, 2014년, 218~244쪽 인용.

는 것은 분명하다. 그러나 다음과 같은 몇 가지 점은 확실히 알 수 있다. 즉 '궁(宮)'은 제사 장소이며, "제사와 전쟁만이 국가의 대사이다.(國之大事, 在祀與戎.)"라는 말처럼 모든 예법은 제사에서 시작했다. 따라서 '궁(宮)'은 예법을 중시하던 곳이다. 제사 예법의 복잡성은 '궁(宮)'이라는 건축 형식도 이에 상응하여 복잡하기를 요구했으며, 그 결과 여러 개의 방으로 구성되는 것이 일반적이었다. 제사라는 예식은 가족의 대사였고, 족인들이 함께 모여 조상을 공경하는 일이었으므로, 보통 화목하고 조화로운 인간적 분위기가 조성될 수 있었다.

2. '당(堂)' 속의 윤리

중국어의 '당(堂)'이라는 단어에 초점을 맞추어보면, 여러 가지 이상한 용법이 존재함을 쉽게 발견할 수 있다. 예컨대, 부모를 왜 '고당(高堂)'이라 부를까? 재상을 왜 '중당(中堂)'이라 부를까? 사촌 형제를 왜 '당형제(堂兄弟)'라 부를까?

물론, '당(堂)'이 본래 일종의 거주용 건축물(예컨대 '전당(殿堂)'이나 '당옥(堂屋)' 등)이었으니, 이러한 문제에 답하려면 '당(堂)'의 건축적 특징으로부터 시작해야 할 것이다. 그렇다면 '당(堂)'이라는 건축물을 왜 '당(堂)'이라 불렀을까? '당(堂)'자의 자형으로부터 그에 관한 일부 정보를 찾아볼 수 있다.

당란(唐蘭)은 '冂'을 '당(堂)'의 초기문자로 해석했는데, "冂은 지면보다 높이 솟은 형태를 상징하며,……어원적으로 볼 때, 지면보다 높은 '당(堂)'은 높다는 의미의 '상(尚＝上)'에서 그 의미를 가져왔다."라고 했다.[22] 당란의 이러한 해석은 서주 금문에서의 '冂'의 용례를 통해 지지를 받을 수 있다. 하사품(賞品)으

---

22) 진검(陳劍), 「금문고석사칙(金文考釋四則)」, 장광유(張光裕), 황덕관(黃德寬)(주편), 『고문자학논고(古文字學論稿)』, 합비(合肥): 안휘(安徽)대학출판사, 2008년, 132~146쪽.

로 내려진 '⊓'과 '의(衣)'는 바로 '상(裳)'과 '의(衣)'이었으며, '당(堂)'과 '상(裳)'은 독음이 비슷하여 전자는 후자의 가차(假借)자로 쓰일 수 있었다. 물론, 이는 또한 거꾸로 가장 초기의 '당(堂)'자가 '⊓'임을 증명해 주기도 한다.

　글자창제 당시의 '⊓'의 본래의미를 보면, '당(堂)'은 지면보다 높게 건축된 기단(基壇)을 말했는데, 이러한 의미는 선진(先秦) 전승 문헌에도 보인다. 예컨대, 『상서·대고(大誥)』에서 "그의 아들이 당(堂: 기단)을 세우는 것도 마다하는데, 하물며 집을 지을 수 있겠는가?(厥子乃弗肯堂, 矧肯構.)"라고 했다. 이 문장의 의미는 아들이 집의 기초도 세우지 않으려 하는데 어떻게 집을 지을 수 있겠느냐는 것이다. 여기서 '당(堂)'은 '당기(堂基: 집의 기단)를 표시하고, '구(構)'는 집을 짓는다는 의미이다.

　'⊓'자는 이후에 '팔(八)'자 모양의 장식 획이 더해져 '宀'이 되었고, '宀'은 다시 장식 부호인 '구(口)'가 더해져 '􀀀'이나 '􀀀'이 되어, '상(尚)'자가 되었다. 전국(戰國) 시대에 이르면 '상(尚)'은 직접 '당(堂)'을 지칭하는데 자주 사용되었다. 예를 들어, '동상(東尚)'은 '동당(東堂)'을 말했고, '재상(才尚)'은 '재당(在堂)'을 말했다.23) '상(尚)'자는 본래 '높다(高)'는 의미를 가지므로 '높다(高)'와 의미가 연결되어 '고상(高尚)'이라는 단어가 나왔다. 그러나 '상(尚)'자가 일반적인 '높음(高)'을 표현하다 보니, 지면보다 높은 '당(堂)'을 표현하는 글자는 '토(土)'

---

23) 『청화간(淸華簡)·기야(耆夜)』에 다음과 같은 기록이 있다. "辛公諆虘(甲)爲立(位), 叏(作)策㼱(逸)爲東尙(堂)之客." "□公叏(作)訶(歌)一𠃬(終)曰蟲=(蟋=)蟲(蟀=)才(在)尙(堂), 逤(役)車亓(其)行."
　　[역주] 대략적인 번역은 다음과 같다. "신공의갑(辛公諆甲)이 자리를 마련하고, 작책(作策, 즉 사관) 일(逸)은 동당(東堂)의 귀빈으로 모셔졌다." "□공(□公)이 노래 한 수를 지어 불렀다. '귀뚜라미는 [가을이 되어] 집에서 울어대는데, 정벌 가는 수레는 떠나려 하네.'"

를 더해 그 의미를 강화할 필요가 있었다. 전국시대 금문인 「조역도동판(兆域圖銅版)」의 "양당간백척(兩堂閒百乇(尺))"에서 '당(堂)'자를 '堂'으로 썼으며, 『설문(說文)』에서 '당(堂)'자의 고문체를 '당(尙)'이라 썼는데, 모두 윗부분은 '六'이고 아래 부분이 '토(土)'로 구성된 구조이다.

이를 출토 문자와 연관시켜 보면, 갑골문과 서주 금문에서는 모두 '당(堂)'자가 보이지 않고, '당(堂)'이라는 단어도 나타나지 않는다. 이로 보아, '당(堂)'은 춘추전국 이후에야 중국인들의 언어 환경에 빈번하게 등장했던 것으로 보인다. 이 시기의 '당(堂)'의 의미는 분명히 이미 집의 기단(堂基) 위에 높게 지어진 거주용 건축물이다. 즉 『논어·선진(先進)』에서 "유(由)는 이미 당(堂)에 올랐으나, 아직 실(室)에는 들어가지 못했다."라고 한 것처럼 '당(堂)'에 들어가기 위해서는 '올라감(升)'(즉 '등(登)')이 필요했다.

이러한 논의를 바탕으로, 이제 '당(堂)'이라는 이 글자에 담긴 여러 비밀을 풀어보기로 하자.

집단으로 거주하는 동물이라는 사회적 속성을 지니는 존재가 인간이므로, 가옥 건축은 보통 여러 방으로 구성되었다. '당(堂)'이 이미 높은 기단 위에 건축되어 '올라가는 것(登)'이 필요했던 건축물이었으므로, 동일한 건축물 내에서의 그 지위도 매우 높았다. 높은 위치에 있었을 뿐만 아니라 자리도 정중앙에 위치했는데, '당당정정(堂堂正正)'이라는 성어에서 볼 수 있는 것처럼 '당(堂)'이 '정(正)'의 의미도 가짐을 보여준다. 물론, 이는 다른 가옥 거실의 명칭을 통해서도 증명할 수 있다. 공자가 말한 "당(堂)에 올랐으나, 아직 실(室)에는 들어가지 못했다.(升堂矣, 未入於室也.)"라는 명언을 통해 '당(堂)'의 위치가 '실(室)'의 앞에 존재했음을 알 수 있다. 그렇다면 고대인들의 관념 속에서 '실(室)'은 어떤 곳이었을까?

　『설문 면(宀)부수』에서 이렇게 말했다. "실(室)은 실(實)과 같아 '가득하다'는 뜻이다. 면(宀)이 의미부이고, 지(至)도 의미부이다. 지(至)는 머무른다는 뜻이다.(室, 實也, 从宀, 从至, 至, 所止也.)" 허신(許慎)의 이 설명에 따르면, '실(室)'은 '면(宀)'과 '지(至)'로 구성된 회의자(의미를 함께 표현한 글자)인데(실제로는 '지(至)'는 소리부도 겸한다), '지(至)'는 '멈추어 쉬는 곳(止息)'임을 표현한다. 가옥은 본래 사람이 쉬는 곳이니, '실(室)'은 바로 고대인들의 눈에 멈추어 쉬는 휴식 장소였음을 보여준다.

　'당(堂)'의 뒤에는 '실(室)'이 자리하고, '당(堂)'의 양쪽에는 '방(房)'이 배치되었다. 『설문』에서 이렇게 말했다. "방(房)은 실(室)의 옆에 있는 것이다. 호(戶)가 의미부이고 방(方)이 소리부이다.(房, 室在旁也. 从戶方聲.)" '방(房)'자는 '호(戶)'에서 그 의미가 표현되는데, '호(戶)'를 갑골문에서는 '戶'라 썼는데, 외짝 문의 형상이다. 그 의미는 자형과 일치하여, 소위 "반쪽 문을 '호'라 한다(半門曰戶)"는 말이다.(『설문(說文)』) 고대인들의 거주지의 경우, 주요 방에는 양짝 문이 설치되었고, 부차적인 거처에는 외짝 문인 호(戶)가 설치되었다. 따라서 '방(房)'이 '호(戶)'에서 그 의미를 취한 것은 '방(房)'의 지위가 종속적임을 보여준다. 주목할 만 한 점은, "실재방(室在旁)"의 '방(旁)'과 '방(房)'이 모두 '방(方)'을 소리부로 삼는다는 것인데, 어원학적 관점에서 보면 이들은 모두 동원어(同源詞)이다. 다시 말해, '방(房)'이 '옆(旁)'이라는 특성을 가지기 때문에, 사람들이 '방(房)'이라는 단어의 이름을 지을 때 '방(旁)'과 동일한 독음을 부여했던 것이다(상고음에서 '방(房)'과 '방(旁)'은 모두 '병(並)'모(母) '양(陽)'부(部)에 속한다).

　'당(堂)' 앞에는 '정(庭)'이 배치되었다. 엄밀히 말하면, '정(庭)'은 그 자체로 가옥 건축이 아니라 '당(堂)' 앞에 만들어진 노천 장소로, 여전히 '당(堂)'에 의존하는 존재였다. 사람들이 모여 의식을 행할 때, 존자(尊者)는 당(堂)에 자리하고, 다른 사람들은 '정(庭)'에 위치하게 된다. 그래서 『석명·석궁실(釋宮室)』에서는 "정(庭)은 '정지(停止)'의 뜻으로, 사람들이 머물고 모이는 곳을 말한다."라고 설명했던 것이다.

'당(堂)'을 중심으로 하는 건축 배치는 윤리적 의미도 분명하게 지닌다. 이러한 의미는 중국인의 친족 관계 명칭에서도 생생하게 표현되었다.

'당(堂)'이라는 건축의 이러한 위치와 마찬가지로, 가정에서의 '당(堂)'의 역할도 상당히 특별하다. '당(堂)'은 일상생활에는 잘 사용되지 않고, 주로 가정의 중요 활동, 예를 들어 예식을 거행하거나, 손님을 맞이하거나, 가정의 대소사를 결정하는 장소로 사용되었다. 이로 인해 '당(堂)'은 한 거주 단위(가정)의 상징이 되었다. 이 때문에 '당(堂)'자에 어떻게 해서 친족 관계라는 의미가 들게 되었는가 하는 문제를 다시 살펴본다면, 그 답은 쉽게 찾을 수 있다.

고대 중국에는 전통적인 거주 습관이 하나 있었는데, 그것은 현존하는 최고 연장자인 남성과 그 배우자, 그리고 그들의 여러 아들, 손자, 증손자, 심지어 현손 및 그 배우자들, 아직 결혼하지 않은 딸, 손녀, 증손녀, 심지어 현손녀들이 함께 동일한 거주 단위에 살면서 대가족을 이루는 것이었다. 이렇게 해서 동족의 여러 방계 친척이 하나의 거주 단위(가정)에서 함께 생활하게 되었는데, 실제로는 하나의 '당(堂)'에 모두가 함께 있는 셈이 된 것이다. 이른바 '사세동당(四世同堂)'이나 '오세동당(五世同堂)'이 바로 이런 상황을 가리킨다. 따라서 사람들은 '당(堂)'이라는 말을 사용하여 자연스럽게 동족 간의 방계 관계를 표현하게 되었다. '당(堂)'은 바로 이렇게 생성된 것이므로, 최초에는 '동당(同堂)'

이라 불렸다. 『북사(北史)·공손표전(公孫表傳)』에서 "두 공손씨는 동당의 형제일 뿐이다.(二公孫同堂兄弟耳)"라고 했는데, 여기서의 '동(同)'자는 당나라 이후에는 생략되었다. 부계의 방계 친척을 '당(堂)'이라 부르는 것에 상응하여, 모계의 방계 친척은 '표(表)'라고 불렀는데, '표(表)'는 '외부'라는 뜻이다. 전통적인 거주 습관에 따르면, 어머니의 친척은 당연히 가정의 외부에 거주했다. 이로부터 볼 수 있듯이, 거주 관계에서 출발하여 친족 관계를 표현하는 데 있어, '표(表)'와 '당(堂)'은 결코 다른 것이 아니었다.

이백(李白)의 「장수재의 종군을 송별하며(送張秀才從軍)」에서 "검을 품은 채 고당(高堂)을 작별하고, 곽관군(霍冠軍)을 따라가리라.(抱劍辭高堂, 將投霍冠軍.)"[24]라고 노래했다. 이 '고당(高堂)'은 달리 '당상(堂上)'이라 불리는데, '부모'를 가리킨다. 앞서 논의한 내용과 연결해 보면, 부모가 '당(堂)'이라 불렸던 이유는 분명히 그들이 일상생활에서 당상(堂上)의 주인이었기 때문이다. 또 마치 '당(堂)'이 가정의 거처 중에서 차지하는 지위처럼 가족 구성원에서 부모의 지위가 가장 높았기 때문이기도 하다. '영당(令堂)', '존당(尊堂)', '영당(營堂)', '당로(堂老)' 등은 다른 사람의 어머니에 대한 존칭이다. 타인의 어머니를 왜 '당(堂)'이라고 존칭했던 것일까? 이는 그녀가 가진 정처(正妻)로서의 지위를 존중하기 위함이었다. 고대사회에서는 일부다처제가 흔했는데, 여러 배우자 중에서 오직 정처만이 남편과 함께 당상(堂上)의 주인이 될 수 있었고, 첩들은 이 호칭을 누릴

---

24) [역주] 곽관군(霍冠軍)은 관군후(冠軍侯) 곽거병(霍去病)을 가리킨다. 곽거병(기원전 140~117)은 한 무제(漢武帝) 시대의 명장으로, 흉노 정벌에서 큰 공을 세워 관군후(冠軍侯)에 봉해졌기에 이렇게 불렀다. 이백은 젊은 문사(張秀才)가 전장에 나감을 송별하면서, "호걸이라면 옛날 곽거병처럼 용감히 나라를 위해 싸워라"라는 뜻을 담아 이렇게 노래했던 것이다.

수가 없었다. 옛사람들이 "조강지처불하당(糟糠之妻不下堂)"이라는 시구로 가난할 때 맺은 아내를 버리지 않겠다는 의미를 표현했을 때도 바로 이 의미였다.

'당(堂)'의 건축적 속성은 앞서 언급한 친족 칭호에만 영향을 미친 것이 아니었다. 예를 들어 '중당(中堂)'은 재상을 지칭하기도 했는데, 그것은 당(唐)나라 때 중서성(中書省)에다 정사당(政事堂)을 설치하고 재상이 그 일을 관장했고 그 때문에 그 이후로 '재상'을 '중당(中堂)'이라 불렀던 것이다. 그러나 그 근원을 추적해 보면, 여전히 전통 건축에서 '당(堂)'을 중심으로 한 배치가 작용한 것임을 알 수 있다. '중당(中堂)'은 또 서예 작품 양식의 명칭으로 쓰이기도 하는데, 이는 '중당(中堂)'이 바로 마루청(廳堂)의 정중앙에 걸리는 대형 글씨나 그림을 뜻했기 때문이다.

거처의 명칭으로 친족 관계를 표현한 것은 '당(堂)' 하나에 그치지 않았다. '방(房)' 또한 다양한 기능을 하는 글자이다. '방(房)'이라는 부차적 거실의 명칭 또한 가족 내의 지파를 표현할 수 있어, 장자 및 그 처자는 '장방(長房)', 차자 및 그 처자는 '이방(二房)' 등으로 불렸다. 이러한 칭호는 분명히 다음과 같은 거주 제도에서 발단되었다. 자식(子) 세대는 부모와 함께 살지만, 양쪽 곁의 '방(房)'에만 거주할 수 있었다.

가족 내의 지파에서 시작하여 '방(房)'은 다시 가족의 분파를 표현할 수도 있었다. 예를 들어, 『홍루몽(紅樓夢)』 제24회에서 "얼굴은 익숙한데, 어느 방(房)의 사람인지 생각나지가 않구나.(雖然面善, 卻想不起是那一房的.)"라고 했고, 『신당서·재상세계표(宰相世系表)(상)』에서는 "무덕(武德) 4년에 장자를 추증하여 남양백(南陽伯)이라 하였다……고장(姑臧), 강군(絳郡), 오양공(五陽公) 삼방(三房)과 함께 '사공자(四公子)' 방(房)이라 불렀다.(武德四年,　追封長子曰南陽

伯……與姑臧·絳郡·五陽公三房, 號'四公子'房.)"라고 했다.

'방(房)'은 또 '처첩(妻妾)'을 헤아리는 양사(量詞)로도 쓰였는데, 노신(魯迅)의 작품『고향(故鄕)』에 "당신은 지금 첩을 셋(三房)이나 두고, 외출할 때는 여덟 명이 메는 가마를 타는데, 부유하지 않다고 말할 수 있나요?(你現在有三房姨太太, 出門便是八抬大轎, 還說不闊?)"라는 구절이 있다. 이는 물론 일부다처제의 고대사회에서 처첩들이 대부분 당(堂)의 양쪽 '방(房)'에 거주했기 때문에 나온 표현들이다.

'아내'는 또 '실(室)'로 불릴 수도 있었는데, 이는 또 어떤 이유 때문이었을까?『예기·곡례(曲禮)(상)』에서 "삼십 세에 장년이 되어, 실(室)을 갖는다."라고 했는데, 이에 대해 공영달(孔穎達)은『소(疏)』에서 "장년이 되어 아내를 얻으니, 아내는 실(室) 안에 거주하므로 아내를 일컬어 실(室)이라 한다."고 풀이했다. 여러 처첩 중에서 정처의 지위가 가장 높았고, 전통적인 거주 윤리에 따르면 당(堂) 뒤의 정실(正室)에 거주해야 하므로, 정처는 '실(室)'이나 '정실(正室)'이라 불릴 수 있었다. 이에 상응하여, 첩들은 '측실(側室)'이라 할 수 있었는데, '측실(側室)'은 당(堂) 양옆의 '방(房)'과 동의어에 지나지 않는다.

이처럼 '당(堂)', '방(房)', '실(室)'에 담긴 윤리 관계의 발생을 추적해 보면, 부계 친족의 집단거주 습관이 중국 사회 전통에 깊은 영향을 미쳤음을 발견할 수 있다. 먼 고대의 부계 씨족 공사(公社) 제도 하에서, 동일한 남성 조상에서 태어난 자손과 그 배우자들은 공동 거주, 공동 점유의 생산과 생활 자료의 방식으로 사회 집단에서는 부계 씨족이 존재하는 기초는 극히 낮은 인류 사회 생산력이었는데, 이러한 생산력 수준에서는 사람들이 거대한 군집체로 상호 협력과 집체 노동의 방식에 의해서만 생존할 수 있었다. 따라서 생산력 수준이 발전함에 따라, 사람들이 더 작은 군집체로 생존할 수 있게 되었을 때, 씨족은 여러 부계 가족 공사로 분열되었다. 혈연관계가 비교적 가까운(보통은 같은 조부나 증조부의 후예) 아직 독립하지 않은 여러 개체 가정의 생산, 생활 군집체가 이에 해당한다. 이러한 가족 공사 또한 생산력의 추가적인 발전에 따라 여러 개체 가정으로 분화될 것이다. 따라서 '당(堂)', '방(房)', '실(室)' 등과 같은 글자의 의미 변화에 내포된 동족 방계 친척의 집거(集居) 거주 습관은 부계 가족 공사 제도의 직접적인 산물임이 분명하다.

이러한 거주 습관은 선사 시대부터 시작되었지만 그 영향은 근대에까지 미쳤다. 이른바 '사세동당(四世同堂)'이나 '오세동당(五世同堂)'은 오랫동안 이상적인 가정의 기준으로 여겨졌다. 예컨대, 『홍루몽』에 나오는 가부(賈府), 파금(巴金)의 『가(家)』에 나오는 고가(高家), 노사(老舍)의 『사세동당(四世同堂)』에 나오는 기가(祁家) 등은 그 전형적인 예가 될 수 있다.[25] 시야를 확장하여 가정

---

25) [역주] 여기서 거론한 세 대표적 가족은 각기 다른 시대적 배경에서 전통 가족제도의 변화 양상을 보여준다. 예컨대, 『홍루몽』의 가부(賈府)는 청조 전기 봉건 말세를 배경으로 한 세습 귀족 가문인데, 이 가족은 가모(賈母, 史太君)를 최고 권위자로 하여 엄격한 부계종법 구조를 유지하고 있었다. '복(攴)'자 항렬에는 가사(賈赦)와 가정(賈政)이, '옥(玉)'자 항렬에는 가련(賈璉)과 가보옥(賈寶玉)이, '초(艸)'자 항렬에는 가란(賈蘭)이 속해 있으며, 가문은 영국부(寧國府)와 영국부(榮國府)로 나뉘어 있었다. 그러나 이 화려한 외양 뒤에는 심각한 위기가 도사리고 있었는데, 경제적으로는 수입이 지출을 감당하지 못하는 파탄 상태였고, 도덕적으로는 가진(賈珍)과 가련 등의 음탕한 행실로 타락해 있었으며, 계승 문제에서는 가보옥이 공명을 거부하고 개성해방을 추구함으로써 가족의 기대와 충돌하고 있었다. 이러한 복합적 요인들이 작용하여 봉건 말세의 필연적 쇠퇴를 상징적으로 드러내고 있다.
또 파금의 『가(家)』에 등장하는 고가(高家)는 1920년대 신문화운동 시기 사천성 성도의 봉건 관료 지주 가문이다. 고 할아버지(高老太爺)가 전제적 가장으로 군림하는 가운데, 부모 세대인 고극명(高克明) 등과 자식 세대 삼형제 사이에는 첨예한 갈등이 존재했다. 삼형제는 각각 다른 길을 선택했는데, 각신(覺新)은 타협적 자세를, 각민(覺民)은 온건한 항쟁을, 각혜(覺慧)는 급진적 혁명의 길을 걸었다. 이 가족의 갈등은 신구사상

보다 높은 차원의 민간거주 단위를 관찰해 보면, 'ㅤ×가(×家)'로 명명된 '고가장(高家莊)'이나 '마가둔(馬家屯)' 등과 같은 마을이 매우 많음을 쉽게 발견할 수 있다. 현대화된 대도시 상해에도 '서가회(徐家匯)'나 '육가댁(陸家宅)' 등과 같은 지역의 명칭이 존재한다.[26] 이는 분명히 동성(부계) 친족의 집거(集居) 고풍(古風)의 유적 잔존이다. 이 원시적 거주 습관이 오래도록 불변할 수 있었던 이유

의 격렬한 충돌로 나타났으며, 봉건예교를 고수하려는 세력과 오사운동의 영향을 받은 신 청년들 사이의 대립이 핵심이었다. 특히 매분(梅芬), 명봉(鳴鳳), 서각(瑞珏) 등 젊은 여성들의 비극적 운명을 통해 예교의 '식인(食人)' 본질이 적나라하게 폭로되었다. 마지막, 노사의 『사세동당』에 나오는 기가(祁家)는 항일전쟁 시기 북평(北平)의 평범한 시민 가정이다. 이 가족은 증조부인 기(祁)노인부터 증손인 소순자(小順子)에 이르기까지 4대가 함께 살아가는 전형적인 사세동당 가족이었다. 기천우(祁天佑)가 조부 역할을 하고 기서선(祁瑞宣) 삼형제가 손자 세대를 이루는 구조였다. 이 가족이 직면한 갈등은 외부적 국수가한과 내부적 가정전통 사이의 모순이었다. 특히 기서선은 애국 지식인으로서 항일투쟁에 나서야 한다는 의지와 장손으로서 가정을 부양해야 한다는 '진효(盡孝)'와 '진충(盡忠)'의 의무 사이에서 극도의 고뇌에 시달렸다. 전쟁이라는 극한 상황에서 전통적으로 행복의 상징이었던 사세동당이 오히려 무거운 정신적 부담으로 전환되는 아이러니를 보여주었다.

26) [역주] 서가회(徐家匯)는 현재 상해의 주요 상업·문화 중심지로, 명청시대 서씨(徐氏) 가족이 대대로 거주했던 지역이다. '회(匯)'는 강이 합류하는 지점을 의미하며, 실제로 이곳은 여러 하천이 만나는 교통 요지였다. 16세기 명나라 대신 서광계(徐光啓)의 고향으로도 유명하며, 후에 예수회 선교사들이 활동하면서 서양 문물이 유입되는 창구 역할을 했다. 현재는 대형 쇼핑몰, 성당, 도서관 등이 밀집한 현대적 도심이지만 지명은 여전히 서씨 집성촌의 역사를 간직하고 있다. 육가댁(陸家宅)은 포동신구에 위치한 지역으로, 육씨(陸氏) 가족의 거주지였음을 나타내는데, 명나라 중기의 저명한 문관이자 학자였던 육심(陸深)과 관계된다. '댁(宅)'은 주택이나 거주지를 의미하며, 이곳 역시 한 성씨가 집중적으로 거주했던 전통 마을의 흔적이다. 오늘날 중국의 금융 중심지로, 동방명주탑과 상해타워 등 초고층 빌딩들이 밀집한 상해의 가장 중심지인 육가취(陸家嘴, Lujiazui)도 육씨 가족과 관련이 있다고 알려져 있다. '취(嘴)'는 강이나 바다로 돌출된 육지를 의미한다. 황포강이 굽어지는 지점에 위치한 지형적 특성을 반영한 명칭이다.

는 물론 중국인들이 구제(舊制)를 답습하던 전통적 문화 심리상태와 관련이 있지만, 자급자족의 자연 경제 및 이와 연관된 생산력 발전 속도와도 일정한 관계가 존재한다.

　　이상을 종합하자면, 중국민족은 일찍이 거처 관계로 친척 관계를 표현하고, 거실의 등급으로 가정 및 가족 구성원의 지위 차이를 구별하는 고정된 사고를 형성했다. 이러한 전통적인 심리 의식은 사실 부계를 중심으로 하고 친족 집단 거주 습관 및 이 습관을 기초로 한 전통적인 고대 거주 예제(禮制)의 직접적인 산물이라 하겠다.

제3절 '문(門)'과 '호(戶)'의 의미

중국 전통 건축물에서, '문(門)'과 '호(戶)'는 예법 질서를 가장 잘 보여주는 존재이다. 선진(先秦) 문헌의 기록에 따르면, 거주용 건축물의 '문(門)'과 '호(戶)'에는 거주자의 신분과 지위의 차이와 제도상의 차별이 부여됐다. 예를 들어, 귀족계층의 종묘(宗廟)의 '문(門)'의 경우, 천자(天子)는 '고(皐)', '고(庫)', '치(雉)', '응(應)', '로(路)'의 다섯 개의 문(門)을, 제후(諸侯)는 '고(庫)', '치(雉)', '로(路)'의 세 개의 문을, 대부(大夫)는 '대(大)'와 '중(中)'의 두 개의 문을 설치할 수 있었다.[27] 나아가 사회 각 계층의 입장에서 볼 때도 '문(門)'의 종류는 매우 엄격한 등급의 의미를 가졌다. 예를 들어, '한문(寒門)', '시문(柴門)', '시호(柴戶)', '백호(白戶)' 등은 모두 '서민의 집'을 말한다. 이에 반해 '주문(朱門)', '고문(高門)', '상문(上門)', '후문(侯門)', '정문(鼎門)', '귀문(貴門)', '호문(豪門)' 등은 '권세 있는 가문'을 가리킨다.

존비를 밝히고 귀천을 구별하는 것 외에도 도덕적 행위를 표시하는 것이 '문(門)'의 또 다른 중요한 기능이었다. 예컨대, '문방(門榜)'은 문 앞에 길게 내거는 편액을 말하며, '문표(門表)'는 가문의 명성을 말하며, '문총(門寵)'은 조상이 이룬 공로로 조정으로부터 받은 은혜를 가리킨다. 글자의 직접적 의미로 볼 때, 이들 영예는 모두 '문(門)'이나 '호(戶)'와 관련이 있다. 특별히 주목할 만한 것은, 여성의 정조(貞操)와 열녀(烈女)를 표방한 '패방(牌坊)'도 실제로는 하나의

---

27) 손이양(孫詒讓), 왕문금(王文錦), 진옥기(陳玉琦) 표점 교정, 『주례정의(周禮正義)』(제3책) 권14 '혼인(閽人)'(북경: 중화서국, 1987년, 540-548쪽) 참조.

독립된 '문(門)'이라는 점이다.

　한자로 볼 때, '문(門)'이 갖는 이러한 예법상의 의미는 기나 긴 변화 과정을 겪었다. 아래에서는 한자 발전의 궤적을 '시공을 초월한 관점에서 살펴보고자 한다.

1. '문(門)'과 '호(戶)'의 위엄

　'문(門)'은 가장 일찍 출현한 한자의 하나로, 갑골문에서 이미 자주 보인다. 일반적으로는 두 개로 된 문짝을 형상하였으며, 문미(門楣)까지 더 세밀하게 묘사한 것도 있다.

갑골복사에서 '문(門)'은 다음처럼 제사 대상으로 자주 등장한다.

> "병신일에 점을 칩니다. 왕께서 물어봅니다. 여성 노예를 땅에 파묻는(陷) 방식으로 문(門)의 신에 제사를 지낼까요? [신]축일에 실행하라. 12월이었다.(丙申卜, 王, 貞勿繭(繯)凶(陷)于門, [辛]丑用, 十二月.)"(『합집』 19800)

　이 복사는 은나라 왕이 신축일에 여성 희생물을 매장하는 방식으로 바쳐 문의 신(門神)에게 제사를 지낼 것인지 점친 것이다. 은나라 사람들이 문(門)에게 제사지냈던 방식은 매우 다양해서, 앞서 언급한 '파묻는(陷)' 방식 외에도 '심(尋)'이라는 방식으로 지낸 경우도 있다.

"신축일에 점을 칩니다. 물어봅니다. '필'이 강족(羌族)을 바쳐서, 왕께서 문(門)의 신에게 심(尋)제사를 드릴까요?(辛丑卜, 貞隹以羌, 王于門尋.)"(『합집』 261)

'심(尋)'제사라고 할 때의 '심(尋)'에 대해, 학자들은 이를 "뇌(醊)로 읽어야 하며, 이는 술을 땅에 부어 신을 내려오게 하는 제사를 말한다."고 보기도 한다.28) 문(門)에 대해 지내는 제사는 '도(禱)'라는 제사일 수도 있었다.

"물어봅니다. 기도를 윤(尹)의 문(門)에 드릴까요?(貞奉(禱)尹門.)"(『합집』 13604)

여기서 '奉'는 '도(禱)'로 읽는다. 또 '품(品)'이라는 제사를 드릴 수도 있었다.

"물어봅니다. 문(門)의 신에게 품(品)제사를 드릴까요?(貞門品)"(『합집』 7426)

학자들의 연구에 의하면, '품(品)'제사는 여러 가지의 기물에 제물을 담아 지내는 제사라고 한다.29)

왜 문(門)의 신에게 제사를 지냈던 것일까? 복사에 의하면, 이 제사는 매우 실용적인 목적에 의한 것이었음을 보여준다.

---

28) 우성오(于省吾), 『갑골문자석림(甲骨文字釋林)』, 북경: 중화서국, 1979년, 281-283쪽.
29) '품(品)'자를 구성하는 구(口)는 바로 그릇[器皿]을 나타내며, 세 개의 구(口)로 구성된 것은 다양한 제물을 그릇에 가득 채워 신에게 바치는 모습을 상징한다. 따라서 [이 글자는] 풍부하고 많음[繁庶衆多]의 의미를 지닌다. 은상(殷商) 시대 제사에서는 직계의 선왕(先王)'과 방계의 선왕(先王)을 구별하여 제물의 등급을 달리했으므로, 후세에 '품(品)'자가 확장되어 등급(等級)의 의미를 갖게 되었다. 서중서(徐中舒), 『갑골문자전(甲骨文字典)』 성도: 사천사서출판사, 1989년, 196쪽.

"문(門) 신에게……, 비가 내릴까요?(……門, 其雨.)"(『합집』 30290)

어떤 학자들은 이 복사는 문(門)의 신에게 제사를 지낸 후 정말로 비가 내렸다는 것을 표현했다고 보기도 한다.[30]

"경인일, 문시(門示: 문의 신)께서 보우해줄까요?(庚寅, 門示若.)"(『합집』 34126)

여기서 '문시(門示)'는 바로 '문신지주(門神之主)'이고, '문시약(門示若)'은 문의 신이 살아있는 이들을 보우해준다는 의미이다.

갑골문에는 또한 '문(門)'으로 구성된 다음과 같은 글자도 있다.

『갑골문합집』 22238

이 자형에 대해, 학자들은 문미의 가로대에 양손이 묶인 한 사람이 매달려 있는 모습으로 본다. 이는 외부인이 함부로 들어오지 못하게 하는 일종의 경고 표지로, '막다'는 뜻이 있다고 한다(문미 위의 사람은 사람이 인공적으로 만든 짚 인형일 수도 있다). 이는 이후 점차 '간(柬)'자로 변했는데, 이는 후대의 '난(闌)'자이다.[31] 『설문』에서 "난(闌)은 문을 가로막다는 뜻이다.(闌, 門遮也.)"라고 했

---

30) 굴만리(屈萬里), 『갑편고석(甲編考釋)』, 187쪽.『고문자고림(詁林)』 2084쪽에서 재인용.
31) 당상괴(黨相魁), 『갑골문석총(甲骨文釋叢)(속)』, 『왕의영 갑골문 발견 110주년 기념 국제학술대회 논문집(紀念王懿榮發現甲骨文110周年國際學術研討會論文集)』, 북경: 사

는데, 문을 보호하는 난간을 말한다. 이를 통해 은상(殷商) 때의 문(門)에는 정교하게 제작된 문에는 문을 수호하는 성물(聖物)이 존재했음을 알 수 있다. 이는 또 다른 측면에서 ‘문(門)’에 대한 은나라 사람들의 높은 관심을 보여준다.

갑골문에는 ‘문(門)’자 외에도 ‘호(戶)’자가 있다. ‘문(門)’과 달리, ‘호(戶)’는 다음처럼 하나의 문짝만 그려졌다.

갑골문에서 ‘호(戶)’자의 출현 빈도는 ‘문(門)’자만큼 그렇게 높지 않고, 용법도 ‘문(門)’자만큼 풍부하지 않지만, 두 글자는 본래의미는 대체로 유사하다. 갑골복사에서 ‘호(戶)’는 대부분 은나라 왕이 종묘에서 제사지내는 구체적인 장소를 선택하는 데 사용되었는데[32], 이는 은나라 왕의 마음속에서 문호(門戶)가 있는 곳에서 제사를 지내는 것이 제사를 지낼 신령과 소통할 수 있는 최상의 방법이었음을 보여준다. 이러한 의미에서, ‘호(戶)’와 ‘문(門)’은 점복복사에서 서로 대체 가능했다. 다음을 보자.

① “산악(嶽) 신에게 삼문(三門)에서 제사를 드릴까요?(岳于三門.)”(『합집』 34220)[33]

회과학문헌출판사, 2009년, 124-125쪽에서 인용.

32) “于南戶尋王羌.”(『屯南』 2043), “于宗戶尋王羌.”(『屯南』 3185), “壬申卜, 出, 貞丁宗戶臧亡旬.”(『合集補編』 8293), “貞丁宗戶𥅆亡旬.”(『合集』 18803)

33) [역주] 『합집』 34220편의 ‘삼문(三門)’에 대해 여러 학설이 있으나, 전체 복사가 “岳于楚? 岳于三門? 岳于南單?(산악 신에게 초에서 제사를 지낼까요? 산악 신에게 삼문

② "산악(嶽) 신에게 삼호(三戶)에서 제사를 드릴까요?(岳于三戶.)"(『합집』
　　32833)

　둘 다 '산악(嶽)'의 신에게 제사를 드리는 장소를 말했는데, 앞의 예문은 '삼문(三門)'이라 했고, 뒤의 예문에서는 '삼호(三戶)'라 했으니, '삼문(三門)'이 바로 '삼호(三戶)'임을 알 수 있다.

　'문(門)'과 '호(戶)'가 은나라 사람들의 제사 대상이 될 수 있었던 것은 당연히 문(門)이 은나라 사람들의 마음속에서 특별한 지위를 가지고 있었기 때문이었다. 은나라 사람들의 이러한 관념은 그들이 사용했던 '호(戶)' 관련 한자의 구조에서 일부 단서를 자연스레 찾아볼 수 있다. 이러한 관점에서, '호(戶)'는 '문(門)'보다 더 많은 정보를 제공한다.

　예컨대, '계(啟)'자는 갑골문에서 '호(戶)'와 '우(又)'로 구성되어, '손으로 문(門)이나 호(戶)를 열다'는 의미를 그렸다.

　점복복사에는 다음에서처럼 본래의미로 쓰인 예가 보인다.

　"기사일에 점을 칩니다. 서쪽 문을 열고, 비신(妣辛)께 축도를 올릴까요?(己
　巳卜, 其啓西戶, 祝于妣辛.)"(『합집』27555)

에서 제사를 지낼까요? 산악 신에게 남단에서 제사를 지낼까요?)"으로 된 것으로 보아 산악의 신에게 제사를 올릴 적당한 장소를 점쳐 물은 것임에 분명하다.

　여기서 '계(啓)'는 바로 '열다(開啓)'는 의미이며, 게다가 여는 대상은 바로 '서쪽 문(西戶)'이라는 형태를 가진 건축물의 문이었다. 그러나 복사의 '계(啓)'자는 다음의 예에서 볼 수 있듯, 여는 '문'은 구체적 형상이 없는 경우가 더 많았다.

　　"임일(壬日)에 비가 왔다 계일(癸日)에도 비가 왔다. 갑일(甲日)이 되어야 개
　　었다. 매우 길했다."(壬雨, 癸雨, 甲迺啓, 引吉.)"(『합집』 29899)

　이 복사는, 임일에 비가 왔고, 계일에 비가 오다가, 갑일이 되어서야 날이 개어, 매우 길했다는 것을 말해주고 있다. 왜 본래 '문을 열다'는 뜻의 '계(啓)'로써 '날이 개다'는 의미를 표현했던 것일까? 이는 은나라 사람들의 심리에서 날이 갠다는 것은 천문(天門)이 열리고 태양이 얼굴을 내미는 것이라고 여겼기 때문임이 분명하다. 다음의 자형은 아마도 이러한 관념을 더 명확하게 드러내 줄 수 있을 것이다.

　'날이 개다'는 의미를 표현하는 데 있어서, 위의 자형과 '계(啓)'자(㫥 㫥 㫥)는 이체자로 볼 수 있다. 글자 창제 의도로 볼 때, 전자는 '호(戶)'와 '우(又)'로 구성된 '계(啓)'의 구조에다 '일(日)'을 더한 것으로, 바로 '문호를 열고, 태양이 얼굴을 내밀어 날이 개다'는 의미를 표현했던 것이다.

　"'곽'에 이르면, 날이 갤까요? 길할 것이다. 이 점괘를 사용하라.(至霍啓, 吉, 用.)"(『합집』 29800)

　'곽(霍)'은 하루 중의 어떤 시간대를 지칭하는데, 달리 '곽혜(霍兮)'라고도 한다. 구체적으로는 '측(昃)' 이후 '혼(昏)' 이전, 즉 해질녘에 가까운 오후 시간대를 가리킨다. 위의 복사는 해거름이 되기 전에 날이 갤지를 물은 것이다. 이로부터 알 수 있듯, 글자를 만들 당시의 관념 속에서 '문(門)'은 실제 건축물뿐만 아니라 서로 다른 공간 영역(무형의 것 포함) 사이의 통로이기도 했다.

　중국어에서 공간개념과 시간개념은 종종 서로 통할 수 있다. 따라서 이런 사유에서는 공간상의 입구는 자연히 시간상으로도 '시작'의 의미를 가질 수 있다. 이는 갑골문 '계(啓)'에서 흔히 볼 수 있다.

　"기묘일에 점을 칩니다. '쟁(爭)'이 물어봅니다. 작(雀)으로 하여금 열도록(啓)할까요?(己卯卜, 爭貞: 雀以啓.)"(『합집』 4113)

　'작(雀)'은 은나라 왕의 수하에 있던 한 군사 장관이다. 위의 복사는 은나라 왕이 이번 군사 행동에 앞서 작(雀)에게 부대를 이끌고 먼저 출병하게 할 것인지, 즉 선봉장이 되게 할 것인지를 점친 것이다. 갑골문에서 이러한 '길을 열(啓)' 자격을 갖춘 사람은 많지 않았다. 그중 은나라 왕에 의해 파견되어 '길을 여는(啓)' 최선봉장이 됐던 사람은 당시 은나라 왕의 심복으로 명장이었던 '지멱(沚馘)'(또는 '멱(馘)'라고도 함)이다.[34] 이를 통해 은나라 왕이 이러한 '선봉장

---

34) "辛卯卜, 方, 貞沚馘啓巴, 王勿佳之比."(6461), "貞王叀沚馘啓比[伐]……"(6457), "貞馘啓, 王其奉舌方……"(6332).

(啟)'을 매우 중시했음을 알 수 있다.

갑골문에는 '조(肇)'자도 있는데, '호(戶)'와 '과(戈)'로 구성되어 그 글자 창제 의도가 '계(啟)'와 유사하다.

문을 여는 것이 '우(又)', 즉 '손'이라면, '과(戈)'는 '무기'로 문을 부수는 것이니, 문을 여는 방법이 다를 뿐 문이 열리는 결과는 같다. 따라서 갑골문에서 '조(肇)'자도 '계(啟)'의 의미를 가진다.

> "병신일에 점을 칩니다. 물어봅니다. 기마병 좌군(馬左) 3백, 우군(右) 3백, 중군(中) 3백을 출동시킬까요? 유월이었다.(丙申卜, 貞肇馬左·右·中人三百, 六月.)"(『합집』 5825)

"조마(肇馬)……"는 곧 기병 3백 명을 출동시킨다는 의미이다. '출동시키다(啟動)'는 의미의 이러한 '조(肇)'가 관련된 대상은 이외에도 매우 많았는데, 심지어 하늘의 비와 은나라 왕의 질병까지도 포함되었다.[35]

'조(肇)'자는 금문으로 변화하면서 편방 '율(聿)'이 추가되었고, 편방 '과(戈)'는 '복(攴)'으로 대체되었는데, 이것이 바로 후대의 '조사(肇事: 사고를 일으키다)'라고 할 때의 '조(肇)'자이다. '조(肇)'와 '조(肇)'는 비록 『설문』에서 두 개의 표

---

35) "隹帝肇王疾"(『合集』 1422), "岳肇我雨"(『合集』 14487) 등에서 "조(肇)"는 모두 "계(啟)"가 되어야 한다.

제자로 제시되었지만, 실제로는 동일한 글자의 이체자이다. 그 기본 의미는 '시작'인데, 간혹 문법화 되어 문장 속의 어기사로도 쓰였다.

'계(啟)', '조(肇)', '조(肇)'자 등에 대한 이상의 논의를 통해 다음과 같은 결론을 내릴 수 있다. 시공간의 양 끝에서, 문호(門戶)는 은나라 사람들의 마음속에서 모두 '시작'이나 '발단(開端)'의 의미를 가졌다. 모든 일에서 문(門)이 첫째이니, '문(門)'은 모든 일의 시작을 상징하는 존재였다. 사람들은 '문(門)'에 신령의 의미를 부여했고, 문신(門神)으로 받들어 제사를 드렸다. 이는 인류의 초기 사고에 매우 부합한다.

문신(門神) 숭배는 오늘날까지도 자주 볼 수 있는 민속 문화 현상이다. 민간 신앙에서 사람들은 문호를 지키는 신령의 신상을 문에 붙여 사악함을 내쫓고 귀신을 피하며, 가택을 지키고 평안을 가져오며, 이익을 돕고 길상을 내리게 한다. 매년 음력설 전야가 되면 집집마다 분주하게 춘련(春聯)과 대련(對聯)을 써서 문신(門神)을 붙이며 새해의 복을 기원한다. 앞서 논의한 내용을 통해 알 수 있듯이, 오늘날 민간에서도 남아 있는 문신(門神) 숭배의 근원은 적어도 갑골문 시대까지 거슬러 올라갈 수 있다. 게다가 체계적인 '문호(門戶)'와 관련된 예법의 생성으로 말하자면, 이러한 문호(門戶) 숭배 관념이 커다란 추동 작용을 일으켰던 것은 분명하다.

2. '정출다문(政出多門)'의 '문(門)'은 어떤 '문(門)'인가?

성어 '정출다문(政出多門: 정책이나 명령이 여러 곳에서 나와 체계가 없고 혼란스럽다)'은 오늘날 관리상의 혼란, 혹은 동일한 사무 관리에 대해 서로 다른 관리 기구가 서로 다른 정령(政令)과 규정을 가진 것을 말한다. 이 성어를 통해 알 수 있듯, 관리 기구도 '문(門)'이라 불렸다. 관리 기구는 또 '관리부문(管理部門)'이라고도 하는데, 여기에도 '문(門)'이 들어있다. 관리 기구를 왜 '문(門)'이라 불렸던 것일까? 이를 위해서는 이 성어의 유래를 추적해볼 필요가 있다.

『좌전·성공(成公)』(16년)에서 "진(晉)나라의 정치가는 여러 가문에서 나와 따를 수가 없다.(晉政多門, 不可從也)."라고 했다. 이 문장의 의미는 진(晉)나라의 정치 지도자가 여러 공경대부의 가족에서 나와 따라 갈 수가 없다는 것이다. 여기서 '문(門)'은 사실상 '가(家)'와 동의어인데, 구체적으로는 공경대부 귀족의 가문을 지칭한다. 동일한 용법이 전국시대 출토 문헌에서도 자주 보이는데, 『곽점초간(郭店楚簡)·어총(語叢)』(4)에서는 제후의 가족을 '제후지문(諸侯之門)'이라 불렀다.36) 거칠게 말하자면, 여기서의 '문(門)'은 사실상 '가(家)'와 동의어이다. 이는 오늘날까지도 '가(家)'와 '문(門)'이 여전히 함께 쓰일 수 있는 이유를 떠올리게 한다. 예를 들어, 2006년에 시작된 가정 코미디 연속극 "개심일가문(開心一家門 Kāi xīn yī jiā mén)"이 있는데37), 많은 방언에서 '일가(一家)'는 보통 '일가문(一家門)'이라 불린다.

은주(殷周) 때는 '가천하(家天下: 천하는 하나의 가정으로 여김)'의 시대로, 최고 통치자인 제왕은 국가를 한 가정의 사유재산 정도로 여겼으며, '분봉제(分封制)'

---

36) "竊(竊)鉤者戕(誅). 竊(竊)邦者爲者(諸厌)(侯). 者(諸)厌(侯)之門, 義士之所存."(『곽점초간(郭店楚簡)·어총(語叢)(4)』8)

37) [역주] 『개심일가문(開心一家門)』(행복한 우리 집)은 2006년 시작된 상해 지역의 대표적인 시트콤으로 총 200회로 구성되었으며, 현대 중국 가정의 진솔한 모습을 코미디로 풀어낸 작품이다. 상해의 평범한 3대 가족의 일상생활을 유쾌하게 그리며, 세대 간 차이, 이웃 관계, 사회 변화 속에서 벌어지는 소소한 갈등과 웃음을 담았다. 상해 방언과 지역 문화색이 강하게 반영되어 현지에서 큰 인기를 끌었으며, 가족 간의 유대와 삶의 지혜를 따뜻하게 전달함을 특징으로 하고 있다.

모델38)에서는 각급 귀족들도 마찬가지로 실제로 분봉지에 속한 백성들을 한 가정의 사유재산으로 여겼다. 따라서 '가(家)'는 오늘날 개념의 가정 개념이 아니라 귀족 가정과 그 통치 구역 및 백성이라는 개념이었다. 이러한 '가(家)'가 왜 '문(門)'으로 지칭되었던가? 이 질문에 답하려면 이러한 '가(家)'의 역사를 살펴볼 필요가 있다.

'봉토건국(封土建國)'(사실상 '봉토건가(封土建家)'로도 이해할 수 있다)은 은주 시대 제후 귀족들이 귀족 신분을 확립하는 기본 조건이었으며, 봉토 내에서 봉건 귀족의 거주지는 건축물 형태로 봉쇄되어 있었다. 이렇게 폐쇄된 장소는 '읍(邑)'이라 부를 수 있었는데, 상(商)나라 주(紂)임금의 거주지인 도성을 '대읍상(大邑商)'이라 불렀다. 예컨대, 서주 초기의 청동기「하준(何尊)」은 주나라 무왕(武王)이 상나라 주왕(紂王)을 정벌한 것을 묘사했는데, "무왕이 대상읍을 이겼다(唯武王既克大邑商)."이라고만 썼다.

갑골문에서 '읍(邑)'자는 다음과 같이 되었다.

위의 '□'은 곧 옛날의 '정(丁)'자로39) 거주 범위를 나타내고, 아래쪽의 '♪'

---

38) [역주] 주나라 때 만들어진 분봉제(分封制)는 혈연적 종법(宗法) 관계를 바탕으로 한 천자(天子)의 지방 통치제도이다. 왕실과 공신에게 작위(爵位)와 영토(封地)를 하사하여 '번병왕실(藩屏王室)'의 임무를 부여했는데, 이는 주(周) 왕국을 유지하던 핵심 지배 구조였다. 제후는 봉지 내에서 상대적 자치권을 행사했으나, 군사 조공 의무로 주 왕실에 종속되었다. 시간이 지나면서 제후국 세력이 강화되면서 춘추전국시대의 왕실 쇠약과 군웅할거의 근본 원인이 되기도 했다.

은 ‘절(卩)’로, 사람이 무릎 꿇고 앉은 모습을 묘사했는데, 이로써 ‘□’이라는 범위에서의 거주라는 성격을 표현했다. 상고 시대에는 책상과 의자가 없어, 사람들은 단지 바닥에만 앉았다. 그래서 무릎을 꿇고 앉는 것이 고대인의 기거 상태를 표시한다. 따라서 ‘□’은 실제로는 ‘성(城)’의 초기문자이고, ‘□’은 바로 주위를 에워싼 성벽을 형상했다. 갑골문에는 다음과 같은 복사가 있다.

“병신일에 점을 칩니다. 토정(土丁: 토성, 흙으로 만든 성)을 만들까요?(丙申卜, 乍土丁.)”(『합집』 21039)

복사의 내용에 따르면, 이 ‘작토정(作土丁)’은 마땅히 ‘작토성(作土城)’으로, ‘정(丁)’은 바로 ‘성읍(城邑)’이라 할 때의 ‘성(城)’이다.[40] ‘정(丁, □)’이 갑골문 시대의 집거(集居)하던 성읍(城邑)임은 다음의 몇 가지 글자의 분석을 통해 더 증명할 수 있다.

갑골문에서 은나라 왕이 다른 방국(方國)을 공격하는 것을 표현할 때는 보통 다음과 같은 글자를 사용했다.

윗부분의 ‘정(丁)’은 즉 성읍(城邑)이고, 아랫부분의 ‘지(止)’는 은나라 왕이

---

39) 『설문』에서는 ‘읍(邑)’자의 윗부분 ‘네모(口)’를 ‘위(囗)’, 즉 ‘위(圍)’의 고자로 여겼다.

40) 황천수(黃天樹), 「갑골 복사 중 상대 성읍에 관한 사료(甲骨卜辭中關於商代城邑的史料)」, 『황천수갑골금문논집(黃天樹甲骨金文論集)』, 북경: 학원(學苑)출판사, 2014년, 218~244쪽 인용.

이 성읍을 향해 공격하는 것을 표현한다. 이 글자는 바로 오늘날의 '정(正)'자로, 사실상 '정벌(征伐)'이라 할 때의 '정(征)'자의 초기문자이다. 때로는 '정(正)'자에 '척(彳)'을 더해 '정(𧗞)'으로 쓰기도 했는데, 오늘날의 '정(征)'자와 그 구조가 같다. 다른 방국이 은나라를 공격할 때는 다음 글자로 표현했다.

이 글자가 오늘날 어느 글자에 해당하는지 학계의 의견은 분분한데, 일부 학자들은 이를 '위(圍)'자로 보기도 한다. 분명히, 이 글자의 글자창제 의도는 앞서 언급한 '정(正)'과 유사하지만, 다른 점은 '정(正)'자에 든 하나의 '지(止)'가 이 글자에서는 두 개의 '지(止)'로 되었다는 것이다. 그러나 공격과 침범의 대상은 여전히 '정(丁)'이었다. 이로부터 알 수 있듯, 은상 시대에는 각 방국(邦國)의 구성원들은 모두 건축적으로 봉쇄된 성읍, 즉 '정(丁)' 안에 집거했었다. 물론, 이러한 거주 제도의 역사적 진실은 더 구체적인 분석이 필요하다.

'가천하(家天下)'라는 환경 속에서, 하나의 '가(家)'(즉 '국가(國家)')가 갖는 영토는 종종 매우 크고, 통치하던 인구는 거대했다. 그래서 일반적으로 하나의 '정(丁)' 안에 모두 거주할 수는 없었지만, 여전히 '정(丁)'을 핵심으로 하는 것이 사람들의 거주 원칙이었다. '왕(王)'가를 예로 들면, 왕은 당연히 왕도(王都)라 불리는 '정(丁)' 안에 거주하는데, 이 '정(丁)'이 왕가의 실질적인 핵심 소재지였다. 왕도(王都)인 이 '정(丁)'의 주변으로 관할하던 사방 천리의 땅을 기내(畿內)라 불렀다. '기내'는 달리 '내복(內服)'이라 불렀으며, 내복 밖의 왕실의 강토를 '외복(外服)'이라 불렀다. 내복과 외복에는 모두 왕이라는 최고의 가장이 분봉한 많은 '소가(小家: 작은 집)'가 존재했다. 소가의 각 귀족들도 마찬가지로 왕과 같은 '정(丁)'을 핵심으로 한 거주 원칙을 따랐다. 심지어 농민이나 일반 백성들도 마찬가지로 이러한 거주 제도를 따랐다. 단옥재(段玉裁)는 『설문해자주(說文解字注)』의 '려(廬)'자에 대한 항목에서 이렇게 말했다. "『춘추(春秋)』 선공 15년 『공양전(公羊傳)』의 주석에서 '일부(一夫)는 100묘의 경작지를 받는데, 공전(公田)이 10묘이고, 여사(廬舍)가 2.5묘이다. 경작지(田) 1경(頃)은 112.5묘가 된다. 그래서 8집(家)이면 9경(頃)이 되고, [9경이] 공동으로 1정(井)을 이룬다. 경작지에 있을 때는 려(廬)라 하고, 읍(邑)에 있을 때는 리(里)라 한다. 봄여름으로는 경작지로 나가고, 가을 겨울에는 보성(保城: 읍의 성)으로 들어간다.'라고 했다.(『春秋』宣十五年『公羊傳』注曰: 一夫受田百畝, 公田十畝, 廬舍二畝半, 凡爲田一頃十二畝半, 八家而九頃, 共爲一井, 在田曰廬, 在邑曰裏, 春夏出田, 秋冬入保城.)" 이는 농민들이 봄여름에는 경작의 편의를 위해 경작지에 만든 임시 거처인 '려(廬)'에만 거주하고, 가을 겨울에는 '읍(邑)' 안으로 돌아가야 했음을 보여준다.

건축의 수단으로 폐쇄된 주거 공간은 농경 경제가 가져온 정주(定居)와 연관된다. 은상 사회는 『노자』에서 묘사한 것처럼 "닭과 개 소리가 서로 들리지만, 늙어 죽을 때까지 서로 왕래하지 않는" '소국과민(小國寡民)'의 세계였다. '소국과민'의 사회는, 건축물로써 자신을 폐쇄하는 데 도움을 주었다. '서로 왕래하지 않는' 농경 방식의 자연 경제는 또한 강력하게 사람들의 자기폐쇄와 외부침략을 막고자 하는 욕망을 자극했다. 이러한 전통은 고대 중국 사회에서 계속 이어졌고 심지어 발전까지 이루었는데, 이의 극단적인 표현이 바로 거대한 대륙 중국에 전국(戰國) 이래 지속적으로 건설해 온 만리장성이다. 만리장성을 건설하려 했던 의도는 사실 매우 간단한데, 바로 국가 전체를 하나의 폐쇄된 '정(丁)' 속에 넣으려 한 것이었다. 물론, 도시는 크든 작든 모두 성벽을 건설했고, 마을은 남북을 막론하고 대부분 토둔(土墩: 흙 언덕)이나 목책(木柵)이 설치되었으니, 이 모두가 이러한 폐쇄 건축 전통의 계승이다.

이상을 종합하면, 폐쇄적인 건축물로 자신의 거처를 한정했다는 것이 한자가 보여주는 중국 대륙에서 초기에 이루어진 인류의 주거 상식이었다. 이러한 환경에서, 문(門)은 건축 폐쇄 구역의 출입구로서, 그 중요성은 두말할 나위가 없었다. 이러한 중요성의 여러 측면 중에서도, 다음과 같은 것이 충분히 발전했음은 의심할 여지가 없었다. 그것은 바로 문(門)을 문(門) 안에 사는 사람들의 표지물로 삼거나, '문(門)'을 사용하여 문(門) 안에 거주하는 한 가족을 지칭했다는 것이다. 따라서 진(晉)나라의 국정이 진나라의 여러 공경대부의 손에서 나오는 현상을 '정출다문(政出多門)'이라 표현했던 것은 전혀 이상하지 않다. 유사한 언어적 표현은 사실 한어 어휘 중에 가득 들어 있다. 예컨대, 어떤 사람의 죄가 극악하다면 '만문초참(滿門抄斬: 가족 모두를 참수하다)'을 당하게 되는데, 이는 온 가족을 다 처형한다는 것이다. 만약 어떤 가정에 두 가지 경사스러운 일이 생기면 이를 '쌍희임문(雙喜臨門: 경사가 겹치다)'이라 했다.

물론 같은 문(門) 안에 거주하는 것이 동일한 가정의 구성원에만 국한되는 것은 아니었고, 다른 밀접한 관계를 가진 사람들도 포함할 수 있었다. 예를 들어, 같은 학파의 학자들은 종종 같은 문(門) 안에서 학문을 토론하고, 같은 종교와 신앙을 가진 사람들은 항상 같은 문(門) 안에서 그들의 숭배 대상에 경배하며, 같은 스승을 둔 제자들은 항상 같은 문(門) 안에서 스승을 따라 기예를 배웠다. 따라서 '문(門)'은 또 학술이나 종교 파별 및 동창 학우를 가리킬 수도 있다. 예를 들어, 유가의 파별을 '유가(儒家)', 불교의 파별을 '불문(佛門)', 동학들을 '동문(同門)'이라 부른다. 의심할 여지없이, '문(門)'은 여기에 이르러 이미 매우 자연스럽게 사람을 나누는 단위 대명사가 되었다. 주목할 만 한 것은, 중국어에서 복수 인칭을 표현하는 '문(們, mén)'자의 전신이 바로 이 '문(門)'이라는 점이다. 고대문헌에서 '찰문(咱們, zán men, 우리)'는 '찰문(咱門, zán men, 우리)'으로 쓰였고, '니문(你們, nǐ men, 너희)'는 '니문(你門, nǐ men)'으로 썼는데, 사람 인(人)'변이 더해진 '문(們)'은 매우 늦은 시기에 출현한 글자이다.

만리장성(萬里長城)이 가장 큰 '정(丁: 성)'으로서, 만리장성의 문(門)(즉 '관(关)'인데, 그 번체자는 '문(門)'에서 의미를 취해 '관(關)'으로 쓴다)도 서로 다른 사람들의 거주 구역을 구분하는 명칭으로 사용될 수 있었으니, 만리장성 이북의 지역을 '관외(關外)'라 불렀고, 장성 이남의 지역은 '관내(關內)'라 불렀다.

이상에서 살펴본 것처럼, '문호(門戶)'를 중시했던 것은 사실 거주생활의 물질적 기초와 인류 사회 조직 구조가 공동으로 만들어낸 결과이다. 그래서 '문호(門戶)' 예법에 대한 특수한 규정은 시회역사 발전의 필연성을 가진다.

3. '호(戶)'와 '책(冊)'의 '편평함(扁)'

『설문해자·책(冊)부수』에서 이렇게 말했다. "편(扁)은 서명하다는 뜻이다. 호(戶)와 책(冊)이 모두 의미부이다. 호책(戶冊)이란, 문호(門戶)에 글자를 쓰다는 뜻이다.(扁, 署也, 从戶·冊, 戶冊者, 署門戶之文也.)" '호(戶)'와 책(冊)'이 모두 의미부로 구성된 자형은 소전(小篆)에서 매우 분명하게 표현된다.

그렇다면 무엇을 '서명한다(署也)'라고 하는가? 왕균(王筠)의 『설문구두(說文

扁 [소전 ‘편(扁)’자형 이미지]

句讀)』에서는 “제서(題署: 현판을 쓰다)를 말한다”라고 했다. ‘호(戶)와 책(冊)’의 구성 분석과 결합해 보면, ‘편(扁)’은 바로 ‘호(戶)’를 ‘책(冊)’으로 삼아, 그 위에다 글자를 쓰는 것(題署) 말한다. ‘문호’ 위에 글자를 쓰는 이러한 문화 활동이 ‘편(扁)’자의 구성 의도가 되었다는 것은 이러한 문화가 매우 강력한 영향력을 가졌음을 보여준다. 문호는 사람들이 사는 거처의 출입구로서, 예로부터 사람들의 특별한 관심과 대우를 받았다. 그중 매우 중요한 한 점은 바로 문호를 거주자의 신분 지위나 뛰어난 재주를 가진 사람(賢才)의 선행(善行)의 표지로 삼았다는 것이다. 이러한 상황은, ‘문(門)’이나 ‘호(戶)’와 관련된 일부 글자와 단어를 분석해 보면 단번에 알 수 있다.

　예컨대, ‘열(閱)’은 ‘관람하다(觀看)’의 의미를 가지므로 ‘람(覽)’과 결합하여 ‘열람(閱覽)’이라는 복합어를 이룰 수 있다. 그러나 ‘열(閱)’은 ‘문(門)’이 의미부이고 ‘태(兌)’가 소리부인 형성자이기도 하다. 즉, ‘문(門)’은 ‘열(閱)’에서 유일한 표의 부호이다. 그렇다면 문(門)에 어떤 볼(閱) 것이 있었던 것일까? ‘열(閱)’자에 든 옛 의항 한 가지가 이의 실마리를 제공해 준다. 예컨대, 『옥편·문(門)부수』에서 “좌측에 있는 것을 알(閥)이라 하고, 우측에 있는 것을 열(閱)이라 한다.”라고 했다. 이 ‘열(閱)’은 고대 관리들이 사는 집에 세워진 일종의 기둥으로, 기둥 위에는 문(門) 안에 사는 사람들의 공명과 지위가 기록되어 있었다. 이는 등급이 엄격했던 고대사회에서, 이 ‘열(閱)’은 ‘관람(觀覽)’이 가장 필요했던 것임을 분명하게 말해준다. 자신의 ‘열(閱: 오른쪽 기둥)’을 남에게 보여야 하며,

그렇지 않으면 타인에게 낮게 평가될 수 있었다. 타인의 '열(閱)'도 더욱 자세히 살펴야 했으며, 그렇지 않으면 어떤 모습으로 그와 교제해야 할지를 알 수가 없었다. 따라서 '열(閱)'은 그 '관람하다(觀看)'는 의미가 발생할 필연성을 갖는다. 이와 유사하게, '열(閱)'의 좌우 대응 관계에 있는 '알(閥)'도 '공적(功績)'이나 '문제(門第: 가문의 지위)' 등의 의미를 갖는다. 물론, '알(閥)'이나 '열(閱)'이 사람들의 공명(功名)이나 등제(等第)를 표시할 수 있었던 것은 '문(門)'에 있었다 할 것이고, 따라서 '문(門)'은 더더욱 사람의 공명과 등제를 표시할 수 있는 충분한 이유가 있었다. '문제(門第)'나 '문차(門次)'는 사람들의 신분과 지위의 높고 낮음, 귀하고 천함을 지칭하는데, 그 문자적 의미는 분명히 '문(門)'의 등제(等第), '문(門)'의 등차(等次)라 하겠다. 이로부터 알 수 있듯, 사람의 등급을 항상 '문(門)' 위에 드러내야 했으므로, '문면(門面)'은 '체면(體面)'을 뜻하고, '문표(門表)'는 '명성(名聲)'을 나타내며, '문저(門著)'는 권문세가(權貴人家)를 표현한다. '문(門)'의 이러한 의미 발생은 상고시대 사회의 현실에 기초하고 있다.

선진 문헌의 기록에 따르면, 거실 건축물에서 거주자의 신분 지위에 따라 '문호'의 형태와 제도에 차이가 있었다. 예를 들어, 종묘(宗廟)의 문(門)으로 말하자면, 천자(天子)에게는 고(皋), 고(庫), 치(雉), 응(應), 로(路)의 오문(五門)을, 제후(諸侯)에게는 고(庫), 치(雉), 로(路)의 삼문(三門)을, 대부(大夫)에게는 대(大)와 중(中)의 이문(二門) 등이 있었다.[41] '문호'의 이러한 상징적 의미는 심지어 이러한 건축 부속물을 원 건축에서 분리시켜 독립적인 건축 형식이 되게 했으니, 고대사회에서 흔히 볼 수 있는 공덕패방(功德牌坊: 공덕을 기리는 정문(旌門)

---

41) 손이양(孫詒讓), 왕문금(王文錦), 진옥기(陳玉琦) 표점 교정, 『주례정의(周禮正義)』(제3책) 권14 '혼인(閽人)'(북경: 중화서국, 1987년, 540-548쪽) 참조.

이나 기념문(記念門)이 바로 그것이다. 이들은 비록 거처와 연결되지는 않았지만, 여전히 '문호'의 형태로 만들어야만 했다.

분명히, 앞서 언급한 '편(扁)'의 의미는 '통용되다'는 후대의 의미와 그다지 맞지 않아 보인다. 그렇다면 그것은 어떤 전환 과정을 거쳤던 것일까? 새로 출토된 전국시대 초나라 죽간(楚簡)에서는 더 이른 시기의 '편(扁)'자가 나타나, 주목할 만한 단서를 제공하고 있다. 『청화간』(14)「사고(四告)」의 제16간(簡)에 이렇게 기록되어 있다. "扁卲…(昭)華(禱)㢩(任)." '편(扁)'자는 학자들에 의해 『신채간(新蔡簡)』(영(零) 115. 22)의 '편(篇)', 즉 '수(首)'와 '책(冊)'으로 구성된 '편(扁)'의 이체자로 해독되었다. 다만 윗부분이 '자(自)'로 되었는데, 이는 '수(首)'의 오류로 보인다. 두 글자의 원형은 다음과 같다.

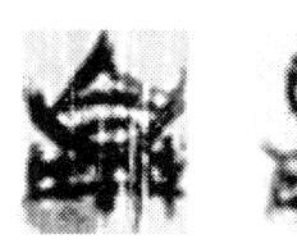

[초간 '편(扁)'자형 이미지]

이 새로 발견된 '편(扁, 篇)'자의 회의 편방이 '호(戶)'가 아니라 '수(首)'인 것은, '편(扁)'의 책(冊)'이 문당(門堂)의 액수(額首: 편액의 머리)에다 글을 썼다(題名)는 것을 강조한 것이다. 이는 '문호' 위에 글을 쓰던 위치를 더욱 정확하게 확정해 주었다.

'편(扁)'이 기왕에 영예를 빛내는 데 사용되었을진대, 이는 '문호' 중 가장 눈에 잘 띄는 곳에 부착되어야 했을 것인데, 이것이 바로 '편(篇)'자의 구조가 강조한 바이다. 후대의 성어 '광요문미(光耀門楣: 가문의 명예를 빛내다)'라는 말도 바로 이러한 의미를 표현한다. 그러나 이러한 편액을 지나치게 커지면 모양이 변하게 된다. 그래서 '편(扁)'은 이후 '통용되다'는 의미를 갖게 되었다.

　문액(門額) 위에 걸린 이 '책(冊)'의 형상은 다소 특별했다. 아래에는 사람이 출입할 수 있는 일정한 높이의 통로가 있어야 하고, 위에는 처마가 덮고 있는 형상이다. 거주하는데 적절하려면, 문미보다 높게 돌출된 처마의 거리가 너무 크지 않아야 했으므로, 문액 위의 '책(冊)'도 불가피하게 가로(橫)가 넓고 세로(縱)가 좁은 편평한 모습을 이루게 되었다. (세로가 긴) 정상적인 '책(冊)'의 모양 비해, 이러한 '편(扁)'은 불가피하게 기형이 되었다. 그 결과 문자 사용자의 신경을 자극하여 '편(扁)'은 '횡관종협(橫寬縱窄: 가로는 넓고 세로는 좁은)' 형상적 의미를 발생시켰다. '편(扁)'의 이러한 문자 서사 형식이 성행하게 되자, 후대에 '편(匾)'이라는 편형(扁形: 납작한 모양)의 제자(題字) 횡패(橫牌)가 출현했다. 그러나 편액을 뜻하는 '편(匾)'자도 처음에는 ('방(匚)' 편방 없이) '편(扁)'자로만 기록되었으며(『한어대사전』의 '편(扁)'에 수록된 송원(宋元)대의 문헌 용례를 참고하면 된다), '방(匚)'은 이후에 추가되었다. '편(匾)'이 반드시 문미(門楣) 위에 걸려야 하는 것은 아니었지만, 항상 문미 위에서 '가로는 길고 세로는 좁은' 형상을 유지해야만 한다. 이러한 제약은 당연히 자기 자신을 자랑하는 것에서 비롯되었기에 저자는 물론 스스로 기뻐했겠지만, 관람하는 사람의 눈에는 '낮잡아 보이는(被看扁: 깔보다)' 것이 불가피했을 것이다. [이 때문에 '편(扁)'자에는 '낮고 얕다'는 뜻이 들게 되었다.]

　이상의 '편(扁)'자의 발전 과정을 통해 다음의 사실을 발견할 수 있다. 즉 '문방(文榜)'의 문자 형식으로 '문호(門戶)'에다 글을 썼고, 이로써 신분과 덕조(德操: 변함없는 굳은 절개)의 예규(禮規)를 드러내 보이던 관습은 늦어도 전국(戰國)시대에 이미 출현했다.

제4장
도(道)와 행(行)
속의 예규

제4장

'도(道)'와 '행(行)' 속의 예규(例規)

사람이 길을 어떻게 다니는가 하는 것도 전통 예법에서 크게 빛을 발하는 부분이다. 노신(魯迅)은 『고향(故鄉)』에서 이런 말을 한 적이 있다. "땅에는 원래 길이 없었다. 하지만 걸어 다니는 사람이 많아지면 길이 생기는 법이다.(地上本沒有路, 走的人多了, 也便成了路.)"[1] 이 명언은 철학적 함의가 매우 풍부하여 그간 여러 다양한 해석이 있어왔다. 그러나 어떻게 해석하든, 그 속에는 의심할 수 없는 논리, 즉 땅에 길이 있어야 사람들이 다닐 수 있다는 논리가 존재한다. 길이라는 것이 사람이 '다니도록(行)' 만든 것이라면 역으로 길은 사람들이 '다닌(行)' 상황을 보여줄 수도 있다. 오늘날 우리가 '길'을 부르는 '로(路)'는 고대인들은 대부분 '도(道)'라고 불렀다.

아래에서 우리는 앞서 말한 '도(道)'와 '행(行)'의 논리적 연관성의 궤적을 따라, 그 안에 담긴 예법 상의 내용을 형이하학적인 부분부터 형이상학적인 것까지 살펴보고자 한다.

---

1) 노신(魯迅), 『노신전집(魯迅全集)』 제1권, 북경: 인민문학출판사, 2005년, 510쪽.

제1절 '도(道)'의 변화과정

한자 자전(字典)에서, '도(道)'는 가장 많은 의미를 가진 글자의 하나로, 한자 발전사에서 문자 사용자들의 사상적 불꽃을 최고로 잘 발휘했던 글자의 하나이다. 물론 이런 불꽃은 점진적으로 축적된 결과이므로, 이에 대해 처음부터 체계적으로 정리하여 '행보(行步)'에 관한 예법의 탐구를 위한 기초로 삼을 필요가 있다.

1. 원래의 '도(道)'

'도(道)'자는 서주(西周) 초기의 금문(金文)에서 처음 보이는데[2], 거기서는 '행(行)'과 '수(首)'의 두 편방으로 구성되었다.

貉子卣

이 글자는 회의(會意) 겸 형성자(形聲字)이다. 즉 '행(行)'이 의미부이고('행(行)'의 본래의미는 도로이다. 아래의 기술 참조) '수(首)'도 의미부여서, '도(道)'는 '머리가 향하는 길'이라는 의미를 나타낸다. 그러나 고대음으로 볼 때 '수(首)'는 독음도 함께 나타낸다. 『일주서(逸周書)·예량부(芮良夫)』에는 이런 구절이

---

2) 일부 학자들은 갑골문에 '도(道)'자가 출현한다고 여긴다. 그러나 이 학설은 학계에서 아직 큰 논란이 있으므로, 여기서는 채택하지 않는다.

있다. "저 소신 양부가 절을 하며 계획을 아뢰나이다.(予小臣良夫稽道謀告)."3)
왕인지(王引之)는『경의술문(經義述聞)』에서 이에 대해 이렇게 보충했다. 여기
서의 "계도(稽道)는 계수(稽首)와 같다. 이는『일주서』에서 '도(道)'를 '수(首)'의
가차자로 사용한 결과이다."4) 이 설명의 의미는 '수(首)'와 '도(道)'의 고대 독음
이 비슷했기 때문에 '계수(稽首)'를 '계도(稽道)'라고 할 수 있었다는 말이다.
　서주 때의 금문에서는 때로 '행(行)'과 '수(首)'의 구조에다 '지(止)'를 더해 그
의미를 강화하기도 했다.

　혹은 아래쪽의 '지(止)' 대신 '우(又)'를 쓰기도 했는데, '우(又)'는 '지(止)'가
잘못 변한 것이다.

　금문에는 또 '수(首)'로 구성되지 않고 '요(舀)'를 소리부(聲符)로 삼은 구조도
보이는데, '요(舀)'는 '수(首)'가 잘못된 변한 것으로 추정된다. '요(舀)'와 '수(首)'
는 형태가 비슷하고 독음도 가까워 와변(訛變)이 일어났던 것이다.

---

3) 황회신(黃懷信),『일주서교보주석(逸周書校補注釋)』, 서안: 삼진(三秦)출판사, 2006년, 363쪽.
4) 왕인지(王引之),『경의술문(經義述聞)』, 북경: 중화서국, 2021년, 190쪽. "稽道卽稽首.
　是『逸周書』借道爲首也."

이상을 종합하면, '도(道)'의 초기 구조는 의미와 독음 표기 모두를 중시했는데, 이것이 '도(道)'자의 이후 변화 방향을 확정했다. 즉 「석고문(石鼓文)」의 '○'에서는 이전 글자 형태에 장식을 위한 점을 더했고, 『설문(說文)』의 고문(古文)체에서는 「석고문(石鼓文)」의 구조를 바탕으로 '행(行)'자를 생략했다. 『설문』의 정체(正體)인 소전체(○)에서는 이전 형태를 바탕으로 '행(行)'을 '척(彳)'으로 바꾸었고, 이로부터 후세에 통용되는 '도(道)'자의 구조가 만들어졌다.

（石鼓）　（说文古文）　（说文正篆）

그러나 '도로'라는 개념이 애초에 한자에서 '도(道)'라는 글자로 표현된 것은 아니다. '행(行)'자가 처음인데, 고문자는 본래 사거리가 교차하는 형태를 본떴다.

상(商)나라 때의 갑골문에는 '도(道)'자가 보이지 않지만, '행(行)'자는 이미 출현하였다.

"계미일에 점을 칩니다. 왕께서 물어봅니다. 외뿔소가 길에 있는데, 왼쪽

에서 쏘면 잡을 수 있을까요?(癸未卜, 王曰貞: 又(有)兕在行, 其左射, 獲.)"(『합
집』24391)

이 복사에서는 계미일에 은(殷)나라 왕이 점을 쳐서, 길에 외뿔소가 있는데,
왼쪽에서 쏘면 잡을 수 있을까 하는 것을 물었다는 내용이다. 복사에는 단지
"유시재행(有兕在行)"이라고 했지 "유시재도(有兕在道)"라고 하지는 않았다. 즉
'행(行)'을 사용했지 '도(道)'를 사용하지 않았음을 알 수 있다. '도(道)'자가 이미
출현한 서주 초기 금문에서도 '도(道)'는 단지 인명만 표시했을 뿐, 실제로 '도
로'를 표시한 것은 여전히 '행(行)'이었다. 예를 들어,「중방정(中方鼎)」에서 "왕
께서 남궁에게 호방(虎方)을 정벌하라 명한 해였다. 왕께서 '중'에게 먼저 남쪽
나라를 살피라 명했고, 산에 길을 내었다.(隹(唯)王令南宮伐反虎方之年, 王令中
先省南或(國), 貫行.)"라고 되어 있다. 여기서 말한 '관행(貫行)'에 대해 양수달
(楊樹達)은『사기(史記)』에서 말한 "산을 뚫어 길을 내다(披山通道)"고 할 때의
'길을 내다(通道)'는 뜻이라고 보았다.5)

  '도(道)'자를 사용하여 진정으로 '도로(道路)'의 본래 의미를 표현한 것은 서
주 말기 금문인「산씨반(散氏盤)」등의 명문(銘文)에 이르러서이다.6) 주목할
만한 것은, 춘추(春秋) 초기 금문인「증백霚보(曾伯霚簠)」에 "印(抑)爕繇(鄦)湯
(陽), 金衢(道)鍚(錫)行, 具既卑方.(또한 '번양(鄦陽)'과 화해하여 청동과 주석을 공납

---

5) 양수달(楊樹達), "고고학(考古學) 전간(專刊) 갑골 제1호"『적미거금문설(積微居金文說)
    』, 북경: 중국과학원, 1952년, 129-130쪽.
6)「산씨반(散氏盤)」에서 "弄(奉-封)于巢衢(道), 弄(奉-封)于原衢(道), 弄(奉-封)于周衢(道)㠯
    (以)東.(동도(巢道)에도 [경계를 표시하는] 봉표를 세우고, 원도(原道)에도 봉표를 세우
    고, 주도(周道) 동쪽에도 봉표를 세웠다.)"라고 했고,「堲수(堲盨)」에서 "爰(援)奪剥行
    道.(이에 저방(戲方)이 통로를 빼앗았다.)"라고 했다.

하는 길이 낮은 땅(즉 남방)에 모두 갖추어졌다.)"라는 구절이 있다는 점이다. 여기서의 '금도석행(金道錫行)'에 대해 곽말약(郭沫若)은 "청동이나 주석(金錫)으로 공물을 바치거나 무역을 하던 길을 뜻한다"라고 했다. 명문에서는 '행(行)'과 '도(道)'를 서로 섞어 사용했는데, 이는 그 당시 도로라는 개념을 표현할 때 '행(行)'과 '도(道)'가 공존할 수 있었음을 보여준다. 전승 문헌에서도 마찬가지이다. 예를 들어, 『시경·대동(大東)』에 "방탕한 공자가 저 큰 길(周行)을 돌아다니네.(佻佻公子, 行彼周行.)"라고 나오는데, 주희(朱熹)는 『집전(集傳)』에서 "주행(周行)은 큰길을 말한다.(周行, 大路也.)"라고 했다.7) 『시경·사모(四牡)』에서는 "네 마리 말이 달리니, 큰 길(周道)이 완만하구나.(四牡騑騑, 周道倭遲.)"라고 노래했는데, 주희의 『집전』에서는 "주도(周道)는 큰길을 말한다.(周道, 大路也.)"라고 되어 있다.8) 『시경』에 수록된 시가는 일반적으로 서주에서 춘추 중기까지 500여 년간의 작품이라 여겨진다. 금문과 함께 살펴보면, 서주 말기부터 춘추 시기에 '행(行)'과 '도(道)'가 동의어로 혼용되었음을 알 수 있다.

주목할 만한 것은, '행(行)'자는 갑골문에서 최초로 출현했지만, '걸어가다'는 뜻과 '걸어 다닐 수 있는 길'을 동시에 뜻하여 동사와 명사의 두 가지 신분을 갖고 있었다는 점이다. 이후 사람들은 명사적 의미의 '길'의 역할을 점차 뒤에 생겨난 '도(道)'에다 넘겨주게 되었는데, 그것은 '행(行)'이 갖고 있던 이 두 가지 겸직의 기능이 대중들의 수용을 받지 못했지 때문이다. 다시 말해, '행(行)'과 '도(道)'의 개념에 대한 각기 각자의 분명한 역할 분담이 필요했던 것이다.

언어문자 체계의 자체 발전 규칙으로 볼 때, 정보 표현의 정확성을 위해 글

---

7) 주희(朱熹), 『시집전(詩集傳)』, 북경: 중화서국, 2017년, 227쪽.
8) 주희(朱熹), 『시집전(詩集傳)』, 북경: 중화서국, 2017년, 157쪽.

자와 단어는 중복 존재하지 않아야 한다는 요구가 있다. 이는 마치 오늘날의 인구의 호적 관리에서 모든 사람이 하나의 신분증 번호만 가질 수 있는 것과 같다. 비록 우리가 고대 관련 언어 문자 상황을 완전히 이해하지 못할 수도 있지만, 앞서 열거한 '행(行)'과 '도(道)'라는 동의어의 혼용은 분명히 이러한 요구에 부합하지 않는다. 이렇게 볼 때 '도(道)'가 이후에 변화하여 '행(行)'과 일정한 거리를 두게 된 것에는 이러한 언어 환경의 원인도 있었을 것이다.

2. '도(術)'와 '도(道)'의 얽힘

'도(道)'자의 구조도 변천사를 보면 중요한 변화가 있었는데, 그것은 바로 '도(道)' 속에 '인(人: 사람)'이 출현한 것이다. 이 변화를 보여주는 주요 자료는 지난 20세기 말에 새로 발견된 『곽점(郭店) 초간(楚簡)』이다.

『곽점 초간』에는 '행(行)'과 '인(人)'으로 구성된 '도(術)'자가 여러 번 보인다.

이 글자를 초기에는 '행(行)'으로 해석했었다.9) 이렇게 해독하게 된 주된 이유는 이 자형이 「석고문」에서도 발견되는데, 거기서는 '탕(湯)·양(陽)·방(方)' 등과 시의 운을 맞추는 글자로 사용되었기 때문이다.10) '행(行)'과 '탕(湯)·양

---

9) 료춘명(廖名春), 「형문 초 죽간으로부터 선진 유가와 『주역』의 관계를 논함(從莉門楚簡論先秦儒家與『周易』的關系)」, 주백곤(朱伯崑)(주편), 『국제역학연구(國際易學研究)』 제4집, 북경: 화하(華夏)출판사, 1998년, 310-311쪽.

10) "旹車績(載)行, 戎徒如章. 邊涇陰陽……隹(維)舟以行. 或陰或陽, 極深以□. 于水一方."

(陽)·‘방(方)’ 등은 모두 고대음에서 양부(陽部)에 속하는 운(韻)이므로, 「석고문」에서 ‘衍’을 ‘행(行)’으로 해석하던 것이 학계의 공통된 견해였다. 그러나 『곽점초간』에서는 ‘衍’가 ‘도(道)’로 해석되어야 함에는 의심의 여지가 없다.

예를 들어, 『노자(老子)』 제30장의 “도로써 인군을 보좌하는 자는 무력으로 천하를 강제하지 않는다.(以道佐人主者, 不以兵强天下.)”는 문장은 곽점 초간 『노자』 갑조에서 “도(衍)로써 인군을 보좌하는 자는 무력으로 천하를 강제하고자 하지 않는다.(以衍差(佐)人宔者, 不谷(欲)以兵强於天下.)”라고 되어 있다. 그래서 『곽점초묘죽간(郭店楚墓竹簡)』 정리자는 “도(衍)는 ‘도(道)’자이다. 『한간(汗簡)』에 나오는 ‘도(道)’자와 죽간의 문자가 동일하다.”라고 주석했다.[11] 『노자』의 전승 문헌과 『곽점 노자』가 서로 증명되기 때문에, 정리자는 ‘도(衍)’가 곧 ‘도(道)’라고 판단했는데, 그 근거는 매우 충분해 보인다.

주목할 만 한 점은, 『곽점 죽간』에서 ‘도(衍)’와 ‘도(道)’는 명백하게 이체자 관계로 존재한다는 점이다. 예를 들어, 『노자』 갑편에서는 ‘도(衍)’자를 사용하고, 을편과 병편에서는 ‘도(道)’자를 사용했다. 또 「성자명출(性自命出)」의 경우 제19간에서는 “그 선후로 버려야 할 것은 의와 도이다.(其先後之舍則義衍也.)”라고 하면서 ‘도(衍)’자를 사용하고, 제22간의 “폐백은 신의와 증거를 위한 것이니, 그 의미는 도(道)이다.(幣帛, 所以爲信與證也, 其詞義道也.)”라고 하면서는 ‘도(道)’자를 사용했다. 또 「어총(語叢)」(1)의 경우, 제22간의 “인(仁)은 사람에게서 생겨나고, 의(義)는 도(道)에서 생겨난다.(仁生於人, 義生於道.)” 등에서는 ‘도(道)’자를 사용했지만, 제37간의 “『역(易)』이 천도(天道)와 합치하는 까닭은

___

11) 형문시박물관(莉門市博物館), 『곽점초묘죽간(郭店楚墓竹簡)』, 북경: 문물출판사, 1998년, 114쪽.

스스로 도(道)를 인정하기 때문이다.(『易』所以會天私認衍.)"에서는 '도(衍)'자를 사용했다. 이는 '도(衍)'와 '도(道)'가 용법상에서 차이가 없고 단지 글자 형태만 다르다는 것을 증명해 준다. 좀 더 자세히 분석해 보면, 「충신지도(忠信之道)」와 「어총」(3)' 등에서는 '도(衍)'자만 사용하고 '도(道)'자는 사용하지 않은 반면, 나머지 편에서는 '도(道)'자만 사용하고 '도(衍)'자는 사용하지 않았다. 이런 현상에 대해 일부 학자들은 필사의 시대 차이에 의한 것으로 보고, 『노자』 갑편과 을편과 병편의 '도(衍)'와 '도(道)'의 상보적 관계를 증거로 든다. 즉 『노자』 갑편은 필사 시기가 가장 이르고, 을편과 병편의 필사 시기는 늦다는 말이다. 이는 '도(衍)'와 '도(道)'가 초기에는 아마도 두 개의 서로 다른 글자였다가 나중에 어떤 이유로 하나로 합쳐졌을 것임을 보여준다.

그렇다면 이러한 변화가 일어난 원인은 무엇이었을까? 이를 위해서는 서로 다른 시대의 '도(道)'의 의미와 용법을 살펴볼 필요가 있다.

서주 금문의 경우, 초기와 중기의 명문에 나오는 '도(道)'는 대부분 인명으로 사용되었는데, 「맥자유(貉子卣)」와 「사도궤(師道簋)」 등이 그렇다. 중기와 후기에는 '도로(道路)'의 뜻으로 사용되기도 했는데, 「우정(𩰫鼎)」과 「산씨반(散氏盤)」 등이 그렇다. 인명으로 쓰인 용법의 유래는 추적하기 어려우므로 논외로 하더라도, 서주 금문에서는 '도(道)'가 '도로(道路)'라는 본래의미 외에 다의적 의미를 가지는 것으로는 아직 변화하지 않았음을 알 수 있다. 춘추시대 금문의 경우, '도(道)'는 「증백霥보(曾伯霥簠)」에서만 한 번 나타나는데, 여전히 '도로(道路)'라는 본래의미로 쓰였다. 그러나 전국시대 금문에서는 상황이 달라졌는데, '도(道)'에 인륜예법(人倫禮法)이라는 의미가 더해졌다. 예컨대, 「중산왕착정(中山王嚳鼎)」에서 "하늘의 선악을 알고, 그 덕을 논하며, 그 행실을 살피니,

도(道)에 순응하지 않음이 없다.(智(知)天若否, 侖(論)其惡(德), 眚(省)其行, 亡不忞(順)道)."라고 했다.「첩차호(㜪盜壺)」에서도 "연(燕)나라가 무도하게 상국을 능멸했다.(逢郾(燕)亡(無)道燰上)."라고 했다. 이는 '도(道)'의 본래의미가 확장된 것임이 분명하다. 천하의 나라들이 이치를 따르고 상도(常道)를 지켜 '예의(禮義)'를 행하고, 다스려져 혼란에 빠지지 않으면 '유도(有道)'라 하고, 그렇지 않으면 '무도(無道)'라 불렀다.

주목할 만한 것은, 전국시대에 이르면 뒤에 생겨난 '도(道)'의 이러한 파생의미가 '도(道)'의 가장 보편적인 의미가 되었다는 점이다.『곽점 초간』의 경우, 사용된 125차례의 '도(道)'자 중 의미상으로 '도로(道路)'의 본래의미로 사용된 경우는 없고, '말하다'나 '서술하다'는 의미로 쓰인 경우가 4건이며, 나머지는 모두 '인도(人道)', '인도(仁道)', '도의(道義)', '도리(道理)', '준칙(準則)', '천도(天道)', '천의(天意)', '천리(天理)' 등의 의미로 쓰였다.

이는 앞서 기술한 '도(道)'자의 의미를 통시적 변화 궤적으로 살펴볼 때, 이 글자 형태의 변화는 매우 합리적임이 분명하다. 즉 '행(行)'과 '수(首)'로 구성된 것은 회의(會意) 겸 표성(表聲) 구조인데, 이 구조에서 '수(首)'는 의미 표현 기능이 있지만 그 표의성이 상당히 우회적이어서 널리 이해되고 인정받기 어려웠다. 또한 다른 한편으로는 표음 기능이 어느 정도 표의성을 방해할 수도 있었다. 따라서 글자 형태를 바꾸고 이론적 근거를 재구성하여 '도(道)'자의 가장 보편적인 의미와 부합하도록 해야 하는 것은 매우 자연스러운 일이었다. 즉 '행(行)'과 '수(首)' 구조에서 '수(首)'를 '인(人)'으로 바꾸는 것은 더욱 자연스러운 변화였다.

다른 표의 부수인 '행(行)'은 본래의미가 '도(道)'와 크게 다르지 않았기 때문에, 당시 문자 사용자들이 보기에도 '도(術)'를 사용하여 '도(道)'를 표현하는 데 아무런 문제가 없었다. 이러한 변용의 관건은, 필자자의 심리에 표의 부수 '인(人)'을 사용하여 '인도(人道)', '인도(仁道)', '도의(道義)' 같은 의미를 표현하는 것이 얼마나 적절한가의 여부에 있지 않았겠는가?

이러한 동의어의 교체 사용은 한자 사용 역사에서 결코 고립된 현상이 아니라고 해야만 할 것이다. 구석규(裘錫圭)는 『문자학개요(文字學概要)』에서 '동의환독(同義換讀)'이라는 장을 할애하여 이러한 상황에 대해 전문적으로 논의했다. 물론 문자 변화에는 안정성이라는 요구도 있어, '동의환독'은 일시적 현상이 되는 경우도 허다하다. '도(道)'를 갖고 말하자면, 『곽점 죽간』의 125개 '도(道)'자 용례 중 35개는 '도(術)'를 사용하고, 1개는 '도(衛)'를 사용하며, 나머지는 여전히 '도(道)'자를 사용했다. 이는 전국시대에도 '수(首)'로 구성된 전통적인 구조의 '도(道)'가 여전히 주된 표기법이었음을 말해준다. 진한(秦漢) 이후에는 '도(術)'로 쓰인 '도(道)'는 더 이상 유행하지 않았는데, 이 역시 한자 구조의 안정성에 대한 요구 때문이었다. 그러나 전국시대에 들어 '도(道)'의 의미로 사용된 '도(術)'가 출현한 것은 '도(道)'자 의미의 다양화와 관계된 것이라고 보지 않을 수 없으며, 이는 부정할 수 없는 객관적 사실로 보아야만 할 것이다.

그렇다면, '도(道)'는 왜 전국(戰國) 시대에 들어 이렇게 많은 새로운 의미를 가지게 되었을까? 이에 대해서 더 깊이 분석해 볼 필요가 있다.

제2절 '도불불가행(道茀不可行)'의 해석

『국어·주어(周語)』에는 다음과 같은 고사가 기록되어 있다. 주(周)나라 정왕(定王)이 선(單)나라 양공(襄公)을 송(宋)나라와 초(楚)나라에 파견했는데, 그가 진(陳)나라를 경유하게 되었다. 선 양공은 진(陳)나라 경내에서 '도불불가행(道茀不可行: 길이 잡초로 막혀 다닐 수 없음)'의 상황을 눈으로 직접 보았다. 즉 도로가 황폐해져 다닐 수 없는 상태였던 것이다. 귀국 후 그는 주(周)왕에게 진(陳)나라가 곧 멸망할 것이라 보고했다. 그 후 불과 2년 만에 선 양공의 예언은 현실이 되어 진(陳)나라는 초나라에 의해 멸망하고 말았다. 도로 상태가 악화한 것으로부터 국가 정권의 멸망을 예견할 수 있었던 것이다. 이는 선 양공과 그의 동시대인들의 눈에 도로의 존재와 그 완전한 정도가 국가 정치 상황의 완전한 표지였음을 보여준다. 이러한 관념의 형성은 도로가 국가 통치에서 갖는 중요성에서 비롯되었다.

1. '도(道)'의 일반화 궤적

'도로'가 어떻게 해서 이러한 기묘한 상징적 의미를 가질 수 있었을까? 상고 시대의 문화적 배경이라는 층위로 거슬러 올라가면, 그 원인은 단순한 비유(譬喩)에 의한 우연이 결코 아니었다.

『주례·지관(地官)·수인(遂人)』에서 이렇게 말했다. "무릇 바깥지역을 다스릴 때는 부(夫)마다 수(遂)를 세우고, 수(遂) 위에 경(徑)이 있다. 10부(夫)마다 구

(溝)가 있고, 구(溝) 위에 진(畛)이 있다. 100부(夫)마다 혁(洫)이 있고, 혁(洫) 위에 도(塗)가 있다. 1000부(夫)마다 회(澮)가 있고, 화(澮) 위에 도(道)가 있다. 10000부(夫)마다 천(川)이 있고, 천(川) 위에 로(路)가 있어, 왕의 직할지(畿)로 통하게 했다.(凡治野, 夫間有遂, 遂上有徑, 十夫有溝, 溝上有畛, 百夫有洫, 洫上有塗, 千夫有澮, 澮上有道, 萬夫有川, 川上有路, 以達於畿)."12) 정현(鄭玄)의 주석에 따르면, "경(徑), 진(畛), 도(涂＝塗), 로(路)는 모두 수레와 사람이 국도(國都: 나라의 수도)로 통하는 길을 말한다. 경(徑)은 소와 말이 지나갈 수 있는 길이고, 진(畛)은 큰 수레가 지나갈 수 있는 길이다."13)

　이를 통해 알 수 있듯이, 고대인들의 '도로(道)'에 대한 관심은 당시의 토지 제도인 정전제(井田制)의 유지와 관련이 있었다. 이른바 '정전제'란 1리(里)의 땅을 하나의 정전(井田) 단위로 삼았는데, 하나의 정전은 900무(畝)에 해당했고, 그 가운데 [9분의 1인] 100무는 통치자에게 바치는 공전(公田)이고, 주변의 800무는 여덟 가구의 농호(農戶)가 경작하여 자급하는 토지였다. 정전의 구분은 도로의 건설과 연결되어 있었다. 서로 크기가 다른 토지는 바로 서로 다른 너비의 도로, 즉 경(徑), 진(畛), 도(塗), 로(路)와 유기적으로 결합했다. 정전제는 고대 중국의 국가 정권을 유지하던 기반이었다. 도로가 정전제와 상호 배합한다면, 도로의 유무는 정전제의 흥폐와 나아가 국가 정권의 운명과 밀접하게

---

12) [역주] 농토를 체계적으로 관리하기 위해 단위 면적별로 수로(溝洫)와 도로(徑塗道)를 계층적으로 배치하여, 물 관리와 교통 효율성을 확보한 고대 중국의 제도를 말한다. 여기서 말한 부(夫)는 한 사람이 농사지을 정도의 면적을 말한다. 이는 농업 생산성 향상과 수도를 에워싼 중앙(畿)까지의 연계성을 강조한 것으로, 모든 도로와 수로가 왕의 직할지(畿)로 통하도록 설계되었음을 강조했다.

13) [청(淸)] 완원(阮元) 교감 판각, 『십삼경주소(十三經注疏)』, 북경: 중화서국, 2009년, 1275쪽.

관련된다. 따라서 국가제도 및 정권과 표리일체를 이루는 '도로(道)'는 자연히 고대 중국인들의 마음속에서 이상적 경계를 상징하는 의미를 갖게 되었다. 그러나 만약 본문 서두에 제기한 "도로가 어떻게 해서 이러한 기묘한 상징적 의미를 가질 수 있었을까?"에 대한 답이 이러한 정도에 그친다면, 그것은 편향되어 공정성을 잃었다 할 것이다.

먼 옛날, 상고시대에는 '소국과민(小國寡民)'의 사회로, 초기 인류 집단은 각각 "닭과 개 소리가 서로 들리지만 늙어 죽을 때까지 서로 왕래하지 않는(雞犬之聲相聞, 老死不相往來.)" 좁은 세계에 갇혀 살았다. 이러한 사회 조건에서, 자연적 장애물과 인위적으로 만들어진 장벽들은 인류가 생존하는 이 세계에서 도로라는 것이 얼마나 심각하게 단절되었었는지를 짐작하게 해 준다.

국가가 탄생하고 중앙집권 정치가 발전함에 따라, 통치자들은 자신의 영토와 판도를 확장하고 통치 범위를 넓히고자 하는 욕구를 필연적으로 갖게 되었다. 그러나 이를 위해서는 기본적인 물질적 조건, 즉 도로의 개통이 필수적이었다. 『좌전(左傳)』에서는 제후들이 패권을 다투기 위해 '가도(假道)', 즉 '길을 빌려(假途)' 다른 나라를 공격한 기록을 자주 볼 수 있다. 예를 들면 다음과 같다.

① 『희공(僖公) 2년)』: "우(虞)에게 길을 빌려 곽(虢)을 정벌했다.(假道于虞以伐虢.)"

② 『희공(僖公) 5년)』: "진후(晋侯)가 다시 우(虞)에게 다시 길을 빌려 곽(虢)을 공격했다.(晋侯復假道于虞以伐虢.)"

③ 『희공(僖公) 28년』: "위(衛)에게 길을 빌렸다.(假道于衛.)"

④ 『선공(宣公) 14년』: "송(宋)에게 길을 빌리지 말라.(無假道于宋.)"

⑤ 『성공(成公) 8년』: "거(莒)에게 길을 빌렸다.(假道于莒.)"

⑥『소공(昭公) 12년』: "선우(鮮虞)에게 길을 빌렸다.(假道于鮮虞.)"

⑦『정공(定公) 6년』: "갈 때 위(衛)에게 길을 빌리지 않았다.(往不假道于衛.)"

도로는 넓은 범위 내에서 정치적 통치를 확립하는 데 매우 중요한 의미를 가졌기 때문에, 도로의 개척은 바로 통치자들이 필연적으로 추구하는 바가 되었다. 『시경·대아(大雅)』에서 주(周)나라 사람들이 자기 선조들의 공훈과 업적을 기리는 구절에 도로를 개척했던 일이 자주 언급된다. 통치자들은 도로의 개척과 정비 및 관리에 대한 완벽한 제도를 일찍부터 만들었다. 『주례(周禮)』에는 '사험(司險)', '야려씨(野廬氏)', '후인씨(候人氏)' 등과 같은 도로의 관리를 책임지는 관리들이 기록되어 있다.[14]

이처럼 고대 중국인들은 도로를 개통하는 데 열중했을 뿐만 아니라, 여러 수단을 동원하여 통행자의 수요를 충족시켜 교통 도로의 원활한 소통을 보장했다. 『주례』에는 교통과 숙소의 제공과 영접에 관한 제도도 기록되어 있다. 예컨대, 『주례·지관·유인(遺人)』에 의하면, "무릇 나라 바깥의 야외의 도로에는 10리마다 려(廬)를 설치하고, 려(廬)에서는 음식을 제공한다. 30리마다 숙(宿)을 설치하고, 숙(宿)에는 노실(路室)을 설치하고, 노실(路室)에는 재물을 쌓아둔다(委). 50리마다 시(市)를 설치하고, 시(市)에는 후관(侯館)을 두고, 후관에는 큰 재물을 쌓아둔다(積).(凡田野之道, 十里有廬, 廬有飮食, 三十里有宿, 宿有路

---

14) [역주] 이는 도로 시스템을 건설(司險) → 운영(野廬氏) → 보호(候人氏)로 분담한 고대의 체계적 행정 모델이다. 이들 세 가지 관직의 역할을 알기 쉽게 비교하면 다음과 같다.

관직	주요 역할	현대적 유사 직능
사험(司險)	도로 건설, 군사적 방어 시설 관리	국토교통부＋군사 도로 관리국
야려씨(野廬氏)	도로 유지보수, 휴게소·가로수 관리	고속도로공사＋지자체 도로과
후인씨(候人氏)	국경 순찰, 교통안전 및 정보 수집	국경경찰＋교통경찰

室, 路室有委(積聚的財物), 五十里有市, 市有侯館, 侯館有積(委之大者).)” 진한(秦漢) 시대에, 여행자들의 휴식과 도적의 체포 및 송사의 판결 기능을 가졌던 ‘정(亭)’도 이 제도의 유산이다.

　고대, 특히 상고 시대의 경우, 도로는 통치권을 실현하는 정권의 물질적 기초였으며, 도로가 닿는 곳까지 정치권력도 분명하게 확장되었다. 따라서 도로는 정권의 표지가 되었고, 도로의 명칭이 정치권력 기관이나 행정 구역의 명칭이 된 것에는 어떤 필연성이 존재한다. ‘도(道)’는 처음에는 한대(漢代) 변방의 소수민족 지역에 있던 현급(縣級) 구역의 명칭이었는데, 이는 ‘도(道)’라는 이러한 행정 구역의 명칭이 처음 어디서 기원했는지를 보여준다.

　행정 구역으로서의 ‘도(道)’는 역사적으로 상당히 높은 등급을 가졌다. 예를 들어, 당(唐)나라 때는 처음에 전국을 10도(十道)로 나누었다가 나중에 15도(十五道)로 확장했다. 그 등급은 적어도 현재의 ‘성(省)’에 해당했지만, 그 옛날의 영광은 이제 ‘가도(街道)’라는 ‘구(區)’ 아래 ‘이위(里委)’ 위의 구역 명칭에만 일부 남아 있을 뿐이다. 알기 쉽게 말하자면, ‘가(街)’와 ‘도(道)’는 원래 같은 의미를 가졌으며, 모두 사람이 다니는 길을 가리켰다. 이와 마찬가지로 ‘도(道)’와 동의어인 ‘로(路)’ 역시 일종의 행정 구역 명칭이었다. 예를 들어, 송(宋)나라의 경우 태종(太宗) 때는 전국을 15로(十五路)로 나누었고, 인종(仁宗) 때는 3로를 더해 18로(十八路)로, 신종(神宗) 때는 다시 23로(二十三路)가 되었다. 이는 ‘도(道)’가 행정 구역의 이름이 된 것이 필연적이었음을 보여준다.

　이상에서 볼 수 있듯이, ‘길(路)’을 본래의미로 하는 ‘도(道)’가 국가의 정치 상황이 이상적 경계에 도달했다는 의미로 일반화한 것은 중국 고대 정치 통치에서 실제 근거를 가진 역사적 사실이다. 이 기초 위에서 ‘도(道)’는 다시 각종 인사(人事) 활동이 규범과 이상적 경계에 도달했다는 의미로 파생되었다. 예를 들어, 『논어』의 "길(道)이 다르면, 서로 도모하지 않는다.(道不同, 不相爲謀.)"라고 했을 때의 '도(道)'는 정치적 주장이나 사상 체계를 표현하고, 『맹자』의 "도(道)를 얻으면 돕는 이가 많고, 도(道)를 잃으면 돕는 이가 적다.(得道多助, 失道寡助.)"라고 했을 때의 '도(道)'는 도덕이나 도의(道義)를 말하며, 『노자』의 '자연지도(自然之道)'의 '도(道)'는 사리(事理)와 규율을 뜻하고, '서도(書道)'와 '기도(棋道)'의 '도(道)'는 일을 하는 방법이나 기예를 의미한다.

2. '행(行)'과 '도(道)'의 수도동귀(殊途同歸)'

앞서 언급했듯이, '행(行)'의 본래의미는 '도(道)'와 같이 '도로'를 가리켰다. 이 본래의미에서 파생된 의미는 바로 '행정(行程: 여정)'인데, 이 의미는 현재 몇몇 성어에만 남아 있다. 예컨대, "천리 길도 한 걸음에서 시작된다(千里之行, 始于足下.)"는 말은 수천 리의 여정도 발밑에서 내딛는 첫 발걸음으로부터 시작한다는 의미이다. '도로'를 표현하는 '행(行)'은 중국어에서 '싱(xíng)'이 아니라 '항(háng)'으로 읽어야 한다. '항(háng)'으로 읽는 '행(行)'자의 일부 의미가 그 '도로(道路)' 본래의미와 특별히 밀접한 관계가 있음을 알 수 있다. 도로에서는 쉽게 행렬이 형성되는데, 사람이 줄을 서면 사람의 행렬이 생기고 나무를 심으면 나무 줄이 생기므로, '행(行)'에는 '행렬(行列)'이라는 의미가 생겼다. 그리고 일부 전문 상호, 점포, 작업장은 집약적 효과를 위해 종종 같은 거리에 개설되었으므로, '행(行)'은 또 특정 영업 기관의 명칭이 될 수 있었다. 이른바 '상행(商行, shānghǎng)'이나 '은행(銀行, yínháng)'은 본래 상업가나 은호가(銀號街: 금융가)의 의미가 그것이다.

  ‘행(行)’은 현재의 자전에서 일반적으로 ‘척(彳)’ 부수에 분류되어 있지만, 실제로는 원래 독립된 부수였으며15), ‘행(行)’ 부수에 속한 글자들은 대부분 ‘도로’라는 의미를 갖고 있다. 예를 들어 ‘가(街)’나 ‘구(衢)’ 등이 그런데, 이 역시 ‘행(行)’의 원래의 초기 의미와 일치한다.

  물론 ‘걸어가다(行走, xíng zǒu)’가 오늘날 ‘행(行)’의 기본 의미인데, 비록 독음이 변했지만 그것과 본래의미인 ‘도로(道路)’와의 논리적 관계는 여전히 분명하다. 도로는 걸어다는 장소이며, 이 장소에서는 항상 ‘행보’라는 행위 동작이 발생한다. 장소에서 행위 동작 자체로의 이행, 이것이 ‘행(行)’자 의미 변화 중 가장 기본적인 논리 궤적이다. 그러나 이 변화는 명사에서 동사로 넘어가면서 품사의 차이로 인해 같은 음성 형식을 공유하기 어려워졌다. 따라서 ‘행보(行走, xíng zǒu)’의 의미는 ‘háng’이 아닌 ‘xíng’의 독음을 부여받아 본래의미와 구별되어 교제 중 혼동을 피하게 되었다.

  ‘행(行)’자가 일단 ‘걸어가다’는 의미를 표현하게 되자, 더 많은 변화의 기회가 생겼다. ‘걸어가다’는 것은 종종 어떤 활동에 종사함을 의미하므로 ‘행(行)’은 ‘일을 하다’, ‘행동하다’의 의미를 갖게 되었다. 예를 들어 ‘행의(行醫, xíng yī)’는 ‘의사라는 직업에 종사함’을 가리키고, ‘행지유효(行之有效, xíng zhī yǒu xiào)’는 ‘어떤 하는 일에 효과가 있음’을 뜻한다. 어떤 일에 종사하는 행위자는 일반적으로 행위 능력을 갖추고 있으므로 ‘행(行)’은 ‘능하다’는 의미도 갖게 되었다. 이른바 ‘진행(真行 zhēn xíng)’은 ‘정말로 잘하다’라는 뜻이다. 또 행동을 시작하는 것은 흔히 어떤 결정이 내려진 후의 일이므로 ‘행(行)’에는 ‘괜찮다’는

---

15) (각주) 한국의 옥편에서는 214부수체계를 채택하고 있으므로 행(行)은 여전히 독립된 부수로 존재한다.

의미까지 갖게 되었다. 예를 들어, '행불행(行不行 xíng bù xíng)'은 '가능한지 불가능한지'를 묻는 말이다. '행보'는 목적지에 도달할 것을 의미하므로 '곧'이라는 의미도 '행(行)'의 의항의 하나가 되었다. 예를 들어 '행장취목(行將就木 xíng jiāng jiù mù)'은 '곧 죽어 관에 들어갈 것'이라는 뜻이다. '행주(行走, xíng zǒu)'는 하나의 흐름 과정이므로 '행(行)'은 이에 따라 '유동(流動)'과 같은 의미도 표현할 수 있게 되었다. 예를 들어 '행상(行商, xíng shāng)'은 고정된 영업장소가 없이 돌아다니며 상행위를 하는 상인을 가리킨다.

'행(行)'의 의미 변화 중 가장 주목할 만한 것은 '행위품질' 즉 '품행(品行, pǐn xíng)' 같은 의미를 가지게 된 것인데, '품행(品行)'과 '덕행(德行, dé xíng)'에서처럼 '행(行)'은 '도(道)'의 변화와 동일한 궤적을 보인다는 점이다. 여기서의 '행(行)'은 '행보(行走)'에서 파생되어 도덕 범주에 관련된 행위를 가리킨다. 이러한 파생 역시 중국 고대의 특정 문화적 환경에 의해 촉발된 것이다. 고대 중국의 행위 예법에서 '행보'의 규칙은 매우 중요한 구성 요소였다. 이에 대해 다음과 같은 단어들이 그 증거를 제공할 수 있다.

3. '도(道)'에서 체현되는 '덕행(德行)'

'덕행(德行)'이라는 단어는 오늘날 '도덕품행(道德品行)'을 표현하는데, 이러한 의미가 현대에 들어 생겨난 것은 아니다. 『주례·지관·사씨(師氏)』에서 "덕을 밝혀 행동(行)의 근본으로 삼는다(敏德以爲行本)."라고 했는데, 정현(鄭玄)의 주석에서 "덕행(德行)은 마음의 안과 밖을 말하는 것이니, 마음의 안에 있는 것을 덕(德)이라 하고, 밖으로 실천하는 것을 행(行)이라 한다.(德行, 內外之稱, 在心爲德, 施之爲行.)"라고 했다. 그 의미는 다음과 같이 해석할 수 있다. 덕(德)은 사람의 품행 표현의 내적 근거이고, 행(行)은 사람의 내적 도덕의 외적 표현이다. 그러나 대부분의 고대 문헌 맥락에서 '행(行)'과 '덕(德)'의 이러한 미세한 차이는 실제로 존재하지 않았으며, '행(行)'은 곧 '덕(德)'이었다. 예컨대, 『초사 귤송(橘頌)』의 '행비백이(行比伯夷: 덕행이 백이에 비견되다), 「손회종에게 보내는 답신(報孫會宗書)」의 '행이휴의(行已虧矣: 덕행이 이미 이지러졌구나)에서의 '행(行)'은 '덕(德)'과 완전한 동의어이다.

'덕(德)'자를 갑골문에서는 '𢛳'으로 썼다. 서중서(徐中舒)가 편찬한 『갑골문자전(甲骨文字典)』에서는 이를 다음과 같이 해석했다. "척(彳)이 의미부이고 직(直)도 의미부인데, 직(直)은 바로 직(直)자로, 눈이 현추(懸錘: 매달린 추)[16]를 보고 바른 지 여부를 취하는 형상이다. 척(彳)에는 행(行)의 의미가 들어있다. 그래서 이 글자는 순행(循行: 길을 따라가다)하여 살피다는 의미를 담았다. 현대 글자로는 덕(値)으로 옮길 수 있는데, 덕(德)자의 초기글자임이 분명하다.(從彳從直, 直即直字, 象目視懸(懸錘)以取直之形; 從彳有行義, 此字當會循行察視之義, 可隷定爲値, 應爲德字初文.)"[17]

'덕(德)'과 '직(直)'의 고대음은 매우 유사하기 때문에 '덕(値, 𢛳)'에 표현된 '직(直)'은 표음을 나타냄이 확실하다. 또한 일부 학자들은 여기서의 '직(直)'이 표의 기능도 겸하면서 '척(彳)'과 배합되었다고 보아, '덕(德)'자의 원래 의미가 '바르게 행동하다(行得直)'는 뜻이라고 보기도 한다. 물론 이러한 견해는 성립할 가능성이 있지만, 더 연구가 필요하다. 그러나 어쨌든 '덕(德)' 또는 '덕(値)'

---

16) [역주] 건축이나 공학 분야에서 수직을 측정하기 위해 사용하는 추(plumb bob) 정도로 생각하면 될 것이다. 이는 줄에 추를 매달아 수직 방향을 정확히 측정하는 도구이다.
17) 서중서(徐中舒)(주편), 『갑골문자전(甲骨文字典)』, 성도: 사천사서출판사, 1989년, 168쪽.

중에서 ‘척(彳)’이 의미부로 존재한다는 것은 사람들의 ‘행보’가 사람들의 ‘도덕적 품행’과 무관하지 않았음을 보여준다. 이러한 관계가 어떻게 발생했는지는 ‘추(趨)’자를 통해 일부 시사점을 발견할 수 있다.

　‘추(趨)’자는 ‘주(走)’에서 그 의미를 얻었는데, 본래의미도 ‘달리다(走)’이다(『설문(說文)』). 고대인들이 말한 ‘주(走)’는 ‘걷다’가 아니라 ‘달리다’는 원래 뜻이었다. 그러나 ‘추(趨)’는 또 종종 ‘반부(攀附: 기대다)’18) 혹은 ‘어떤 이익을 쫓다’는 의미를 가진다. 예컨대, 고대 중국어에서 ‘추부(趨附: 남을 붙좇아 따르다)’는 권세에 아부하는 것을 가리키고, ‘추세(趨勢)’와 ‘추열(趨熱)’의 의미도 ‘추부(趨附)’와 유사하다. 그리고 ‘추리(趨利)’는 이익을 추구함을 나타낸다. 본래 단지 하나의 행보 방식에 불과했던 ‘추(趨)’가 어떻게 해서 ‘아부’나 ‘추종’과 같은 의미를 갖게 되었던 것일까? 그 이유는 ‘추(趨)’가 바로 고대사회에서 비천한 자가 존귀한 자와 권세를 가진 자를 만날 때의 특정한 행보 방식을 표현하던 말이었기 때문이다. 『전국책·조책(趙策)』에는 촉룡(觸龍)이 조태후(趙太后)에게 간언할 때의 기록이 실려 있다. “들어가서 천천히 걸어가(趨) 도착하여 스스로 사죄하며 아뢰었다. ‘늙은 신은 발이 불편하여 빨리 달릴 수가 없었습니다. 오래도록 뵙지 못하였으니 스스로 용서를 빕니다.’(入而徐趨, 至而自謝(道歉): ‘老臣病足, 曾(竟)不能疾走, 不得見久矣, 竊自恕.’)” 이 구절을 통해 좌사(左師)의 관직에 올랐던 촉룡도 태후를 만날 때는 ‘추(趨)’라는 걸음걸이를 해야 했음을 알 수 있으며, ‘병이 든 발(病足)’ 때문에 ‘걸음걸이’가 늦어 ‘스스로 죄를 아뢰어야(自謝)’ 했었다. 소하(蕭何)는 유방(劉邦)에게 “검을 차고 신발을 신은 채 궁궐에 오르고, 입조하여서는 느린 걸음이 아닌 빠른 걸음으로 다닐 수 있었다.(履劍上

---

18) [역주] 권력이나 지위가 높은 사람에게 접근해 자신의 이익을 얻으려는 행위를 의미한다.

殿, 入朝不趨.)"(『사기·소상국세가(蕭相國世家)』)라는 특권을 얻었는데[19], 이는 그가 한(漢)나라 왕실에 특별한 공훈이 있어 이런 대우를 받았던 것이다. 이 또한 '추(趨)'가 예규(禮規)로서 중요한 성격을 가졌음을 다른 각도에서 보여준다. 이는 권력에 대한 경배라는 '추(趨)'의 특정 기능이 사람들의 심리에 특수한 영향을 주어, 그것이 '추(趨)'를 권력에 아부하거나 이익을 추구하는 것과 연관되게 한 것임이 분명하다. 여기서 알 수 있듯이, 고대인의 행보는 단순히 마음대로 하는 것이 아니라 여러 규칙에 의해 제약을 받았던 것이다.

『이아 석궁(釋宮)』에는 다음과 같은 기록이 있다. "당상에서의 행보를 행(行)이라 하고, 당하에서의 행보를 보(步)라 하며, 문 밖에서의 행보를 추(趨)라 하고, 중정(中庭)에서의 행보를 주(走)라 하며, 대로에서의 행보를 분(奔)이라 한다.(堂上謂之行, 堂下謂之步, 門外謂之趨, 中庭调之走, 大路谓之奔)." 이 구절을 통해 서로 연관된 두 가지 상황을 발견할 수 있다. 즉 고대인들은 행보의 다양한 방식을 각종 건축 양식에다 연결해 이름 붙였다는 것이고, 다른 한편으로 이는 고대인들이 서로 다른 장소(건축 양식)에서 다른 행보 방식을 채택해야 했다는 것이다. '행(行)'은 우리가 지금 말하는 '걷기'에 해당하는데, '당상(堂上)'에서의 행보 방식이었기 때문에 고대인들은 '행(行)'을 '당상'의 명칭으로 삼았다. '보(步)'는 비교적 '느리게 걷는 것'으로, '당하(堂下)'에서의 행보 방식이었기 때문에 '보(步)'가 '당하'를 부르는 명칭이 되었다. '문외(門外)'에서의 '추(趨)', '중정(中庭)'에서의 '주(走)', '대로(大路)'에서의 '분(奔)'의 관계도 이와 같다.

---

19) [역주] 이는 중국 고대 황제가 특정한 공신이나 권신에게 부여한 최고의 특권 중 하나였는데, 여기서 말한 소하((蕭何) 한나라 고조 유방으로부터, 조조((曹操)가 한나라 헌제로부터 이런 특권을 받았으며, 양견((楊堅)과 이연((李淵)도 각각 수나라와 당나라의 건국자로, 황제가 되기 전 이 특권을 받았다고 알려져 있다.

행보 방식은 단지 서로 다른 건축 양식에 따라 달랐다. 뿐만 아니라, 서로 다른 신분의 사람들과 함께 있을 때도 행보 규칙은 더욱 차이를 보였다. 이러한 상황에 대해『예기·곡례(曲禮)(상)』에는 여러 기록이 있다. 예를 들면, "부친의 벗을 뵐 경우, 들어오라 하지 않으면 들어가지 않고, 물러가라 하지 않으면 물러가지 않는다.……이것이 효를 행하는 자의 행실이다……무릇 자식 된 자로서, 거처할 때는 안쪽(실내의 서남쪽 모퉁이로 존자의 자리이다)에 거하지 않고, 앉을 때는 자리 중앙에 앉지 않으며, 다닐 때는 도로 가운데를 다니지 않고, 문에 설 때는 문의 중앙에 서지 않는다.(見父之執, 不謂之進, 不敢進; 不謂之退, 不敢退,……此孝子之行也,……夫爲人子者, 居不主奧(室內西南角, 尊者的坐處)坐不中席, 往不中道, 立不中門)."라고 했다. 여기서는 자식이 부모뻘의 어른과 함께 있을 때의 행동거지에서 지켜야 할 예를 말하고 있다. 자식은 부모의 진퇴 명령에만 따라야 하고, 거처의 위치도 부모와는 달리 옆쪽에 있어야 하며 정중앙의 주요 위치를 차지해서는 아니 되었다. 또 "스승을 따를 때는 길을 건너 다른 사람과 말하지 않아야 한다. 길에서 스승을 만나면 잰걸음으로 걸어가(趨) 가까이 가서 정립하여 두 손을 가슴에 모아야 한다. 스승이 말을 걸면 대답하고, 말을 걸지 않으면 잰걸음으로 걸어서(趨) 물러가야 한다.(從於先生, 不越路而與人言, 遭先生於道, 趨而進, 正立拱手, 先生與之言則對, 不與之言則趨而遇)." 이것은 스승과 함께 있을 때의 행동거지의 예절을 말하는 것으로, 스승을 따를 때, 길에서 스승을 만날 때, 스승을 따라 다른 장소로 갈 때 등 다양한 상황에서 각기 일련의 행동 제약이 있었음을 말해준다.

'행(行)'에 든 '덕행(德行)'과 같은 의미는 언제 발생했을까? 전해 내려오는 문헌은 시대를 거치며 필사되기에 확정적인 정보를 제공하기 어려우므로, 출토 문헌을 살펴보아야 한다. 전국시대 금문(金文)인 『중산왕원호(中山王圓壺)』의 명문에는 "선왕에게 제사 지내니, 덕행이 왕성하도다.(卿(饗)祀先王, 悳(德)行盛㞷(皇).)라고 되어 있다. 명문에 '덕행(德行)'이라는 단어가 이미 등장했으며, 그 용법도 후세에 통용된 '덕행(德行)'과 다르지 않다. 전국시대 초나라 죽간에도 '덕행(德行)'이 등장한다.

① "『시(詩)』에 이르길, '견고한 덕행이 있으니 사방이 이에 순종하도다.'(寺(詩)員(云): '又(有)(梏)悳(德)行, 四方𢘓(順)之)"(『곽점초간(郭店楚簡)』, 「치의(緇衣)」 12간(簡))
② "『시(詩)』에 이르길, '견고한 덕행이 있으니 사방이 이에 순종하도다.'(峕(詩)員(云): '又(有)(梏)悳(德)行, 三(四)或(國)川(順)之))"(『상박간(上博簡)』, 「치의(紂衣)」 7간(簡))

죽간에 등장하는 ''은 두 손에 수갑이 채워진 형상인데, '곡(梏)'으로 읽는다. 이에는 '정직하다'는 의미가 있으며, 위의 문장에서는 '덕행(德行)'을 수식하는 말로 쓰였다. 초나라 죽간에서의 '행(行)'은 또 '도(道)'와 동의어가 될 수 있었다.

"시(詩)에 이르길: '사람들이 나를 좋아하여 나에게 주행(周行: 큰 도)을 보여주네.'(峕(詩)員(云): '人之㚥(好)我, 䚕(示)我周行.)"(『상박간(上博簡)』 「치의(紂衣)」 21간(簡))

이 죽간에 등장하는 '주행(周行)'은 '대도(大道)'를 표현하는 것으로, 유가(儒家) 철학의 개념에 속한다.

　이상의 논의를 통해 '도(道)'의 추상적 변화가 완성된 시기와 마찬가지로, '행(行)'의 추상적 의미 변화도 전국시대에 확립되었음을 알 수 있다. 이러한 변화의 논리는 대략 다음과 같이 정리할 수 있다. 행보 방식이 고대사회 예법의 구체적 표현이었고, 예법은 또 사람들의 도덕품행을 측정하는 척도였기 때문에, '행(行)'은 자연스럽게 '도덕품행'의 대명사가 될 수 있었다.

　분명한 것은, '행(行)'의 의미의 보편화는 '도(道)'의 의미의 보편화와 출발점에서 차이가 있다는 점이다. 후자는 사람과 수레가 다니는 도로에서 시작했고, 전자는 사람이 도로 위에서 행보하는 것에서 시작했다. 그러나 이 두 가지 서로 다른 출발점은 서로 원류적 관계가 있다. 즉 '행보'라는 '행(行)'의 의미 역시 그 '도로'라는 본래의미에서 발생했다. 따라서 문자학적 사고의 차원에서 보면, 양자는 동일한 논리 서열 내의 서로 다른 연결고리(環節)'에 자리한다 하겠다.

제3절 독우(督郵)의 해석

1. 독우(督郵)의 권위

『삼국연의(三國演義)』에는 다음과 같은 이야기가 기록되어 있다. 유비(劉備), 관우(關羽), 장비(張飛) 삼 형제가 큰일을 이루기 전, '독우(督郵)'라는 관직에 있던 어떤 사람에게 뇌물을 요구받았다. 장비가 이에 분노하여 이 독우를 현아(縣衙) 앞의 말을 매어 두는 말뚝에 묶어놓고 회초리로 세게 쳤다. 장비의 이러한 행동은 아무 이유 없이 행해진 것이 아니었다. 『삼국연의』의 관련 기록을 살펴보자.

> "조정에서 조서를 내려 군공이 있는 관리는 모두 도태시키라 하였다. 현덕(유비)도 혐의자 속에 포함되어 있었는데. 마침 독우가 현에 도착했는데, 현덕이 외성 밖으로까지 맞이하러 나가 독우에게 예를 갖추어 인사했다. 독우는 말 위에 앉은채로 말채찍으로 가리키며 답을 할 뿐이었다. 이에 관우와 장비 두 사람이 모두 화가 났다. 역관(驛館)에 도착하여 독우는 남향하여 높은 자리에 앉았고, 현덕은 아래쪽 계단에 서 있었다. 오랜 시간이 지난 후 독우가 물었다. '유 현령은 어떤 출신인가?' 현덕이 대답했다. '저는 중산정왕의 후예이오. 탁군(涿郡)에서 황건적을 토벌한 이래 크고 작은 30여 차례의 전투에서 미약하지만 공을 세워 현재의 직위를 제수 받았소.' 독우가 크게 꾸짖었다. '그대는 왕족임을 사칭하고 공적을 허위로 보고했도다! 지금 조정에서 바로 이런 못된 관리를 도태시키라 조서를 내린 것이

다!' 현덕이 '네, 네'하며 연신 대답하고서 물러났다."20)

　이 글을 통해 알 수 있듯이, 유비, 관우, 장비 삼 형제는 당시 이미 평범한 백성이 아니라 군공을 세워 일정한 관직을 맡고 있었던 사람들이다. 그럼에도 '독우'라는 사람에게 이런 모욕을 당했던 것이다. 좀 더 이른 시기로 올라가보면, 이광(李廣) 장군도 비슷한 모욕을 당했었다. 중국어에 '우정취위(郵亭醉尉)'라는 성어가 있는데21), 이는 다음과 같은 전고에서 유래했다.

　한나라 때의 명장 이광(李廣)이 군직에서 물러난 후 밤중에 말을 타고 사냥을 나갔다가, 패릉정(霸陵亭)의 취한 관리(尉) 하나를 만났는데, 이 관리가 이광 장군의 야간 통행을 불허했다. 이광을 모시던 수행원이 이 변방의 '우(郵)'라는 관리에게 이 분은 전직 이광 장군이시다고 알렸다. 그러나 술에 취한 이 정위라는 관리는 큰 소리로 질책하여 말했다. '현직 장군도 밤에 돌아다니면 안 되는 것이거늘, 하물며 전직 장군이야 일러 무엇하리오!' 이렇게 말하며 이광 장군을 우정(郵亭)에다 억류시켜버렸다. 이광은 한나라 때의 명장인데, 한낱 변방에 있는 '우(郵)'의 조그만 관리인 우정위(郵亭尉)가 술에 취해 뜻밖에도 큰 소리를 치며 대장군 이광에게 이렇게 불경을 저질렀던 것이다. 이는 당시 '우(郵)'

---

20) [명(明)] 나관중(羅貫中), 『삼국연의』, 북경: 중화서국, 2006년, 9쪽. "朝廷降詔, 凡有軍功爲長吏者當沙汰. 玄德疑在遣中. 適督郵行部至縣, 玄德出郭迎接, 見督郵施禮. 督郵坐於馬上, 惟微以鞭指回答. 關·張二公俱怒. 及到館驛, 督郵南面高坐, 玄德侍立階下. 良久, 督郵問曰: '劉縣尉是何出身?' 玄德曰: '備乃中山靖王之後; 自涿郡剿戮黃巾, 大小三十餘戰, 頗有微功, 因得除今職.' 督郵大喝曰: '汝詐稱皇親, 虛報功績! 目今朝廷降詔, 正要沙汰這等濫官汙吏!' 玄德喏喏連聲而退."
21) [역주] 우정(郵亭)이라는 관리가 야간에 무단으로 돌아다니는 사람을 간섭하는 상황을 비유적으로 나타내, 작은 권력을 가진 관리가 자신의 직권을 남용해 남을 간섭하는 것을 말한다.

라는 말단 관리를 감독할 필요가 있었음을 분명하게 보여준다. 정(亭)을 지키는 이 관리가 좋은 결과를 맞지 못했음은 당연한 일이었다. 이후 흉노족의 침입이 있었고, 그러자 황제는 이광 장군을 다시 기용했고, "이광 장군은 패릉정(霸陵亭)의 관리를 보자고 했고, 군영에 도착하자마자 그를 참수했다."

'독우(督郵)'든 아니면 '우정위(郵亭尉)'든, 그 이름 그대로를 분석하면 우편물의 관리하던 책임자일 뿐인데, 어떻게 장비(張飛)나 이광(李廣) 장군과 같은 이러한 위대한 인물에게 이런 모욕을 줄 수 있었던 것일까? 그 비밀을 알기 위해서는 '우(郵)'자를 분석해 볼 필요가 있다.

2. '우(郵)'의 법치적 함의

현대 중국어에서 '우(郵)'는 보내는 물건을 '우편물(郵件, yóu jiàn)'이라 하고, 보내는 비용을 '우편비용(郵資, yóu zī)'이라 하며, 우편물을 배달하는 사람을 '우체부(郵差, yóu chāi)'라고 하는 것처럼 편지나 돈이나 물건을 공간적으로 전달하는 것을 의미한다. 그러나 '우(郵)'자의 구조를 살펴보면, '우(郵)'의 이러한 의미와 어떤 관계가 있는지 알아보기 어렵다.

'우(邮)'자의 번체는 '우(郵)'인데, 『설문』에서는 "문서를 보내는 변경의 관청을 말한다(竟上行書舍). 읍(邑)과 수(垂)가 모두 의미부이다."라고 했다. 여기서 말한 "읍(邑)과 수(垂)가 모두 의미부이다."라는 것은 읍(邑)과 수(垂)로 구성된 회의구조라는 말이다. 그래서 이 자형이 보여주는 것은 '우(郵)'의 현재 통용되는 의미가 아니라 그 본래의미, 즉 '문서를 보내는 변경의 관청'이었음이 분명하다.

청나라 때의 『설문』 연구의 대가였던 왕균(王筠)은 『설문구두(說文句讀)』에서 『한서(漢書)·황패전(黃霸傳)』의 주석을 인용하여 우(郵)가 "오늘날 말하는 역

참(驛站)과 같은 것을 말한다."라고 했다.[22)]

　그리고 역참(驛站)은 바로 고대에 문서를 전달하고 숙식과 거마(車馬)를 공급하던 그런 역참(驛站)을 가리켰다. 그렇다면 '읍(邑)'과 '수(垂)'라는 이 두 개의 의미부가 어떻게 해서 이러한 본래의미를 나타내게 된 것일까?

　이를 위해 '우(郵)'자에서 이들이 갖는 표의 작용을 분석해 보는 것도 무방할 것이다. 한자의 표의편방(表意偏旁)에서, '읍(邑)'은 '국가'나 '나라의 수도(國都)', '행정구획' 등을 나타낼 수 있다. 『설문(說文)』의 '읍(邑)'부수에는 다음과 같은 8자가 수록되었다.

① '읍(邑)': 나라를 말한다. 구(口)가 의미부이다. 선왕의 제도에 의하면, 존비에 대소가 있었다. 절(卪)도 의미부이다. 무릇 읍(邑)으로 구성된 글자들은 모두 읍(邑)이 의미부이다.(邑: 國也. 從口; 先王之制, 尊卑有大小, 從卪. 凡邑之屬皆從邑.)

② '방(邦)': 나라를 말한다. 읍(邑)이 의미부이고 봉(丰)이 소리부이다.(邦: 國也. 從邑丰聲.)

③ '형(邢)': 주(周)나라 때의 제도에 의하면, 천자의 땅은 사방 1천리인데, 1백 개의 현(縣)으로 나뉘며, 1개의 현에는 4개의 형(邢)이 있었다. 그래서 『춘추전(春秋傳)』에서 '상대부가 형(邢)을 받았다'라고 한 것이 이것이다. 진(秦)나라 초에 이르러서는 36개의 군(郡)을 두어 그에 속한 현(縣)을 감찰하였다. 읍(邑)이 의미부이고 군(君)이 소리부이다.(邢: 周制: 天子地方千里, 分爲百縣, 縣有四邢. 故『春秋傳』曰'上大夫受邢'是也. 至秦初置三十六邢, 以監其縣. 從邑君聲.)

④ '도(都)': 선군(先君)의 옛 종묘가 있는 도읍을 말한다. 읍(邑)이 의미부이

---

22) 정복보(丁福保), 『설문해자고림(說文解字詁林)』, 북경: 중화서국, 1988년, 6583쪽.

고 자(者)가 소리부이다. 주(周)나라 때의 예제에 의하면, 제후국은 5백
리 거리 범위를 도(都)로 삼았다.(都: 有先君之舊宗廟曰都. 從邑者聲. 周禮:
距國五百里爲都.)

⑤ '린(鄰)': 다섯 가(家)가 하나의 린(鄰)을 이룬다. 읍(邑)이 의미부이고 린
(舜)이 소리부이다다.(鄰: 五家爲鄰. 從邑舜聲.)

⑥ '찬(酇)': 1백 가(家)가 하나의 찬(酇)을 이룬다. 찬(酇)은 모여있다는 뜻이
다. 읍(邑)이 의미부이고 찬(贊)이 소리부이다. 남양에 찬현(酇縣)이 있다.
(酇: 百家爲酇. 酇, 聚也. 從邑贊聲. 南陽有酇縣.)

⑦ '비(鄙)': 5개의 찬(酇)이 하나의 비(鄙)가 된다. 읍(邑)이 의미부이고 비
(啚)가 소리부이다.(鄙: 五酇爲鄙. 從邑啚聲.)

⑧ '교(郊)': 국(國)에서 1백 리 떨어진 곳을 교(郊)라 한다. 읍(邑)이 의미부
이고 교(交)가 소리부이다.(郊: 距國百里爲郊. 從邑交聲.)

위의 여러 글자에 대한 『설문(說文)』의 뜻풀이는 비록 논의의 여지가 있을
수 있지만(예를 들어 '존비에 대소가 있으며, 절(卩)로 구성되었다'는 것은 '절(卩)'이
존비를 나타낸다는 의미이다. 나진옥은 "절(卩)은 사람이 꿇어앉은 형상을 본뜬 것이고,
읍(邑)은 사람이 거주하는 곳이다."23)고 했는데, '절(卩)'이 거주의 의미를 나타낸다는
것은 더욱 믿을 만하다), 전체적으로는 신뢰할 만하다. 이로써 '읍(邑)'은 하나의
독립된 글자로서 '방국(邦國)'을 나타낼 수 있고, 표의 편방으로서는 '국도(國
都)' 및 '린(鄰)', '찬(酇)', '비(鄙)', '교(郊)' 등과 같은 각급 행정구획을 나타냈다.
이로부터 알 수 있듯이, '읍(邑)'은 행정통치의 의미를 가지고 있으며, '우(郵)'자
에서 '읍(邑)'을 표의 성분으로 사용한 것도 '우(郵)'라는 이 기구가 본래 조정
(朝廷)에 속한 관청의 정치 기구의 일종이기 때문이었다.

---

23) 나진옥(羅振玉), 『증정은허서계고석(增訂殷墟書契考釋)』(중), 동방학회(東方學會) 석인본
(石印本) 영인(影印), 1927년, 7쪽.

그렇다면, '우(郵)'를 구성하는 '수(垂)'는 또 어떤 의미를 나타내는 것일까?『상서(尚書)·순명(順命)』에서 "한 사람은 관을 쓴 채 세 갈래 창(戣)을 들고 동쪽 끝에 서 있고, 다른 한 사람은 관을 쓴 채 삼지창(瞿)을 들고 서쪽 끝에 서 있다.(一人冕執戣, 立于东垂; 一人冕執瞿, 立于西垂.)"라고 했다. 여기서 '수(垂)'는 '곁(旁邊)'이라는 의미이다. '우(郵)'자에 든 '수(垂)'의 의미도 분명히 '곁(邊)'과 같아, 국가의 정치 중심인 수도 주변에서 명령을 전달해야 하는 '지방'을 나타낸다. '수(垂)'의 이러한 의미에서 더 나아가, '변경(邊境)'과 '변방(邊地)'의 의미가 생기게 되었는데, 이른바 '변수(邊陲)'가 그것인데, 본래는 '변수(邊垂)'로 적었었다. 여기서의 '수(垂)'는 의미상 '변(邊)'과 같다. 그래서『설문(說文)』에서 "수(垂)는 가장자리[邊]를 말한다."라고 했던 것이다. 속담에 "하늘은 높고 황제는 멀다"라는 말이 있듯이, 분명히 거리가 멀면 멀수록 '우(郵)'의 중요성도 더욱 커진다. 그래서 '우(郵)'자에 든 '수(垂)'는 상고 시대 '우(郵)'라는 이 기구가 설치되었던 주요 장소를 정확하게 나타내 준다고 볼 수 있다.

고대사회에서는 통신 수단이 매우 제한적이어서, 조정의 정령(政令)을 전달할 때는 사람이 빠른 말을 타고 전달하는 것 외 더 효율적인 수단은 없었다. 게다가 정권의 행정이 효과적으로 집행되느냐 하는 것은 정령 문서의 전달을 전제로 하기 때문에, 조정이 우역(郵驛)을 설치한 이유는 다른 것이 아니라 관부에서 공표하는 문서의 효율적인 전달을 확보하기 위함이었다.『맹자(孟子)·공손추(公孫丑)(상)』에서도 "덕의 전파는 우역(郵驛)을 설치하여 명령을 전하는 것보다 빠르다."라고 했다. 이는 덕정(德政)의 전파는 우역(郵驛)을 통한 왕명 전달보다 더 빠르다는 것이다. 덕정이 빠르게 전파된다는 것을 강조하기 위해 '우역(郵驛)'을 설치하여 명령을 전하는 것'을 비교의 기준으로 삼았던 것을 보면, 고대인들의 관점에서 '우(郵)'라는 이 기구가 관부의 문서를 전달하는 데 있어 매우 신속했음을 알 수 있다. 행정통치 기구로서의 '우(郵)'의 성격은 앞서 언급한 장비(張飛)가 독우(督郵: 역장)를 두들겨 패 준 이야기에서도 이미 나왔다. '독우(督郵)'라는 관직은, 글자의 표면적 의미로 볼 때, 바로 '우(郵)'라는 관서를 감독하는 관직을 말한다.

한(漢)나라 때 설치된 관직인 '독우(督郵)'는 왜 이 시기에 들어 등장하게 되었던 것일까? 그것은 한(漢)나라의 영토가 전 방위로 확장되면서 '우(郵)'의 수도 그에 비례해 증가했기 때문이며, 변방의 지리적 위치로 인해 그곳을 관리하던 우정위(郵亭尉)들의 행정 소양이 저하된 것은 피할 수 없는 일이었다. 그래서 그들을 감독하는 독우(督郵)라는 관직이 생겨났던 것이다.

이상의 설명을 통해, 고대의 '우(郵)'는 정확하게 말하자면 "명령을 전하는 길(道)"이었다. '우로(郵路: 우편 길)'는 바로 '나라를 다스리는 길(治國之道)'이기도 했다. 이렇게 해서 '우(郵)'는 '도대아문(道臺衙門: 도의 행정청)'[24]과 본질적으로 의미적 차이가 없었으며, 역참(郵)에서 바보 같은 관리를 몇 명 찾아냄으로써 '역사에 이름을 남기게 된' 관리들이 생기게 된 것도 이상하지 않다. 물론 '도(道)'의 의미 변화를 갖고 말하자면 '우(郵)'도 하나의 촉발 요인이 되었던 것은 사실이다.

---

24) [역주] 중국 청대(淸代)의 행정기관으로, '도(道)' 단위의 관청을 말한다. '도(道)'는 청대의 행정 구역 단위로, 성(省) 아래에 설치된 중간 관할구역을, '대(臺)'는: 관직의 존칭어로, 순대(巡臺)처럼 고위 관리를 지칭할 때 사용하며, 아문(衙門)은 관청 또는 관공서를 뜻하는 용어이다. '도대아문'은 명나라 말기~청대에 체계화되었으며, 18세기 전국적으로 확대되었다가 1912년 신해혁명으로 청나라가 멸망한 후 근대적 행정 체계로 대체되었다. 행정적으로는 도 내부의 부·현(府·縣)을 감독하고, 사법적으로는 중범죄 재판과 상소 처리했으며, 군사적으로는 지역 방어군(綠營)을 통제하고, 재정적으로는 조세 수납과 예산 배분했었다.

제4절 '거동궤(車同軌)'의 연원

'도로(道)'를 말하자면 우리는 '수레(車)'도 언급하지 않을 수 없다. 왜냐하면 '도로(道)'는 본래 주로 '수레(車)'를 위해 만들어졌기 때문이다.

1. '거량(車輛)' 제도의 새로운 분석

고문자에서 '거(車)'는 전형적인 상형자이다. 갑골문에서 '거(車)'자의 각종 자형을 보면, 다음과 같이 두 바퀴 축 외에도 끌채, 멍에, 차체 등의 형태가 세밀하게 묘사되었다.

또 은상 금문에서의 '거(車)'의 자형은 다음과 같다.

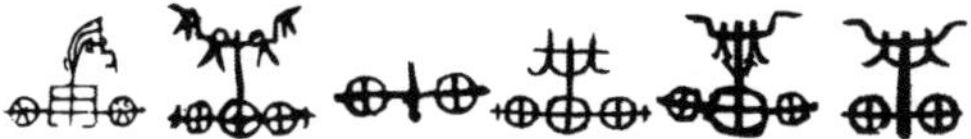

이를 통해 알 수 있듯이, 은상 시대 '수레(車)'의 구조는 이미 대단히 완비되어 있었다. 그러나 위의 '거(車)'자들을 살펴보면, 비록 형상이 각각 다르긴 하지만 한 가지 공통점을 갖고 있는데, 그것은 바로 두 개의 바퀴가 차축으로 관

통되었다는 점이다. 일반적으로 중국에서 전통적으로 사용된 수레에는 두 가지 유형이 있다. 하나는 독륜거(獨輪車: 자전거와 같이 하나의 종축에 여러 바퀴를 설치한 수레)이고, 다른 하나는 쌍륜거(雙輪車: 두 개의 종축에 대칭적으로 설치된 짝수의 여러 개 바퀴를 설치한 수레)이다. 일반적인 경험으로 보면, 기술이 충분히 발달하지 않은 상황에서는 독륜거가 더 많이 사용되었다. 예를 들어 농민들이 농사를 지을 때는 독륜거를 많이 사용했다. 그런데 은상(殷商) 때의 '수레(車)' 제작 기술은 분명 후세보다 훨씬 못했을 것이기에, 상식적으로 생각하면 '거(車)'자는 독륜거를 더 많이 묘사했어야 옳다.

이를 논증하기 위해, 수레의 발명 역사를 간략하게 살펴볼 필요가 있다. 수레의 핵심 기술은 사실상 바퀴에 있다. 물리학적 관점에서 말하자면, 바퀴의 발명은 구를 때의 마찰력이 미끄러질 때의 마찰력보다 훨씬 작다는 것을 인류가 깨달았다는 것을 보여준다. 이는 아마도 운반의 노동성과를 실천하는 과정에서 발견한 것일 것이다. 채집과 수렵 시대, 채집 물과 사냥한 동물을 장거리로 옮겨야 하는 필요성이 바퀴의 출현을 강력하게 촉진했을 것임에는 의심의 여지가 없다. 그러나 인류의 다른 중요한 발명과 마찬가지로, 초기 인류가 바퀴 기술을 보편적으로 장악했던 것은 아니었다. 예를 들어, 아메리카 대륙의 원주민 문명에서는 차륜의 흔적을 찾아볼 수가 없다. 바퀴 식 수레에 대한 최초의 기록은 약 기원전 3500년경의 고대 수메르 인들로부터 시작되었다. 당시 그 사람들이 처음 사용한 것은 목제로 된 실심(實心) 바퀴였다.

중국 대륙의 수레바퀴의 발명 역사는 사실 고고학적 발견을 통한 더 많은 연구가 필요하다. 그러나 고대 문자로부터도 여전히 유용한 정보를 얻을 수 있다.

은상 금문에는 이런 바퀴 형태를 그린 글자가 있다.

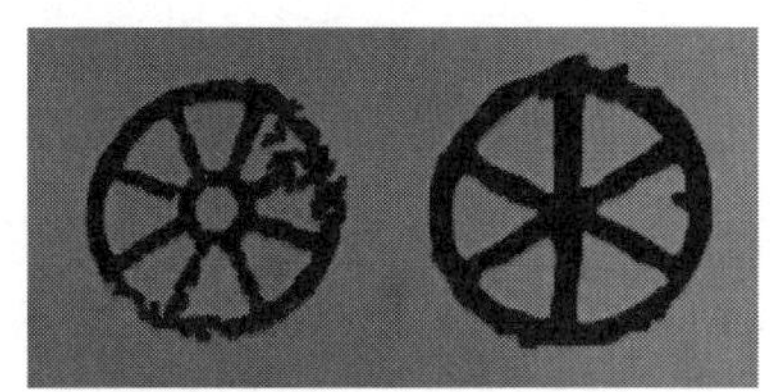

이 글자는 금문에서 족명(族名)으로 사용되었는데, 상당히 흔하게 나타난다.

   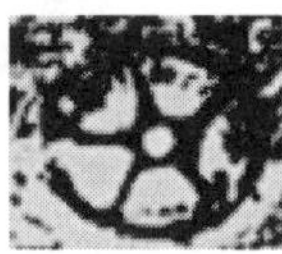 

은허	은허	은허	은주금문집성(	은주금문집성(
신출(殷墟新出)	신출(殷墟新出)	신출(殷墟新出)	殷周金文集成)	殷周金文集成)
청동기(靑銅器)	청동기(靑銅器)	청동기(靑銅器)	13·07717-1	12·06753-1
41-1	37-1	36-1		

게다가 이들은 대부분 안양(安陽) 은허(殷墟)에 위치한 묘포(苗圃) 북쪽 지역 M299에서 출토되었다. 그래서 이는 은(殷) 왕실의 한 귀족 가문의 것임이 확실하다. 그렇다면 이 가문은 왜 하나의 '바퀴'로 족명(族名)을 형상했던 것일까? 은주(殷周) 시대의 씨족은 '직업에 따라 성씨를 삼던(以職爲氏)' 관례가 있었다. 예를 들어 '책(冊)'을 이름으로 삼은 것은 사관(史官)에 종사하던 씨족이다. 은주 금문 족휘(族徽) 중에서, 'ㄨ책(ㄨ冊)'이라는 족휘의 '책(冊)'은 '작책(作冊: 공문서 작성)'이라는 관리의 약칭이다. 그래서 "족휘 문자에서 책(冊)이나 작책(作

冊)과 연계되어 나타나면, 이 씨족은 작책세가(作冊世家)임을 나타낸다."25)라고 도 할 수 있다. 이것을 가지고 예를 삼는다면, 바퀴(⊕) 형상을 이름으로 삼은 씨족이라면 차륜 제작을 직업으로 하던 씨족일 가능성이 매우 높다. 이에 대해 서는 또 다른 관련 족명인 '거(車)'와 함께 이 문제를 논의해 볼 수 있을 것이 다. 은상 금문에는 「매거유(買車卣)」(『집성』 10·04874), 「거매작(車買爵)」(『집성』 13·08251)이 수록되었는데, '매거(買車)' 두 글자는 족명이다.

이 족명에 대해, 연구자들은 이러한 이름이 붙여지게 된 연유를 탐구했다. 『 문물(文物)』 2008년 제11기에 발표된 낙양(洛陽)에서 발견된 서주 초기 갑골에 는 갑골 왼쪽 잘려나간 부분에 "패용매거(貝用買車: 조개 화폐로 수레를 구매했 다)"라는 글이 새겨져 있었다. 이 갑골에 기록된 것은 바로 "수레를 구매한(購 買車輛)" 일이었다. 따라서 족명 '매거(買車)'는 해당 씨족이 종사했던 직업에서 유래한 것일 가능성이 매우 높다.26) 이로 보아, 바퀴(⊕)를 이름으로 삼았던 씨족도 당시 차륜의 제작이나 관리와 관련된 가족이었을 것이다. 이는 차륜의 제작이 은상(殷商) 시대에 이미 전문적으로 분업된 직업이었으며, 차륜에 관한 전문 기술도 당시에 상당히 발달했음을 보여준다.

---

25) 왕장풍(王長豐), 『은주금문족휘연구(殷周金文族徽研究)』, 상해: 상해고적출판사, 2015년,
　　　172쪽.
26) 사명문(謝明文), 『상대금문연구(商代金文研究)』, 상해: 중서서국, 2022년, 211쪽.

또한, 앞서 언급한 「매거유(買車卣)」의 '　'자의 형태로 볼 때, 이 수레는 네 개의 멍에(軛)를 가졌던 것으로 보이는데, 이는 상주 시대에 이미 '복마(服馬) 두 필과 참마(驂馬) 두 필'이라는 제도가 출현했음을 반영할 수 있다. 이는 은허(殷墟) 소둔(小屯)의 궁전 구역 M20과 산동성 추평(鄒平) 동안(東安)의 서주 중기 유적지 제1호 거마갱(車馬坑)에서 수레 하나에 네 마리 말이 함께 묻힌 것과 상호 증명이 가능하다.

바퀴의 전문화는 당연히 수레 제작을 위한 것이었다. 그러나 은상(殷商) 시대의 '거(車)'자의 구조는 도리어 두 개의 바퀴를 본떠 만든 것만 존재한다. 갑골문에서 '거(車)'자는 총 36회 출현하고, 은상 금문에서 '거(車)'자는 총 58회 나타나지만, 단일 독륜거의 구조를 본뜬 것은 단 한 가지 예도 볼 수 없는데, 이는 매우 흥미로운 일이다. 주지하다시피, 후대의 '거(車)'자의 일반 구조는 바퀴 하나만 그리고 있는데, 이는 쌍륜(雙輪)으로 된 '거(車)'자 구조의 생략형이지 애초에 단륜거(單輪車)를 묘사한 것이 아니라고 보는 것이 학계의 일반적인 견해이다. 이러한 판단의 근거는 이러한 구조가 문자 구조가 간화(簡化) 경향을 보이기 시작했던 서주(西周) 시대에 처음으로 나타났다는 데 있다. 예컨대 주원(周原) 갑골문과 서주 금문에서는 이렇게 묘사되었다.

車 周原甲骨文　車 西周金文

그렇다면 은상(殷商) 때의 '거(車)'자 구조에 대한 이러한 공통적인 형상 묘사는 무엇을 말해주는가? 가장 합리적인 해석은 당시 글자 창제자의 사고 속에서 쌍륜거만이 '거(車)'라고 불릴 자격이 있었다는 것이며, '량(兩)'자가 이러한 판단의 증거가 될 수 있다.

　고문자에서 '량(兩)'자는 본래 '수레(車)'의 수량을 지칭할 수 있었다. 예컨대, 서주 금문인 「우정(盂鼎)」에는 "부거십량(俘車十兩: 포획한 수레 10량)"이라는 기록이 있고, 『수호지진간(睡虎地秦簡)·진률(秦律)(72)』에는 "거우일량(車牛一兩: 우마차 1량)"이라는 기록이 있다. 수레를 헤아리는 단위사로서의 '량(兩)'의 이러한 옛 뜻은 나중에 거(車)'를 더한 '량(輛)'자로 표현되었다. 『시경·작소(鵲巢)』에는 "까치가 집을 지었는데, 구욕새가 살고 있네. 이 아가씨가 시집가는데, 수레 백 대로 맞이하네.(維鵲有巢, 維鳩居之, 之子于歸, 百兩御之.)"라는 구절이 있는데[27], 여기서 '백량(百兩)'은 '백거(百車)'라는 뜻이다. '량(兩)'이 어떻게 해서 '거(車)'를 표현할 수 있었을까? 우성오(于省吾)는 「석량(釋兩)」이라는 글에서 다음과 같이 해석했다.

　　'량(兩)'자의 초기문자(初文)는 량(㒳)으로, 고문자 거(車)'자(🚗)의 부분적인 구조를 따와 만든 것이다. 수레 끌채 앞부분 멍에에 멍에 고리 두 개를 연결한 모양을 형상했다. ⎰은 끌채와 멍에의 형상이고, 从은 두 멍에 고리의 형상이다.(兩字的初文作㒳, 乃截取古文字車字(🚗)的部分構形而爲之, 象車轅前部衡上著以雙軛, ⎰象輈及衡, 从象雙軛形.)[28]

---

27) [역주] 까치(鵲)가 정성껏 지은 집을 비둘기(鳩)가 차지한다는 자연의 모습을 빗대어, 신부가 신랑의 집으로 들어가는 혼인 풍습을 상징적으로 표현했다. '구(鳩)'는 원래 산비둘기(鳩鴿)를 가리키지만, 한국어에서 자연스러운 표현을 위해 '비둘기'로 번역했다. '지자(之子)'는 '시자(是子)'로 신부를 지칭하며, '우(于)'는 『시경』에 보이는 특수한 용법으로 주격조사에 해당하며, '귀(歸)'는 시집감을 의미하는 고전적 표현이다. '백량(百兩)'은 '수레(兩=輛) 백 대'라는 과장된 표현으로, 혼례 행렬의 성대함을 강조했다. '어(御)'는 맞이하다(迎)의 뜻으로, 신랑 집에서 신부를 영접하는 의식을 나타낸다.

28) 우성오(于省吾), 「석량(釋兩)」, 『고문자연구』, 북경: 중화서국, 1983년 제10집.

　분명히 "수레 끌채 앞부분 멍에에 멍에 고리 두 개를 연결한 모양"은 두 마리의 말을 매기 위한 것이며, 두 마리 말이 끄는 차는 분명 독륜거가 아니라 쌍륜거였다. 왜냐하면 독륜거는 손으로 밀기에 적합했기 때문이다.

　'거(車)'가 오직 쌍륜거만을 지칭할 수 있다는 사실은 교통 도구로서의 '수레(車)'가 처음부터 그것이 다니는 도로에 특별한 요구를 결정했음을 말해 준다. 독륜거에 비해 쌍륜거의 장점은 더 많은 사람과 물건을 실을 수 있다는 것이지만, 단점은 도로의 너비가 너 더 넓고 평탄해야 한다는 것이다. 주목할 만한 것은 쌍륜거를 그린 상형자에서 어떤 상형 방법을 사용하든지 모두 수레의 물질적 형태 중 중요한 한 부분, 즉 '궤(軌: 궤도)'를 돋보이게 하고 있다는 점이다. 이른바 '궤(軌)'는 즉 수레의 두 바퀴 사이의 거리를 말한다. 은상(殷商) 때의 '거(車)'자 구조에서 수레의 바퀴와 축 부분 즉 '궤(軌)'를 강조했던 것은, 글자 창제자의 관념 속에서 수레의 바퀴와 축 부분인 '궤(軌)'가 가장 중요하고 생략할 수 없는 부분이었음을 보여준다. 그리고 '궤(軌)'의 존재 의의는 이러한 수레가 '도로(道)'에 수용될 수 있는 지의 여부를 직접 측정할 수 있다는 데 있었다.

　주목할 만한 것은 갑골문에 보이는 또 다른 구조의 '거(車)'인데, 또 다른 관점에서 차축에 대한 글자 창제자의 고도의 관심을 부각했다.

이 글자가 갑골문에서의 다른 '거(車)'자와 차이점은 자형에서 차축이 부러진

것을 명확하게 묘사했다는 점이다. 어떤 학자는 이것이 바로 갑골문에서의 '그림문자'의 잔흔이며, 그림의 방식을 통해 '수레의 축이 부서졌다'는 의미를 그려냈다고 보기도 한다. 이 자형은 다음과 같은 각사(刻辭)'에 나타난다.

갑오일에 왕께서 무소 사냥을 하러 가셨다. 소신 유(由)의 차축이 부러져(🜨) 말이 균형을 잃고(礤) 왕의 마차를 들이받아(鲁) 자앙(子央)도 땅에 떨어졌다.(甲午王往逐兕, 小臣由🜨, 馬礤鲁王車, 子央亦顚.)(『합집』 10405)

이 점사(占辭: 친 점의 결과를 기록한 내용)의 대체적 의미는, 갑오일에 은나라 왕이 무소 사냥을 나갔는데, '유(由)'라는 소신(小臣: 관직 이름)이 몰던 수레의 차축이 부러져(🜨) 말이 균형을 잃어(馬礤) 은나라 왕의 마차를 들이받아(鲁) 함께 탔던 귀족 자앙(子央)도 수레에서 떨어졌다는 것이다. 비록 점사에서 '차축이 부러진(🜨)' 것의 직접적인 원인을 묘사하지는 않았지만, '자앙도 함께 (수레에서) 떨어졌다(子央亦顚)'는 묘사를 통해 볼 때, 도로가 수레가 통행할 수 있는 요건에 부합하지 않았기 때문인 것으로 보인다. 갑골문에서 '전(顚)'자는 아래에서처럼 '인(人)'의 거꾸로 된 모습과 '부(阜)'로 구성되었다. '부(阜)'는 높은 곳에서 낮은 곳으로의 이동을 표현하고, 거꾸로 된 '인(人)'은 사람이 머리를 아래로 향하고 수레에서 떨어지는 모습을 표현했다.

2. '거동궤(車同軌)'의 유래

이상 여러 갑골문 관련 '거(車)'와 관련된 글자나 어휘는 은상(殷商) 시대 사람들이 '수레(車)'의 상태에 매우 높은 관심도를 가지고 있었음을 증명하기에 충분하며, 이러한 관심의 한 초점은 이후에 '궤(軌)'라고 불리는 부분에 있었다.

'궤(軌)'를 언급하게 되면, 사람들은 자연스럽게 진시황(秦始皇)이 중국을 통일한 후 반포했던 유명한 법령을 떠 올리게 된다. 즉 "법도와 도량형을 하나로 정하고, 수레의 바퀴의 간격을 같게 하였으며, 글자를 통일하고, 윤리 규범을 통일시켰다.(一法度衡有尺寸, 車同軌, 書同文字, 行同倫.)"는 사건이다. 한(漢)나라 때의 학자 정현(鄭玄)이 편집 확정한『중용(中庸)』에서는 "오늘날, 천하는 동일한 궤도, 동일한 문자, 동일한 예절을 따른다.(今天下車同軌, 書同文, 行同倫.)"라고 했다.29) 이는 수레바퀴의 폭과 문자 및 인간의 행위가 통일된 표준을 갖춰야 함을 말한 것이다.

왜 '거동궤(車同軌)'가 도량형의 통일 및 '문자 통일(書同文字)'과 '윤리규범의 통일(行同倫)' 등과 함께 나열되어 국가 대정(大政)의 하나가 되었던 것일까? 두 바퀴 사이의 폭을 가진 교통 도구로서 수레가 이미 특별한 법률 규제를 받았다면, 수레바퀴는 고대인들에게 가장 중요한 교통수단이었음을 의미한다. 고대사회에는 오늘날의 전화나 전보 등과 같은 통신 설비가 없었으며, 정보의 전달, 정령의 전파 등은 모두 말을 달려 전하는 방식에 의거해야만 했는데, '치격(馳檄)'이나 '치함(馳函)' 등과 같은 단어가 이를 반영한다.

---

29) [한(漢)] 정현(鄭玄)(주), 『예기주(禮記注)』, 북경: 중화서국, 2021년, 693쪽.

　문헌 기록에 따르면, 일찍이 하(夏)나라 때 중국의 선조들은 이미 수레를 발명했었다고 한다. 많은 고전 문헌에서는 하나라 때의 해중(奚仲)이 수레를 발명했다고 했다. 예를 들어, 『좌전·정공(定公)』(원년)에서 "설(薛)나라의 황조(皇祖)인 해중(奚仲)은 설(薛) 땅에 거주하며, 하(夏)나라의 거정(車正: 수레관리 책임자)이 되었다.(薛之皇祖奚仲, 居薛, 以爲夏車正.)"라고 했으며, 『산해경·해내경(海內經)』에서는 "해중이 길광을 낳았는데, 길광이 처음으로 나무를 사용해 수레를 만들었다.(奚仲生吉光, 吉光是始以木爲車.)"라고 했다. 이로부터 수레는 이미 일찍부터 인간 생활에서 중요한 역할을 담당했음을 알 수 있다.

　그러나 수레가 도로에서 원활하게 다니기 위해서는 한 가지 조건이 반드시 필요했는데, 그것은 바로 수레바퀴 폭의 통일이었다. 예를 들어 '궤(軌)'의 폭이 도로의 폭과 맞지 않으면 교통 체증과 혼란이 발생할 수밖에 없다. 이것이 바로 국가가 법률적 수단을 통해 전국의 '궤(軌)'를 강제적으로 통일시킨 이유이며, 이러한 통일의 가치가 얼마나 큰지는 더 말할 필요가 없을 것이다.

　은상(殷商) 때의 '거(車)'자를 보면, '궤(軌)'에 대한 관심은 사실 이미 오래전부터 있었음을 알 수 있다. '궤(軌)'와 '도(道)'는 상호 제약적인 관계에 있어, 상응하는 법규는 수레의 생산과 함께 출현했을 것이며, 진시황(秦始皇)의 조치는 국가의 중요한 법률의 형식으로 그것을 드러내 공식화했던 것일 뿐이다.

　진시황(秦始皇)의 '거동궤(車同軌)' 이전에 '동궤(同軌)'는 그것과 다른 용법이 존재한다. 『좌전·은공(隱公)』(7년)에 이렇게 기록되어 있다. "천자의 장례는 칠월이 되어서야 치를 수 있었는데, 동궤(同軌)들이 모두 도착했다.(天子七月而葬, 同軌畢至.)"라고 했는데, 두예(杜預)는 주석에서 "동궤(同軌)라는 말을 사용한 것은 사방의 이민족 국가들을 구분하기 위함이었다."라고 했다.30) 여기서 말한

'동궤(同軌)'는 화하(華夏)의 여러 제후국을 가리킨다. 이 명칭의 유래는 고대문헌에도 명확하게 설명되어 있다. 예컨대, 『한서·위성현전(韋成玄傳)』에서 "사방이 같은 궤도로 통일되고, 오랑캐와 먼 나라들이 조공을 바쳤다.(四方同軌, 蠻貊貢職.)"라고 했는데, 안사고(顏師古)의 주석에서 "동궤(同軌)는 같은 폭의 수레바퀴를 사용하여 법도가 통일적으로 적용됨을 나타냈다."라고 했다.31) '거동궤(車同軌)'라는 이 법규는 선진(先秦) 시대에 이미 성립되었으며, 진시황은 단지 이전 사람들의 업적을 계승했을 뿐이라는 사실을 분명하게 볼 수 있다.

본 장에서 서술한 내용이 광범위하여, 다음과 같이 간략하게 요약해 볼까 한다. 행보(行步)의 예법은 '길(道)'에 기초하여 발생했다. '도(道)'의 관념은 최초에는 '도(道)'의 '행(行)'자를 통해 표현되었다. '행(行)'에서부터 '도(道)'에 이르는, 이 관념의 배후에 있는 한자의 진화는 처음에는 동사와 명사가 함께 쓰였으나 이후 오로지 명사로만 쓰이게 되었고, 객관적 사물의 명칭으로부터 인간행위의 명칭으로 변했다. 이러한 진화 과정에는 행보(行步) 예법의 발전 흔적이 담겨져 있다. 천하의 이치 상태를 나타내는 표현으로서의 '도(道)'는, 의심할 여지없이 사람들의 관심을 크게 받게 되었으며, 나아가 '도(道)'와 '행(行)'의 행위 가치 평가로 승화시켜 그것을 이상적 경계에 도달하도록 하였고, 그에 따라 예법의 보장도 당연히 빠질 수 없는 부분이 되었다. '수레'의 규범도 '동궤(同軌)'에서 분명하게 드러났으며, '동궤(同軌)'의 법은 사람들로 하여금 '궤(軌)'에

---

30) [청(淸)] 완원(阮元) 교각(校刻), 『십삼경주소(十三經注疏)』, 북경: 중화서국, 2009년, 2889쪽.
31) [한(漢)] 반고(班固)(저), [당(唐)] 안사고(顏師古)(주), 『한서(漢書)』, 북경: 중화서국, 1962년, 3117쪽.

대한 관심을 불러 일으켰고, 이러한 관심은 이미 '거(車)'자의 초기 형태에 나타났다. '량(兩＝輛)'을 '수레(車)'의 다른 이름으로 사용한 것도 동일한 정보를 제공해준다. '동궤(同軌)'는 수레의 부품을 의미하는 동시에, 또 화하(華夏)의 여러 제후국을 의미한다. 이러한 다양한 연관성은 '동궤(同軌)'라는 법규의 성립이 진시황 시대보다 훨씬 이르다는 것을 보여준다. 또 '우로(郵路)'는 고대사회에서 물류의 길이었을 뿐 아니라, 더 중요한 법치의 길이었기에, 장비(張飛)와 이광(李廣)과 관련된 '독우(督郵)'와 같은 이야기가 널리 퍼졌던 것인데, 이는 이러한 법이 일찍이 매우 강한 존재감을 가졌음을 말해준다.

결론

결론

　이 책은 한자를 기본 분석 대상으로 삼아, 여러 각도에서 전통의 예법 문화를 탐구했으며, 내용을 대략 다음과 같이 요약할 수 있다.

　'사례(射禮)'는 가장 의례화 된 중국의 예법으로, 그 발전은 사냥이나 전쟁 등 생존 활동에서 가장 기본적인 공리(功利)적 수요에서 비롯되었다. 갑골문의 세계에서, 사냥 대상의 선택, 사냥 도구의 다양성, 사냥 방법(射法)의 강조 등 여러 측면에서 사냥 활동의 이러한 추구가 충분히 드러난다. 한편 갑골 복사(卜辭)에 기록된 사수(射手)의 신분의 전문화와 활쏘기 기능에 대한 요구는 예법 규범의 출현을 나타내 주고 있다. 서주 금문에서의 '사(射)'자는 이미 의례화한 색채를 충분히 띠고 있어, 사(射)의 시간 공간적 규정, 사(射)의 의례 규범, '사(射)'를 통한 인품 행위의 고찰 등이 '사(射)'자가 '촌(寸)'자에서 그 의미를 얻었다는 실질적 논리를 연원을 충분히 해석해주었다. 예법화의 발전 과정에서, 활쏘기(射事)는 사람들의 사고 관념에서 또 다차원적인 경계를 뛰어 넘는 보편화를 이루었다. '시(矢)'자의 글자창제 의도는 전진, 신속, 재앙, 군대, 언사(言辭) 등의 다의적 의미를 갖게 했다.

　'법(法)'의 관념은 '예악의 붕괴'라는 시대적 배경 하에서 시대와 함께 발전했다. 광의의 '법(法)'은 여러 한자에서 볼 수 있으며, 이 때문에 "새 술은 새 부대에 담는다(舊瓶裝新酒)"거나 "이론적 근거의 재구성"의 방식을 통해 해당 개념을 표현했다. 예를 들어, '법(灋)'자는 원래 '법(法)'이 아니었고, '치(廌)'자에는 원래 신성함이 없었고, '법(灋)'자가 '죄(罪)'자로 변하고, '촌(寸)'자가 길이에서 법도로 전환되는 등, 갖가지 전환이 '법(法)'이라는 이념에 대한 전개의 궤적을 정확히 보여준다.

　전통의 거주 예법은 건축 양식을 통해 나타나며, 생성된 근본 원인은 인간의 생존과 건축의 의존성에 있었다. 이는 '면(宀)'의 글자창제 의도의 다의성, 예를 들어 안전한 장소, 풍족한 의지 처, 귀중한 보물을 보관하는 곳, 화복의 출발점, 수호의 대상, 생존의 공간, '우(宇)'와 '주(宙)'의 시공간 등 다양한 의미로 증명할 수 있다. 한편 '궁(宮)'이나 '당(堂)'과 같은 글자에 나타난 수도 없이 많은 예법 관련 세부 사항들은 바로 이들을 통해 그 역사적 근원을 추적할 수 있었다. 건축물이 정해준 생존 공간의 출입구로서의 '문호(門戶)'는 거주 예법에서 가장 상징적인 의미를 가진 요소이다.

　행보(行步)의 예법은 '도(道)'에 기초하여 발생했다. '도(道)'의 관념은 최초에는 '길(道)'의 '행(行)'자를 통해 표현되었다. '행(行)'에서 '도(道)'에 이르는 이 관념의 배후에 존재하는 한자의 진화 과정은 행보 예법의 발전 흔적을 담고 있다. 천하 통치 상태의 표상으로서의 '도(道)'는 의심할 여지없이 이에 대한 사람들의 관심도를 크게 높였으며, 이를 통해 '도(道)'와 '행(行)'의 행위 가치 평가도 높여 이상적 경계에 이르게 하였다. 예법의 보장은 당연히 중요한 위치를 차지했다. 수레바퀴의 법규는 '동궤(同軌)'에 기초하고, '동궤(同軌)' 법규의 성립은 진시황 시대보다 훨씬 이르다. 우로(郵路)는 고대사회에서 물류의 길이었을 뿐 아니라, 더 중요한 법치의 길이었기에, 장비(張飛)와 이광(李廣)과 관련된 '독우(督郵)' 이야기가 널리 전파되었던 것이다.

중국 고대 예법 문화는 전승 문헌의 기록이 부족하지 않기 때문에, 한자를 연구 대상으로 삼아 예법 문화를 탐색할 때는 한자가 담고 있는 정보를 발굴해내는 데 주의를 기울여야 하며, 특히 중국 문명의 특수한 가치 인식을 지닌 문화적 정보를 발굴해내야 한다. 이것이 바로 이 책에서 논의를 집중한 부분이다.

일반적으로 말해서, 전통 문헌 기록은 문화 정보 중 가장 기본적인 전달 자료이며, 한자는 전승 문헌 기록과 비교할 때, 한자는 문화 정보 전달에 있어 최소한 시대성, 체계성, 객관성 등 여러 측면에서 상당한 우월성을 가지고 있다.

시대성으로 말해보자면, 한자가 기록하고 전달하는 역사적 문화 정보는 문헌 기록보다 시대적으로 더 먼 과거까지 거슬러 올라간다. 연구에 따르면, 중국 최고(最古)의 전승 문헌은 대체로 춘추전국(春秋戰國) 시기에 필사된 것이지만, 은상(殷商)의 갑골문은 이미 상당히 성숙한 문자체계이다. 갑골문 이전에도 한자는 분명히 상당히 긴 발전 과정을 거쳤을 것이다. 따라서 한자에 기록되고 전달된 문화 정보는 그 시대적 측면에서 자연히 문헌 기록의 시대보다 이르다. 달리 말하면, 한자 속에서 전승 문헌 기록에서 볼 수 없는 문화 정보를 자주 발견할 수 있다.

정보 매체라는 측면에서 보자면, 한자 부호의 체계적 우월성은 의심의 여지가 없다. 한자는 한어의 서면 기록 부호 체계로, 이에 대응하는 것은 언어의 단어 체계이며, 단어 체계에 대응하는 것은 인류의 관념 체계이다. 즉, 한자부호에서 드러나는 것은 인간의 세계에 대한 인식, 이른바 세계관이다. 이는 문화의 모든 측면에 관련되며, 예외 없이 포함된다. 한자문화 축적의 이러한 우월성이 이 책의 논의를 진행하는 데 있어 중요한 요소로 고려되었다. 예를 들어, 인간 생존과 건축의 의존성을 논의할 때, 우리는 '면(宀)'이 구성하는 많은 한자의 글자창제 의도가 안전한 장소, 풍족한 의지 처, 귀중한 보물을 보관하는 곳, 보호의 대상, 생존의 공간, '우(宇)'와 '주(宙)'의 시공간 등 다양한 의미를 증명하고자 했다. 또한 궁극 문화의 영향범위의 광범위함을 논의하기 위해, 우리는 '시(矢)'자가 의도적으로 표현하는 전진, 신속, 재앙, 사냥, 언어 등의 다의성을 통해 문제를 설명했다.

정보 매체로서의 한자는 매우 객관적이다. 한자의 생성과 진화는 사실상 사회 전체 집단이 공동으로 행한 결과이다. 비록 각 글자의 창제가 항상 어떤 개인의 영감에서 비롯되지만, 이러한 창의성은 사회 집단의 인정을 받아야만 인류 사회 교류 영역에 진입할 수 있으며, 만약 사회 공동 의식을 어긴다면 문자 체계에서 도태될 것이기 때문이다. 따라서 한자 체계에 수용된 모든 한자는 사회 집단이 창조한 산물로 볼 수 있으며, 따라서 일정 시대 사회 집단의 주관적 심리 인식을 더 잘 반영할 수 있다. 이 책의 전통 예법 문화에 관한 논의도 한자가 담고 있는 이러한 정보의 우월성을 충분히 활용했다. 예를 들어, '망(网)'이 '죄(罪)'로 의미 전환하는 것에 관한 논의에서, 우리는 이미 '망(网)'의 의미 진화를 검토했고, 또 '망(网)'으로 구성된 '파(罷)', '리(罰)', '매(罵)' 등과 궤적을 같이 하는 의미의 전한을 고찰했다. 또한, '촌(寸)'이 '길이(長度)'에서 '법도(法度)'로 의미 전환하는 과정을 서술할 때, 우리는 '수(守)', '장(將)', '관(冠)', '수(守)', '봉(封)', '욕(辱)' 등과 같은 여러 '촌(寸)'으로 의미를 가지게 된 글자들을 통해 이러한 의미 전환이 특별한 경우가 아니라는 점을 증명했으며, 인정할 만한 가치가 있음도 밝혔다.

　물론, 한자가 전달하는 문화 정보에도 일부 부정적인 측면이 존재한다. 예를 들어 이러한 정보는 때로 비교적 모호하며, 해석의 분기를 초래하기 쉽다. 이러한 부정적 영향을 제거하는 방법은 오직 정확한 문자 해석을 추구하고, '이중검증(二重證據)' 등의 과학적 논증법을 합리적으로 활용하는 것뿐이다. 이것은 물론 이 책이 논의과정에서 채택했던 원칙이기도 하다. 이 일을 얼마나 잘 해냈는지는 독자의 평가가 필요하며, 저자 또한 전문가들의 비판과 질정을 기대한다.

참고문헌

저자후기

참고문헌

*중국어 한어병음 순으로 배열되었으며, 독자의 전문성을 고려하여 따로 번역하지 않았다.
(중국의 참고문헌 작성 표준지침(GB/T 7714-2015)에 따라, [M]은 Monograph(전문저작), [A]는 Article from an Anthology(논문집 수록 논문), [J]는 Journal Article(학술지 논문), [C]는 Conference Proceedings (회의록), [D]는 Dissertation(학위논문), [OL]은 Online Resource(온라인 자원)를 뜻한다.)

A

安陽博物館編. 安陽博物館藏甲骨[M]. 杭州: 西泠印社出版社, 2019.

B

白玉崢. 契文擧例校讀[A]. 中國文字(第34冊)[C]. 1969.

C

蔡哲茂. 甲骨綴合彙編[M]. 新北: 花木蘭文化出版社, 2011.

蔡哲茂. 甲骨綴合集[M]. 臺北: 樂學書局, 1999.

蔡哲茂. 甲骨綴合續集[M]. 臺北: 文津出版社, 2004.

蔡哲茂. 『甲骨文合集補編』誤綴號碼表[A]. 甲骨綴合續集[C]. 臺北: 文津出版社, 2004.

陳夢家. 殷墟卜辭綜述[M]. 北京: 中華書局, 1988.

陳劍. 甲骨金文考釋論集[M]. 北京: 線裝書局, 2007.

陳劍. 殷墟卜辭的分歧分類對甲骨文字考釋的重要性[A]. 甲骨金文考釋論集[C]. 北京: 線裝書局, 2007.

陳年福. 殷墟甲骨文摹釋全編[M]. 北京: 線裝書局, 2010.

曹錦炎、沈建華. 甲骨文校釋總集[M]. 上海: 上海辭書出版社, 2006.

陳婷珠. 殷商甲骨文字形系統再研究[M]. 上海: 上海人民出版社, 2010.

陳年福. 殷墟甲骨文摹釋全編[M]. 北京: 線裝書局, 2010.

D

董作賓. 甲骨文斷代研究例[M]. 董作賓先生全集甲編, 臺北: 藝文印書館, 1977.

董作賓. 大龜四版考釋[A]. 安陽發掘報告(第三期), 臺北: 中研院歷史語言研究所, 1992.

董作賓. 殷歷譜[M]. 臺北: 中央研究院歷史語言研究所, 1992.

G

郭沫若. 殷契粹編[M]. 北京: 科學出版社, 1965.

郭沫若. 卜辭通纂[M]. 北京: 科學出版社, 1983.

郭沫若主編, 中國社會科學院歷史研究所. 甲骨文合集[M]編輯組編纂. 甲骨文合集,
　　北京: 中華書局, 1979-1983.

高明. 古文字類編[M]. 上海;上海古籍出版社, 2008

H

胡厚宣. 蘇德美日所見甲骨集[M]. 成都: 四川辭書出版社, 1988.

胡厚宣主編. 甲骨文合集釋文[M]. 北京: 中國社會科學出版社, 1999.

胡厚宣主編. 甲骨文合集材料來源表[M]. 北京: 中國社會科學出版社, 1999.

何景成編撰. 甲骨文字詁林補編[M]. 北京: 中華書局, 2017.

黃天樹. 殷墟王卜辭的分類與斷代[M]. 北京: 科學出版社, 2007.

黃天樹主編. 甲骨拼合集[M]. 北京: 學苑出版社, 2010.

黃天樹主編. 甲骨拼合續集[M]. 北京: 學苑出版社, 2011.

黃天樹. 甲骨拼合三集[M]. 北京: 學苑出版社, 2013.

黃天樹. 甲骨拼合四集[M]. 北京: 學苑出版社, 2016.

黃德寬, 何琳儀. 古文字譜係疏證[M]. 北京: 商務印書館, 2007.

黃德寬. 古文字學[M]. 上海: 上海古籍出版社, 2015.

何琳儀. 戰國古文字典[M]. 北京: 中華書局, 1998.

黃天樹. 讀＜甲骨文合集＞箚記兩則[A]. 出土文獻綜合研究集刊[C]. 2020(01).

J

蔣玉斌. 殷墟子卜辭的整理與研究[D]. 長春: 吉林大學, 2006.

金祖同. 殷契遺珠·發凡[M]. 中法文化出版委員會, 1939.

L

劉桓. 殷契新釋[M]. 河北: 河北教育出版社, 1989.

林澐. 說戚、我[A]. 林澐學術文集[C]. 北京: 中國大百科全書出版社, 1998.

林澐. 甲骨文中的商代方國聯盟[A]. 林澐學術文集[C]. 北京: 中國大百科全書出版社, 1998.

林澐. 說王[A]. 林澐學術文集[C]. 北京: 中國大百科全書出版社, 1998.

林澐. 小屯南地發掘與殷墟甲骨斷代[A]. 古文字研究(第九輯)[C]. 中華書局, 1984.

林澐. 古文字學簡論[M]. 北京: 中華書局, 2012.

劉釗. 古文字構形學(修訂本)[M]. 福州: 福建人民出版社, 2011.

林宏明. 契合集[M]. 臺北: 萬卷樓圖書股份有限公司, 2013

劉釗. 新甲骨文編(增訂本)[M]. 福州: 福建人民出版社, 2014.

羅振玉. 殷墟書契考釋三種[M]. 北京: 中華書局, 2006. ,

李宗焜. 甲骨文字編[M]. 北京: 中華書局, 2012.

李發. 『甲骨文校釋總集』(第三冊)校正十則[OL]. 中國社會科學院歷史研究所先秦史研究室網站, 2009.10.17.

李發. 『甲骨文校釋總集』(第三冊)校正十三則[OL]. 中國社會科學院歷史研究所先秦史研究室網站 2010.2.19.

李學勤. 殷代地理簡論[M]. 北京: 科學出版社, 1959.

李學勤等編. 英國所藏甲骨集[M]. 北京: 中華書局, 1985.

李學勤, 彭裕商. 殷墟甲骨分期研究[M]. 上海: 上海古籍出版社, 1996.

李學勤, 齊文心. (美)艾蘭. 瑞典斯德哥爾摩遠東古博物館藏甲骨文字[M]. 北京: 中華書局, 1999.

李學勤. 小屯南地甲骨與甲骨分期[J]. 文物. 1981(05).

李學勤. 甲骨文同辭同字異構例[J]. 江漢考古, 2000(01)

李學勤. 評陳夢家. 殷墟卜辭綜述[J]. 考古學報, 1957(03).

林宏明. 契合集[M]. 臺北: 萬卷樓, 2013.

林宏明. 醉古集—甲骨的綴合與研究[M]. 臺北: 萬卷樓, 2011.

劉志基等主編. 古文字考釋提要總覽[M]. 上海: 上海人民出版社, 2008.

劉志基. 簡論甲骨文字頻的兩端集中現象[J]. 語言研究, 2010, 30(04).

劉志基主編. 中國出土簡帛文獻引得綜述(郭店楚簡卷)[M]. 上海人民出版社, 2012.

劉志基. 徽族同文器字體研究[J]. 中國文字研究, 2017. 第二十六輯.

劉志基. 數據庫古文字研究論稿[M]. 上海: 上海古籍出版社, 2019.

劉志基. 古文字異體字新輯芻議—『中國異體字大系·篆書編』代前言[J]. 中國文字研
究, 2007(02).

劉志基. 甲骨文同辭同字鏡像式異構研究[J]. 中國文字研究(第十七輯), 上海: 上海
人民出版社, 2013.

劉志基、鄒燁. 西周金文用字避復再研究[J]. 漢字研究(第七輯), 釜山: 韓國慶星大
學校, 2012.

劉志基. 殷商文字方向不定與同辭重見字鏡像式異寫[J]. 中國文字研究(第二十三輯),
上海: 上海書店出版社, 2016.

劉志基. 楚簡"文字避復"芻議[J]. 古文字研究[C]. 2012.

劉一曼, 韓江蘇. 甲骨文書籍提要(增訂本)[M]. 上海: 上海古籍出版社, 2017.

劉影. 殷墟胛骨文例[M]. 北京: 首都師範大學出版社, 2016.

呂靜主編, 葛亮編著. 復旦大學藏甲骨集[M]. 上海: 上海古籍出版社, 2019.

劉義峰. 無名組卜辭的整理與研究[M]. 北京: 金盾出版社, 2014 .

李圃主編. 古文字詁林[M]第1-12冊, 上海教育出版社, 2000. -2004

M

明義士. 殷墟卜辭後編[J]. 文物, 1981(05)

明義士. 柏根氏舊藏甲骨文字考釋[J]. 齊魯大學國學研究所季刊第七期, 1935.

P

彭裕商. 賓組卜辭的時代分析[C]. 徐中舒先生九十壽辰幾年論文集, 成都: 巴蜀書社, 1990

彭裕商. 殷墟甲骨分期研究[M]. 上海: 上海古籍出版社, 1996.

彭邦炯, 謝濟, 馬季凡. 甲骨文合集補編[M]. 北京: 語文出版社, 1995.

彭裕商. 殷墟甲骨斷代[M]. 北京: 中國科學社會出版社, 1994.

彭邦炯. 甲骨文字缺刻例再研究—關於甲骨文書法的新探索[A]. 甲骨文獻集成(第29冊)[C]. 2001.

濮茅左編. 上海博物館藏甲骨文字[M]. 上海: 上海辭書出版社. 2009.

Q

屈萬里. 殷墟文字甲編考釋[M]. 臺灣: 中央研究院歷史語言研究所, 1961.

姚孝遂. 殷墟甲骨刻辭摹釋總集(全二冊)[M]. 北京: 中華書局, 1988.

姚孝遂. 殷墟甲骨刻辭類纂[M]. 北京: 中華書局, 1989.

裘錫圭. 釋柲[A]. 古文字研究(第三輯)[C]. 北京: 中華書局, 1980.

裘錫圭. 論"歷組卜辭"的時代[A]. 古文字研究[C]. 1981.

裘錫圭. 文字學概要[M]. 北京: 商務印書館, 1988.

裘錫圭. 釋西周甲骨文的"蠢"字[A]. 第三屆國際中國古文字學研究會論文集[C]. 香港: 香港中文大學出版, 1997.

裘錫圭. 論歷組卜辭的時代[A]. 古文字論集[C]. 北京: 中華書局, 2004.

裘錫圭. 釋"宩"[A]. 裘錫圭學術文集(甲骨文卷)[C]. 上海: 復旦大學出版社, 2012.

裘錫圭. "畀"字補釋[A]. 裘錫圭學術文集(甲骨文卷)[C]. 上海: 復旦大學出版社, 2012.

裘錫圭. 釋"弘、强"[A]. 裘錫圭學術文集(甲骨文卷)[C]. 上海: 復旦大學出版社, 2012.

裘錫圭. 文字學槪要(修訂本)[M]. 北京: 商務印書館, 2013.

裘錫圭. 釋"衍""侃"[A]. 裘錫圭學術文集(甲骨文卷)[C]. 上海: 復旦大學出版社, 2015.

裘錫圭. 釋"木月""林月"[A]. 裘錫圭學術文集(甲骨文卷)[C]. 上海: 復旦大學出版社, 2015.

裘錫圭. 關於殷墟卜辭的"瞽"[A]. 裘錫圭學術文集(甲骨文卷)[C]. 復旦大學出版社, 2015.

裘錫圭. 釋"續"[A]. 裘錫圭學術文集·甲骨文卷[C]. 上海: 復旦大學出版社, 2012.

裘錫圭. 關于殷墟卜辭的"瞽"[A]. 裘錫圭學術文集(甲骨文卷)[C]. 上海: 復旦大學出版社, 2015.

裘錫圭. 釋殷墟卜辭中的"卒"和"荳"[A]. 裘錫圭學術文集(甲骨文卷)[C]. 上海: 復旦大學出版社, 2012.

崎川隆. 賓組甲骨文分類研究[M]. 上海: 上海人民出版社, 2011.

齊航福. 『甲骨文合集補編』重片拾遺[A]. 中州學刊[C]. 2004.

齊航福. 『甲骨文合集補編』釋文校勘(一)[A]. 中國文字研究[C]. 2008, (1).

齊航福. 賓組卜辭分組分類的初步整理與研究[M]. 鄭州: 河南人民出版社, 2016.

R

饒宗頤. 甲骨文通檢[M]. 香港: 香港中文大學出版社, 1995.

饒宗頤. 殷代貞卜人物通考[M]. 香港: 香港大學出版社, 1959.

S

松丸道雄. 東京大學東洋文化研究所藏甲骨文字[M]. 東京: 東京大學東洋文化研究所, 1983.

宋鎭豪. 甲骨文中的夢與占夢[J]. 文物, 2006(6).

宋鎭豪, 段志洪主編. 甲骨文獻集成[M]. 成都: 四川大學出版社, 2001.

宋鎭豪主編. 旅順博物館所藏甲骨[M]. 上海: 上海古籍出版社, 2014.

宋鎭豪. 焦智勤. 孫亞冰編纂. 殷墟甲骨拾遺, 北京: 中國社會科學出版社, 2015

宋鎭豪, 趙鵬. 笏之甲骨拓本集[M]. 上海: 上海古籍出版社, 2016.

宋鎭豪. 符凱棟所從殷墟甲骨[M]. 上海: 上海古籍出版社, 2018.

宋鎭豪主編. 中國社會科學院古代史研究所藏甲骨文拓[M]. 上海: 上海古籍出版社, 2020.

沈之傑. 『甲骨文合集補編·釋文』刊誤, 中國文字研究, 2003.

社會科學院甲骨學殷商史研究中心. 旅順博物館所藏甲骨[M]. 上海: 上海古籍出版社, 2014.

T

唐蘭. 古文字學導論[M]. 濟南: 齊魯書社, 1981.

唐蘭. 中國文字學[M]. 上海: 上海古籍出版社, 1979.

W

王國維. 觀堂集林[M]. 北京: 中華書局, 2004.

王子揚. 甲骨文字形類組差異現象研究[M]. 上海: 中西書局, 2013.

王宇信. 甲骨學通論[M]. 北京: 中國社會科學出版社, 1989.

王蘊智. 殷商甲骨文研究[M]. 北京: 科學出版社, 2010.

魏慈德. 殷墟 YH127 坑甲骨卜辭研究[M]. 新北: 花木蘭文化出版社, 2010.

吳振武主編. 吉林大學藏甲骨集[M]. 上海: 上海古籍出版社, 2021

王寧. 漢字構形學導論[M]. 北京: 商務印書館, 2015. ,

王建軍. 賓組卜辭研究·分類卷[M]. 北京: 科學出版社, 2019.

吳盛亞. 殷墟卜辭"同版避復"現象研究—以龜腹甲卜辭爲例[J]. 甲骨文與殷商史, 2019.

魏慈德. 試對賓組卜辭中和雀有關的卜辭排譜[C]. 第十二屆中國文字學術研討會, 2001.

X

徐中舒. 甲骨文字典[M]. 成都: 四川辭書出版社, 1989.

許進雄. 懷特氏等收藏甲骨文集[M]. 加拿大多倫多皇家安大略博物館, 1979.

謝明文. 伯句盨銘文小考[J]. 中國文字研究(第18 輯), 上海: 上海書店出版社, 2013.

徐中舒. 甲骨文字典[M]. 成都: 四川出版社, 2014

謝明文. 商周文字論集[C]. 上海古籍出版社, 2017. ,

徐寶貴. 商周靑銅器銘文避復硏究[J]. 考古學報, 2002(03).

夏含夷. 中國古文字學導論[M]. 上海: 中西書局, 2013.

Y

于省吾. 甲骨文字釋林[M]. 北京: 中華書局, 1979.

于省吾主編. 甲骨文字詁林[M]. 北京: 中華書局, 2018.

姚孝遂, 肖丁主編. 殷墟甲骨刻辭類纂[M]. 北京: 中華書局, 1988.

姚孝遂, 肖丁主編. 殷墟甲骨刻辭摹釋總集[M]. 北京: 中華書局, 1988.

姚萱. 殷墟花園莊東地甲骨卜辭的初步硏究[M]. 北京: 線裝書局, 2006.

楊澤生. 甲骨文"覿"字考釋[A]. 中山人文學術論壇(第7 輯), 澳門: 澳門出版社, 2006.

于豪亮. 說"引"字[A]. 甲骨文獻集成 (第十三冊)[C]. 四川大學出版社, 2001.

袁倫强、李發. 甲骨文"歙"字補說[A]. 甲骨文與殷商史[C]. 2018.

Z

趙誠. 甲骨文文字學綱要[M]. 北京: 商務印書館, 1993.

趙誠. 甲骨文簡明詞典[M]. 北京: 中華書局, 1999.

張惟捷. 殷墟 YH127 坑賓組甲骨新硏[M]. 臺北: 萬卷樓圖書股份有限公司, 2013.

張惟捷. 從西周金文看商代卜辭中的"烏"與"鳴"字[A]. 鼎甲杯甲骨文字又將辨識大
    賽論文集[C]. 中州古籍出版社, 2015.

張玉金. 甲骨文虛詞詞典[M]. 北京: 中華書局, 1994.

朱鳳瀚. 殷墟花園庄東地甲骨卜辭中的人物關系再探討[A]. 古文字與古代史(第三
    輯)[C]. 臺北: 中硏院史語所. 2012.

朱歧祥. 殷墟卜辭句法論稿—對貞卜辭句型變異硏究[M]. 臺北: 臺灣學生書局, 1990.

張世超. 殷墟甲骨字跡硏究·師組卜辭篇[M]. 長春: 東北師範大學出版社, 2002.

張新俊. 從同文卜辭看一版甲骨的釋讀[A]. 古文字研究[C]第三十三輯, 2020.

張新俊. 釋殷墟甲骨文中的"淫"及相關之字[A]. 中國文字研究(第20輯)[C]. 上海書

店出版社, 2014.

趙平安. 文字·文獻·古史: 趙平安自選集[C]. 上海: 中西書局, 2017.

中國社會科學院考古硏究所. 小屯南地甲骨[M]. 北京: 中華書局, 1980, 1983.

中國社會科學院考古硏究所. 殷墟小屯村中村南甲骨[M]. 昆明: 雲南人民出版社, 2012.

中硏院歷史語言硏究所史語所購甲骨集[M]. 臺北: 中硏院歷史語言硏究所, 2009.

周鴻翔. 美國所藏甲骨錄[M]. (美)加利福尼亞: 加利福尼亞大學, 1976.

周忠兵. 卡內基博物館所藏甲骨的整理與硏究[D]. 長春: 吉林大學, 2009.

曾憲通、陳偉武主編. 出土戰國文獻字詞集釋[M]. 中華書局, 2018

張秉權. 殷虛文字丙編上輯(一)[M]. 中央硏究院歷史語言硏究所, 1957.

張秉權. 殷虛文字丙編上輯(二)[M]. 中央硏究院歷史語言硏究所, 1957.

張秉權主編. 殷墟文字丙編[M]. 臺北: 中央硏究院歷史語言硏究所, 1962

張桂光. 古文字論集[M]. 北京: 中華書局, 2004.

張玉金. 釋甲骨金文中的"西"和"囟"字[A]. 中國文字研究[C]. 2001.

저자 후기

한자를 대상으로 문화적 탐색을 진행하는 작업과 관련하여, 필자는 1990년대에 이러한 유형의 연구에 대해 몇 가지 시도를 해본 적이 있습니다. 그 이후 연구 중점이 고문자 디지털화 연구로 옮겨가면서, 이 영역에서 여러 해 동안 발을 들이지 않았습니다. 이 조그만 저술은 이 일을 다시 한 번 시작하는 것입니다. 그러나 현재의 방법은 이전과 비교하여 차이가 많습니다.

가장 큰 차이점은 제1차 한자 자료 자체에 대한 조사와 정리에 더 많은 노력을 기울였다는 것입니다. 한자의 문화적 탐색에서, 이것은 기초이며, 이러한 기초 공정의 강화는 탐색의 사고가 더 많은 자료 증거의 지지를 얻게 할 것입니다. 물론, 정말로 그런지는 독자들의 평가를 기다려야 할 것입니다.

또 하나 언급할 가치가 있는 것은, 기초 공정의 강화가 이 몇 년간 필자가 고문자 디지털화 건설 방면에서 진행한 과학연구의 실천과 관련이 있다는 점입니다. 다시 말해, 이 책의 저술은 필자가 주도하는 과학연구 프로젝트의 지원을 받았으며, 최근 몇 년간의 주요 지원 프로젝트는 다음과 같습니다.

1. 국가사회과학기금 중대 프로젝트 "공공 데이터베이스를 기반으로 한 고문자 자형 집합 표준화 연구"(21&ZD309);
2. 상해시교육위원회 과학연구 혁신계획 "소외학문(冷門絕學)" 프로젝트

"전 지식형(全息型) 갑골문 지능 이미지 인식 시스템 및 매칭 데이터베이스 구축"(2021-01-07-00-08-E00141);
3. 화동사범대학 문화전승 혁신연구 특별 프로젝트 "외국인을 위한 한자 심층 학습 데이터베이스 구축"(2022ECNU-WHCCYJ-26).

류지기(劉志基) 씁니다

2024년 7월

한자 속의 예법(禮法) 사상

초판 1쇄 인쇄 2025년 10월 25일
초판 1쇄 발행 2025년 10월 31일

저자 유지기(劉志基)
역자 하영삼(河永三)
펴낸이 정혜정
펴낸곳 도서출판 3
표지디자인·편집 김형준
인쇄 호성 P&P

출판등록 2013년 7월 4일 (제2020-000015호)
주소 부산광역시 금정구 중앙대로 1929번길 48
전화 070-7737-6738
팩스 051-751-6738
전자우편 3publication@gmail.com

ISBN: 979-11-87746-98-0 (93720)

○ 유지기(劉志基)

화동사범대학교 종신교수이며, 중국 교육부 인문사회과학 중점연구기지인 화동
사범대학교 중국문자연구와응용센터 부주임을 역임하고 있다. 상해시 고등학교
교학명사(教學名師) 어워드 및 보강(寶鋼)우수교사 어워드 수상자이다. 학술논문
100여 편을 발표하였고, 학술 저서 30여 종을 출간하였으며, 중국국가사회과학
기금, 교육부 인문사회과학 기금, 상해시 사회과학 기금 등 주요 과제를 10차례
주관하였으며, 중국국가사회과학 중점과제가 2종 포함되었다. 주요 연구방향은
중국문자학이론, 한자문화학, 고문자 디지털화이다.

○ 하영삼(河永三)

경성대학교 중국학과 교수, 한국한자연구소 소장, 세계한자학회(WACCS) 상임이
사, 중국 화동사범대학 중국문자연구응용센터 겸직연구원(中國國家教育部人文社會
科學重點研究基地華東師範大學中國文字研究與應用中心　兼職研究員)으로　있으며,
교육부 인문한국플러스(HK＋)사업단 단장, 대한중국학회 회장 등을 역임했다. 부
산대 중문과 학사, 대만 정치대 중국과 석사, 박사. 한자 어원과 한자에 반영된 문
화성을 연구하고 있으며, <한자와 에크리튀르>, <한자어원사전>, <키워드 한
자>, <100개 한자로 읽는 중국문화>, <한자의 세계> 등의 저서와 <완역설문
해자>(5책), <허신과 설문해자>, <갑골학 일백 년>(5책), <한어문자학사>,
<설문해자인지분석> 등의 역서가 있다.